海事司法文库 ② 丛书总主编 ◎ 霍 敏

合规指引与风险防治

海上运输卷（二）

海事审判典型案例应用导则建设项目

吴锦标 马 奔 ◎ 主编

人民法院出版社

图书在版编目（CIP）数据

合规指引与风险防治. 海上运输卷. 二 / 吴锦标，马奔主编. -- 北京：人民法院出版社，2024.6
（海事司法文库 / 霍敏总主编）
ISBN 978-7-5109-4170-2

Ⅰ. ①合… Ⅱ. ①吴… ②马… Ⅲ. ①海上运输－海事法规－案例－中国 Ⅳ. ①D993.5

中国国家版本馆CIP数据核字(2024)第106979号

合规指引与风险防治——海上运输卷（二）
吴锦标　马　奔　主编

策划编辑	李安尼　赵芳慧
责任编辑	赵芳慧　刘晓宁
封面设计	尹苗苗
出版发行	人民法院出版社
地　　址	北京市东城区东交民巷 27 号（100745）
电　　话	（010）67550628（责任编辑）　67550558（发行部查询）
	－65223677（读者服务部）
客服QQ	2092078039
网　　址	http：//www.courtbook.com.cn
E－mail	courtpress@sohu.com
印　　刷	三河市国英印务有限公司
经　　销	新华书店
开　　本	787 毫米×1092 毫米　1/16
字　　数	365 千字
印　　张	21.25
版　　次	2024 年 6 月第 1 版　2024 年 6 月第 1 次印刷
书　　号	ISBN 978-7-5109-4170-2
定　　价	75.00 元

版权所有　侵权必究

海事司法文库
编辑委员会

名誉主任 霍　敏

主　　任 程德智　耿　涛

执行主任 吴锦标　马　奔

副 主 任 宋俊文　欧阳明程　张冬青　段恒宋

委　　员（按姓氏笔画）

　　　　　　于文斌　王爱玲　牛　萌　曲　直　吕延铭
　　　　　　刘小娜　李　华　李培合　李雪莲　杨　丹
　　　　　　张　波　张　勇　张先立　陈　永　秦　涛
　　　　　　郭俊莉　郭彦滨　曹照勇　薛明友　薛稳山

海事司法文库
"合规指引与风险防治"课题组

主　编　吴锦标（青岛海事法院）
　　　　马　奔（山东大学）
统　稿　李　宁（山东法官培训学院）
　　　　牛　萌（青岛海事法院）

编写人（按姓氏笔画）

于　昊	于文斌	万贵良	马维东	王　欣
王　浩	王小玫	王可可	王妍娥	王晓斐
王爱玲	王睿琦	牛　萌	田　琨	匡　浩
匡普宇	毕德强	曲燕军	吕延铭	吕晨昊
庄　敏	庄雪莉	刘　坤	刘　昭	刘小娜
刘文文	刘振华	孙　鹏	孙学燕	孙恬静
李　宁	李　华	李　军	李亚男	李俊锋
李培合	李雪莲	杨　俊	杨雨涵	杨振楠
杨紫琼	肖秀雯	余晓龙	宋　萍	宋仪倩
宋俊文	张　波	张　勇	张　静	张先立
陈　超	范峻恺	林　丹	周　洁	周黛娜
孟政宪	赵忆雪	查璎娟	段琪祺	娄雅灵
秦　涛	袁子丰	原浩洋	徐雨均	郭郑超
郭俊莉	郭彦滨	曹照勇	崔婷婷	梁晓晓
葛晓琳	韩　军	曾兆薇	褚　茜	樊羽萌
薛明友	薛稳山			

序

  建设海洋强国,是以习近平同志为核心的党中央着眼国家发展大局提出的时代使命。山东是海洋大省,海洋资源丰度指数居全国前列。2024年5月,习近平总书记视察山东时指出,"要发挥海洋资源丰富的得天独厚优势,经略海洋、向海图强,打造世界级海洋港口群,打造现代海洋经济发展高地",[①]为山东进一步推进海洋强省建设指明了前进方向、提供了根本遵循。

  近年来,在山东省委的坚强领导和最高人民法院的有力指导下,山东法院坚持以习近平新时代中国特色社会主义思想为指导,统筹推进国内法治和涉外法治,依法平等保护中外当事人合法权益,不断提升涉外商事海事司法公信力,形成了一批国际广泛认可、社会影响深远的涉外商事海事典型案例。司法案例是最鲜活的法律体现,是最生动的法治教科书。《海事司法文库·合规指引与风险防治》系列丛书深挖海事精品案件规则价值,将海事司法案例规则予以提炼、整理并集结、编纂成册,为涉外涉海纠纷解决、企业经营风险防范化解等提供司法依据。

  海事司法文库编纂是山东法院深入践行习近平法治思想,服务保障高水平对外开放的生动实践。当今世界正经历百年未有之大变局,国际规则体系正在加速重构,制度型开放成为新一轮高水平对外开放的核心指向。海事司法文库广泛收录涉及全球82个国家和地区的案例,提炼裁判要旨800余条,

---

[①] 《习近平在山东考察时强调 以进一步全面深化改革为动力 奋力谱写中国式现代化山东篇章》,载《人民日报》2024年5月25日,第1版。

主动对接国际高标准经贸规则，统筹国内法治和涉外法治，强化国际法与国内法的有效衔接，实现规则标准"软联通"，为持续营造市场化法治化国际化一流营商环境提供有力司法保障。

海事司法文库编纂是山东法院深入践行"抓前端、治未病"理念，积极参与社会治理的生动实践。司法案例是全社会共同的"法治产品"。"一个案例胜过一打文件"，这生动、深刻阐释了案例的重要功能。海事司法文库将具有参考示范意义的海事案例予以梳理公布，有利于充分发挥司法裁判的评价、指引、教育功能，有利于引导各类涉海主体学习法律、运用法律，增强法治意识、明晰行为边界，合法有序参与海洋活动，防范规避风险，推动企业更好地"走出去""引进来"。

海事司法文库编纂是山东法院加强府院联动，推动司法与行政良性互动、优势互补、效能叠加的生动实践。在法治轨道上推进海洋强省建设是一项系统工程，需要政府和法院同向发力、同频共振。山东高院联合省政府召开全省府院联动第一次协调会议，推动省政府出台建立县级以上府院联动联席会议制度的意见，有效衔接依法行政和公正司法，促进法治政府建设水平和司法工作水平"双提高"。海事司法文库编纂工作得益于青岛市政府的大力支持，是青岛海事法院四十年来司法智慧的结晶，也是山东法院充分运用府院联动工作机制的重要成果。

希望本丛书能够为企业健康发展提供法治支撑，为行业规则制定提供有益参考，为山东经济繁荣提供司法助力。下一步，山东法院将深入学习贯彻习近平总书记视察山东重要讲话精神，坚定扛牢"走在前、挑大梁"的使命担当，坚持依法履职、公正司法，努力为打造高水平对外开放新高地贡献司法智慧，为谱写中国式现代化山东篇章供给司法动能。

2024.6

前　言

习近平总书记指出："加强涉外法治建设既是以中国式现代化全面推进强国建设、民族复兴伟业的长远所需，也是推进高水平对外开放、应对外部风险挑战的当务之急。"[①] 当前，我国正处在实现中华民族伟大复兴的关键时期，世界百年未有之大变局加速演进，必须更好发挥法治固根本、稳预期、利长远的保障作用。海事司法作为涉外法治、海洋法治的重要载体，是对接全球资源、加速要素循环、推动法治交流的重要手段，在新时代担负着维护国家海洋权益、规范海洋经济秩序、推动全球海洋治理朝着更加公正合理方向发展的职责使命。

作为国家设立的专司涉外、涉海审判的司法机关，青岛海事法院依法适用国内法、国际公约及条约、国际惯例开展审判工作，每年审理大量涉外、涉海案件，案件数量、种类覆盖全球 80 多个国家和地区，全球视野是海事司法的重要基础。作为中国特色社会主义法治体系的重要组成部分，海事司法具有审理案件全球性、适用法律全球性、司法协作全球性、裁决效力全球性的司法特性，是统筹国内法治与涉外法治，展示中国特色社会主义司法制度优越性的重要窗口。当前，海运贸易量占全球贸易总量的 90% 以上，历史和实践充分证明，经济强国必定是海洋强国、航运强国，海事法院通过发挥职能作用，切实调整规范了以港口、航运、贸易、金融行业为主的法律关系，

[①] 《习近平在中共中央政治局第十次集体学习时强调 加强涉外法制建设 营造有利法治条件和外部环境》，载《人民日报》2023 年 11 月 29 日，第 1 版。

海洋意识是海事司法的核心和关键。当前，国际航运中心东移已成为不争的事实，海事司法更加应该突出中心视阈，围绕全球海洋治理、海洋经济、海洋科技、海洋法治以及海洋生态环境利用和保护，结合引领型现代海洋城市、国际航运中心建设，努力打造国际海事争议解决优选地。深入践行司法为民理念，贯彻人类命运共同体、海洋命运共同体理念，平等保护中外当事人合法权益，在涉外、涉海案件中释放中国特色涉外法治理念、主张和成功实践，彰显厚生境界。

当前，国际竞争越来越体现为制度之争、规则之争。海事司法因其独特的涉外性、涉海性，审判工作中既要适用我国法律，也要适用外国法、国际公约、条约和国际惯例，由此而形成的裁判规则天然具有国际规则属性，在对接高标准国际经贸规则，稳步扩大规则、规制、管理、标准等制度型开放方面发挥着重要的法治引领、法治保障作用。市场经济本质上是法治经济，法治资源的有效运用必然带动涉外、涉海资源的高度富集与科学配置，船舶扣押与拍卖、海事强制令等海事司法专属职能作为反制部分国家"长臂管辖"和经济制裁措施的重要工具，是海事司法发挥涉外涉海资源配置功能的重要途径。海事司法坚持"条约信守"原则，适用国际条约承认与执行外国仲裁裁决，适用双边司法协助条约承认与执行外国法院判决。与此对应，海事司法的裁判结果在国际社会也能够得到广泛的承认与执行，这是海事司法发挥全球海洋争端解决机制功能的重要方面。海事法院的每一起涉外案件都涵盖诸多涉外法律关系，是涉外法治人才培养与发挥作用的重要实践基地。

"一个案例胜过一打文件。"为深入贯彻落实习近平总书记视察山东重要讲话重要指示精神，坚持依法履职、突出规则引领，为涉外涉海纠纷解决、企业经营风险防范化解提供司法依据、标准供给、国际经贸规则参考和研究资料，我们组织开展《海事司法文库·合规指引与风险防治》系列丛书编纂工作。编辑委员会由山东省高级人民法院党组书记、院长、二级大法官霍敏担任名誉主任、总主编，青岛市委常委、政法委书记程德智，青岛市委常委、副市长耿涛担任编委会主任，青岛海事法院党组书记、院长、一级高级法官吴锦标，山东大学政治学与公共管理学院院长、教授、博士生导师马奔担任主编。本丛书旨在深入挖掘海事司法案例在服务高质量发展和高水平对外开放方面的制度性优势，助力打造市场化、法治化、国际化一流营商环境，着力为中国式现代化山东实践贡献海洋法治力量。

海事司法文库"合规指引与风险防治"课题组
2024 年 5 月

目 录

无单放货

001 1. 马罗斯波某水泥有限公司诉东某航运有限公司海上货物运输合同纠纷案
——委托关系中的内部约定是否及于第三人
关键词：民事　海上货物运输合同　正本提单　无单放货

008 2. 青岛某泰花生制品有限公司诉泛某集运有限公司海上货物运输合同纠纷案
——无单放货纠纷下托运人的认定及举证责任的分配
关键词：民事　海上货物运输合同　无单放货　托运人的认定　举证责任的分配

019 3. 中国银行岚某支行诉瑟某海运有限公司等海上货物运输合同纠纷案
——基于贸易融资而持有提单的金融机构享有提单权利
关键词：民事　海上货物运输合同　提单　无单放货　违约

028 4. 沂水县金某木业有限公司诉上海汇某国际货运代理有限公司海上货物运输合同纠纷案
——货物在目的港是否交付的审查认定
关键词：民事　海上货物运输合同　交付货物　远程视频展示

034 5. 青岛隆某工贸有限公司诉达某轮船（中国）有限公司、达某轮船（中国）有限公司青岛分公司、法国达某海运集团海上货物运输合同纠纷案
——承运人免责中的"政府或主管部门的行为"应根据立法意图合理解释
关键词：民事　海上货物运输合同　托运人　承运人

038　　6. 山东外贸集团瑞某有限公司诉日本某株式会社海上货物运输合同纠纷案
　　　　——承运人需承担货物灭失于其承运期间的损失
　　　　　关键词：民事　海上货物运输合同　正本提单　无单放货

042　　7. 青岛某工贸有限公司诉上海罗某升国际货运有限公司青岛分公司、罗某逊货运有限公司、上海罗某升国际货运有限公司海上货物运输合同纠纷案
　　　　——电放情况下承运人交货义务的判断
　　　　　关键词：民事　海上货物运输合同　电放提示　电放保函　交货义务

049　　8. 中国银行股份有限公司某分行诉布某公司海上货物运输合同纠纷案
　　　　——海上货物运输中进口押汇与无单放货问题
　　　　　关键词：民事　海上货物运输合同　提单　进口押汇　无单放货

055　　9. 临沂南某商贸有限公司诉万某运通国际货运代理有限公司青岛分公司、万某运通国际货运代理有限公司海上货物运输合同纠纷案
　　　　——FOB下托运人及承运人责任期间、赔偿范围的认定
　　　　　关键词：民事　海上货物运输合同　FOB下托运人的认定　承运人责任期间　赔偿范围

064　　10. 中国银行股份有限公司某分行诉海洋某特别海事公司海上货物运输合同纠纷案
　　　　——跟单信用证下持有提单的开证行享有提单质权
　　　　　关键词：民事　海上货物运输合同　提单　无单放货

074　　11. 中国银行股份有限公司某分行诉艾某航运有限公司海上货物运输合同纠纷案
　　　　——承运人无单放货侵害开证行提单质权应负赔偿责任
　　　　　关键词：民事　海上货物运输合同　提单　无单放货　质押

083　　12. 潍坊恒某国际贸易有限公司诉汎某物流（青岛）有限公司海上货物运输合同纠纷案
　　　　——无正本提单放货纠纷的适格原告及赔偿金额认定
　　　　　关键词：民事　海上货物运输合同　无单放货　承运人　适格原告　汇率折算

088	13. 常熟市万某进出口贸易有限公司诉青岛银某国际货运代理有限公司等海上货物运输合同纠纷案 ——电放方式下承运人交付货物责任的认定 　　关键词：民事　海上货物运输合同　电放　承运人　交付货物
092	14. 丸某美国有限公司诉威海山某制革有限公司、威海金某货运代理有限公司海上货物运输合同纠纷案 ——一票货物签发两套提单导致不同提单持有人诉讼 　　关键词：民事　海上货物运输合同　无单放货　侵权责任　诉讼主体资格
098	15. 青岛英某商贸有限公司诉深圳永某国际船务代理有限公司青岛分公司、深圳永某国际船务代理有限公司海上货物运输合同纠纷案 ——电放保函及抵押金协议之间的关系及性质认定 　　关键词：民事　海上货物运输合同　电放保函　抵押金收取主体　抵押期限
107	16. 高唐县佛某针织服装有限公司诉大连利某国际货运代理有限公司、百某航运有限公司、大连新某国际货运代理有限公司海上货物运输合同纠纷案 ——货代企业代理不具有资质的无船承运人签发提单的责任认定 　　关键词：民事　海上货物运输合同　无单放货　无船承运人　货运代理人　连带责任
116	17. 烟台新某服饰有限公司诉和某海运有限公司、山东永某世邦国际货运代理有限公司海上货物运输合同纠纷案 ——承运人抗辩未无单放货应举证证明货物仍在其控制下 　　关键词：民事　海上货物运输合同　FOB　无单放货　违约责任　承运人　实际承运人
121	18. 青岛青某食品厂诉美国蓝某海运有限公司、青岛海某物流有限公司海上货物运输合同纠纷案 ——无单放货中货运代理企业是否与承运人承担连带责任的认定 　　关键词：民事　海上货物运输合同　无单放货　承运人　签单代理人　连带赔偿责任
126	19. 青岛润某家具有限公司诉万某货运有限公司、欧某海运有限公司海上货物运输合同纠纷案 ——无单放货纠纷中签单代理人是否需要承担连带责任的认定 　　关键词：民事　海上货物运输合同　无单放货　承运人　签单代理人　连带赔偿责任

130 | 20. 青岛千某山贸易有限公司诉马某基有限公司海上货物运输合同纠纷案
——无正本提单放货的举证责任分配及赔偿金额认定
关键词：民事 海上货物运输合同 无单放货 承运人 诉讼时效 举证责任 赔偿金额

135 | 21. 烟台市进某公司诉金某航运有限公司海上货物运输合同纠纷案
——货物灭失的认定
关键词：民事 海上货物运输合同 货物损失 赔偿责任

139 | 22. 吉某莎企业私人有限公司诉山东省海某货运代理有限公司海上货物运输合同纠纷案
——无船承运人无单放货的违约责任认定
关键词：民事 无单放货 无船承运人 国际海运条例 提单备案 目的港控货 减轻承运人法定责任条款无效 货物价值报关

144 | 23. 中外合资淄博万某皮革制品有限公司诉格某漫公司、鸿某国际有限公司、江苏环某国际货运公司、博某特公司海上货物运输合同纠纷案
——海上货物运输纠纷的特别诉讼时效
关键词：民事 无单放货 承运人 货运代理人 侵权责任 诉讼时效

152 | 24. 威海同某进出口有限公司诉太某洋物流株式会社、青岛新某星船务代理有限公司海上货物运输合同纠纷案
——签单代理不承担无正本提单放货的违约责任
关键词：民事 无单放货 契约承运人 签单代理 违约责任

156 | 25. 胶州市某公司诉青岛怡某货运咨询有限公司海上货物运输合同纠纷案
——无正本提单放货项下诉讼时效应从托收行通知托运人取单之日起算
关键词：民事 海上货物运输合同 无单放货 诉讼时效 交付时点

164 | 26. 山东省莱某染织厂诉华某运输有限公司海上货物运输合同纠纷案
——无船承运人是否接收货物的审查
关键词：民事 无单放货 双重代理 货物交付 提单规定解读 违约责任

174	27. 山东省东某国际贸易股份有限公司诉达某轮船有限公司海上货物运输合同纠纷案 ——记名提单无单放货的责任分析 　　关键词：民事　无单放货　记名提单　违约责任
182	28. 山东省临朐县某公司诉（韩国）某航空株式会社海上货物运输合同纠纷案 ——海上货物运输合同关系的认定及承运人签发提单义务合理期限的认定 　　关键词：民事　海上货物运输合同　签发提单
187	29. 日某贸易有限公司诉东某轮船有限公司海上货物运输合同纠纷案 ——无正本提单放货责任认定暨正本提单交货凭证性质的运用 　　关键词：民事　无单放货　损害赔偿判定
193	30. 中国某工业青岛公司诉马某基（中国）航运有限公司海上货物运输合同纠纷案 ——提单签发人未证明其有承运人的签单授权时应识别为承运人 　　关键词：民事　承运人识别　无单放货　签发提单授权
199	31. 山东省丝某进出口公司诉青岛嘉某航运服务有限公司海上货物运输合同纠纷案 ——无权代理签单情形下责任人的认定 　　关键词：民事　提单　代理人　承运人
204	32. 纳某航运有限公司诉中国冶金进出口某公司海上货物运输合同纠纷案 ——无单放货保函效力认定及当事人约定适用外国法的判定 　　关键词：民事　保函提货　保函效力认定　外国法适用
215	33. 定陶县工某木器厂诉兴某海运株式会社海上货物运输合同纠纷案 ——无船承运人承担凭保函无正本提单放货的侵权责任 　　关键词：民事　无单放货　无船承运人　凭保函无单放货　侵权责任　财产保全
221	34. 威海嘉某制衣有限公司诉汛某商运有限公司海上货物运输合同纠纷案 ——无船承运人无单放货的责任分析 　　关键词：民事　无单放货　无船承运人　无单放货责任分析

225	35. 中国化某建设青岛公司诉美商邦某海空通运有限公司海上货物运输合同纠纷案 ——无正本提单放货损害赔偿的诉讼时效起算点 　　关键词：民事　海上货物运输合同　无单放货　损害赔偿　诉讼时效
229	36. 济南双某箱包有限公司诉（韩国）某海运有限公司海上货物运输合同纠纷案 ——承运人约定放货义务的认定 　　关键词：民事　海上货物运输合同　约定放货义务　货损赔偿

危险品运输

234	37. 徐州黎某食品公司诉正某航业股份有限公司、深圳市迈某贸易公司等海上货物运输合同纠纷案 ——货物托运人的认定 　　关键词：民事　海上货物运输合同　危险货物运输　货损
245	38. 深圳光某石油海运集团有限公司诉石家庄常某成品油销售有限公司等海上财产损害责任纠纷案 ——危险品运输瞒报行为的侵权责任认定 　　关键词：民事　水路运输合同　危险货物运输　瞒报　行政责任　侵权责任
261	39. 现某商船株式会社诉广饶县红某工贸有限公司海上货物运输合同纠纷案 ——船载货物渗漏侵权责任主体的认定 　　关键词：民事　海上货物运输合同　侵权责任　货物渗漏　所有权人　托运人
266	40. 广饶县红某工贸有限公司诉韩国现某商船株式会社海上货物运输合同纠纷案 ——承运人对集装箱装运的货物责任期间内免责的认定 　　关键词：民事　海上货物运输合同　责任期间　免责
273	41. 以某综合航运有限公司诉盛某国际科技有限公司、青岛全球捷某物流有限公司海上货物运输合同纠纷案 ——托运人申报义务及危险品的认定 　　关键词：民事　海上货物运输合同　托运人　申报义务　危险货物运输

| 279 | 42. 宏某箱运支线有限公司诉济南祥某化工有限公司海上货物运输合同纠纷案
——托运人身份确定及危险货物运输责任认定
关键词：民事　海上货物运输合同　托运人认定　危险货物运输　实际损失数额

| 285 | 43. 韩某海运有限公司诉山东中某国际仓储运输公司、亚洲某运有限公司、连云港市某保健品进出口公司海上货物运输合同纠纷案
——多种法律关系的认定及共同海损理算后的索赔问题
关键词：民事　海上货物运输合同　危险货物运输　共同海损

| 297 | 44. 韩某海运有限公司诉烟台土某产进出口集团有限公司、中某山东烟台进出口公司海上货物运输合同纠纷案
——合法单证、清洁提单不能成为托运人履行了"妥善包装"义务的抗辩理由
关键词：民事　海上货物运输合同　危险货物运输　托运人　清洁提单　合法单证　妥善包装义务

| 302 | 45. 烟台土某进出口集团有限公司诉美国某轮船有限公司海上货物运输合同纠纷案
——不合理绕航法律责任的认定
关键词：民事　海上货物运输合同　不合理绕航

| 306 | 46. 广州远某运输公司诉中某山东烟台进出口公司、天津远某运输公司、特某货运有限公司海上货物运输合同纠纷案
——分区段国际海上运输危险品发生货损的责任主体认定
关键词：民事　海上货物运输合同　危险货物运输　托运人　承运人

| 313 | 47. 中国对外某总公司诉中国石化国际事业公司齐鲁某分公司等海上货物运输合同纠纷案
——托运人取得清洁提单后不能当然免除对危险货物泄漏的责任
关键词：民事　海上货物运输合同　危险货物运输　托运人　合法单证　清洁提单

| 319 | 后　记

无单放货

1. 马罗斯波某水泥有限公司诉东某航运有限公司海上货物运输合同纠纷案
——委托关系中的内部约定是否及于第三人

【合规提示】

本案是一起托运人诉承运人无单放货的损害赔偿案件。双方对承运人向第三人交付货物是否构成无单放货的违约行为产生争议。司法实践中通常将正本提单视为物权凭证,提单的持有意味着对货物的实际占有。假使提单持有人怠于履行义务导致货物滞留,造成承运人合法权益受到损害,也不得对抗对货物的物权,而应采取其他合法手段维护自身权益。承运人应严格按照正本提单放货,否则可能涉嫌无单放货,承担赔偿责任。提单持有人应积极履行提货义务,对怠于履行提货义务造成的损失应承担赔偿责任。

【案件信息】

1. 裁判文书字号

(2020)鲁72民初344号、(2020)鲁民终3169号

2. 当事人

原告:马罗斯波某水泥有限公司

被告:东某航运有限公司

第三人:苏州星某进出口有限公司

3. 关键词

民事　海上货物运输合同　正本提单　无单放货

【裁判要旨】

1. 在代理人身份不能完全确定的情况下，应综合判断是否符合表见代理的规定，即需要审查相对人是否有充分理由相信行为人有代理权，以及相对人是否善意。委托关系中委托人与受托人的内部约定不能约束第三人。

2. 在国际贸易中，当买卖双方出现争议，此时因买方不愿意赎回提单，无法及时正常将提单赎回，将导致提单延误。传统公约和司法实践中基本都将正本提单视为物权凭证，提单的持有意味着对货物的实际占有。本案中，被告提出原告怠于履行托运人义务导致涉案船舶长期滞留长江口、被告在此情况下将涉案货物交付指定收货人不存在过错的抗辩，于法无据，且假使被告的合法权益受到侵害，也不能对抗原告对货物的物权，而应采取其他合法手段维护自身权益。

【基本案情】

2019年4月，原告马罗斯波某水泥有限公司（以下简称马罗斯某公司）与第三人苏州星某进出口有限公司（以下简称星某公司）订立水泥销售合同。后被告东某航运有限公司（以下简称东某公司）接受委托负责涉案货物的海上运输，并于2019年5月10日签发了一式三份正本提单。涉案提单载明，涉案货物载于"东某"轮。2019年6月底，被告在未收到涉案正本提单的情况下将涉案货物卸下并交付给提单记载的收货人即本案第三人。而原告作为提单托运人至今仍持有涉案一式三份正本提单。被告作为承运人，在未收到托运人即原告指示且未收到正本提单的情况下，擅自将货物交付给第三人。

原告向法院提出诉讼请求：（1）判令被告赔偿原告损失及利息；（2）判令被告承担原告因申请扣船而支出的申请费、担保费；（3）判令被告承担本案的案件受理费、其他诉讼费、律师费等法律费用。

被告辩称：（1）原被告之间不构成海上货物运输合同法律关系，原告持有的提单并非被告或被告授权的代理合法签发的提单。（2）原告怠于履行托运人义务，导致被告涉案船舶长期在长江口待泊，直至船级证书到期、船舶不适航。（3）原告在此期间始终未能指定新的收货人，被告依据原告此前指示将货物交付指定收货人不存在任何过错。（4）即便被告存在过错，原告主张的担保费、律师费等均无法律依据。

经审理查明，2019年4月12日，原告作为卖方与第三人签订了一份水泥销售合同。合同签订后，第三人租用被告所属的"东某"轮赴卡隆贡港装货。2019年5月8日装货完毕后，"东某"轮船长与原告、装卸公司共同签署了货物交接单，载明收货人为第三人。2019年5月10日，第三人为使"东某"轮在装货完毕后尽早开航、减少滞期损失，通过电汇方式向原告支付第二笔货款30万美元，并在发送给原告的电子邮件中称：所有正本单证仍由原告持有，货物在第三人支付全款前仍归原告所有。2019年5月10日，于印尼卡隆贡港，P×××作为"东某"轮船长的代理签发了一式三份正本记名提单。该提单载明：托运人为原告，收货人和通知方为第三人，承运船舶为"东某"轮。2019年5月11日，"东某"轮装载涉案货物驶离装货港，同年5月19日抵达长江口，等待靠泊卸货。因原告与第三人对上一船水泥熟料的质量问题存在争议，双方未就涉案货物剩余货款的支付和正本提单的交付达成合意，并导致"东某"轮滞留长江口无法卸货。船舶滞留期间，被告为减少滞期损失、解决船级证书即将过期等问题，多次与原告协商涉案货物转卖事宜，但始终未果。2019年6月24日，被告在取得第三人出具的放货保函情况下，安排"东某"轮抵达目的港南通并开始卸货，于6月26日卸货完毕，将涉案货物交付第三人。此时，原告仍持有涉案全套正本提单。

【裁判说理】

争议焦点：（1）原告持有的全套正本提单是否合法、有效；（2）被告向第三人交付货物是否构成无单放货的违约行为；（3）原告诉请的各项赔偿应否予以支持。

青岛海事法院认为：

一、原告持有的全套正本提单是否合法、有效

原告持有的全套正本提单系P×××所签发，载明的签发日期为2019年5月10日。对于P×××的身份，根据其与被告之间电子邮件往来情况，可以确认前者系后者在装货港的签单代理。虽然，被告多次通过电子邮件向P×××声明提单签发须经被告批准，但上述行为属于被告与其签单代理之间的内部委托关系；而作为外部代理关系相对人的原告，仅能够确认P×××的签单代理身份，但对被告与P×××之间关于代理权限的具体约定无从知晓；在P×××向原告签发提单时，原告有理由相信P×××具备

签发提单的代理权限。根据《民法总则》第172条的规定，P×××未经被告批准签发涉案提单的行为符合表见代理的规定，该代理行为有效。本院认定P×××作为被告装货港代理签发提单的行为有效，该行为对被告发生效力，原告持有的全套正本提单合法、有效，对被告具有约束力。

二、被告向第三人交付货物是否构成无单放货的违约行为

原告持有的全套正本提单系记名提单，根据《海商法》第71条的规定，尽管记名提单不具有转让性，但这并不意味着当事人同意放弃提单的其他重要特征，如凭单交货。本案中，被告仅凭第三人出具的放货保函而未收回正本提单即将涉案货物交付第三人，其行为符合《最高人民法院关于审理无正本提单交付货物案件适用法律若干问题的规定》第1条、第2条、第3条规定的无正本提单交付货物情形，原告作为全套正本提单持有人有权要求其承担由此造成损失的违约责任。

被告提出原告怠于履行托运人义务导致涉案船舶长期滞留长江口、被告在此情况下将涉案货物交付指定收货人不存在过错的抗辩，于法无据，且被告在其自身权益受损的情况下完全可以依照合同约定和法律规定通过合法方式维护自身权益，而非通过损害原告的合法权益加以维护。故，本院对被告提出的上述抗辩不予支持。

三、原告诉请的各项赔偿应否予以支持

根据《最高人民法院关于审理无正本提单交付货物案件适用法律若干问题的规定》第6条的规定，被告对于原告主张的货物损失应按照装船时的价值予以赔偿。

青岛海事法院判决后，被告不服，上诉至山东省高级人民法院。

山东省高级人民法院认为争议焦点为：一是东某公司与马罗斯某公司有无提单所证明的运输合同关系；二是东某公司应否承担无单放货责任；三是东某公司应否承担马罗斯某公司主张的无单放货货物损失之外的损失。

一、东某公司与马罗斯某公司有无提单所证明的运输合同关系

马罗斯某公司与星某公司签订散装水泥熟料买卖合同，合同签订后，星某公司租用东某公司所属的"东某"轮在卡隆贡港装货。装货完毕后，马罗斯某公司作为交付货物的人，取得一式三份正本记名提单。东某公司在本案一审期间提供的"东某"轮船长于2019年5月3日出具的授权书显示，授权P×××在卡隆贡港按照以下条款和条件，代表船长就本航次签发提单：

（1）应严格按照大副收据签发提单；（2）所有提单应载明：根据授权代表船长；（3）在签发提单后应立即向船长和船东提供复印件以便批准；（4）应得到船东书面准许后方可放单。从上述授权书可知，P×××有权代表船长或船东签发提单，尽管授权书中限定P×××放单时应得到船东书面许可，但该项约定属于委托关系中委托人与受托人的内部约定，马罗斯某公司接受P×××交予的提单不受上述条款的约定，也无义务审查P×××交单时是否已经获得书面授权指令，因此，马罗斯某公司得到的提单合法有效。马罗斯某公司与东某公司存在提单运输合同关系。一审法院以表见代理认定马罗斯某公司与东某公司存在提单运输合同关系不当，应予纠正。马罗斯某公司与P×××是否同属于一个集团公司及是否是关联公司不影响上述法律关系的认定，对此不再分析认定。

二、东某公司应否承担无单放货责任

在本案诉讼过程中，马罗斯某公司仍持有全套正本提单，东某公司在目的港未收回正本提单的情况下，根据星某公司提供的放货保函将涉案货物交付星某公司，其行为构成无正本提单交付货物行为。

三、东某公司应否承担马罗斯某公司主张的无单放货货物损失之外的损失

东某公司无正本提单交付货物，马罗斯某公司作为全套正本提单持有人，有权要求东某公司承担赔偿损失的违约责任。一审法院判决东某公司赔偿的损失包含三项，即货物损失、利息损失和诉前海事请求保全担保费损失。上述损失中只有货物损失符合《最高人民法院关于审理无正本提单交付货物案件适用法律若干问题的规定》第6条"承运人因无正本提单交付货物造成正本提单持有人损失的赔偿额，按照货物装船时的价值加运费和保险费计算"的规定，东某公司无须赔偿上述规定范围外的损失，由于当事人各方对一审判决中赔偿货物损失部分没有异议，本院对该判项内容予以维持，但一审判决东某公司赔偿马罗斯某公司的利息损失和诉前海事请求保全担保费损失没有法律依据，应当予以纠正。

最终山东省高级人民法院二审判决：一、撤销一审法院判决；二、东某公司向马罗斯某公司赔偿货物损失1 027 140.13美元；三、驳回马罗斯某公司的其他诉讼请求。

【法官后语】

海上国际贸易运输过程中，由于种种难以预料的原因，导致无单放货的事件层出不穷。无单放货这一行为对以提单和跟单信用证建立起来的海上贸易秩序造成了严重的破坏，应当追究承运人的侵权责任和违约责任。

通常而言，海运提单具有三种属性。首先，海运提单是一种货物的收据。其次，海运提单是一种物权凭证。一方面，站在托运人的角度来说，当货物完成租船订舱后，船运公司就要向托运人签发海运提单，托运人在收到海运提单的全套正本文件后，就表明自己是承运人所托运货物的所有权。另一方面，站在买方的角度来说，海运提单的物权属性还表现为谁持有正本提单谁就有权要求承运人交付货物。在买方从开证行拿到正本提单后，实质上就取得了货物的所有权，因为此时他可以随时向承运人要求提货。再次，海运提单是托运人与承运人之间运输契约的证明。根据《海商法》第71条的规定，提单只是作为海上货物运输合同的证明，而其自身并不是合同。提单表明了托运人与承运人之间建立了一种委托关系，这种委托关系可能由其他合同来加以约束，提单作为一项证据能够充分有效地证明双方当事人有这种运输合同关系的存在。承运人无单放货后能够免责的情形包括以下几点：

1. 货物无人申报时被交付给海关。承运人在将货物运到目的港后，一直迟迟没有人来当地的海关申报提货。承运人此时已经完成了自己的运输义务和其附随的保管义务。等待一段时间后，承运人不可能一直停留在港口保存这批货物，此时承运人可以将该批货物交付到当地的海关，由海关对该留置物予以处理。此时完全是由于买方自身的根本违约行为，没有履行其与卖方合同中的提货义务，承运人没有任何过错，因而承运人此时在没有正本提单的情况下把货交付给海关的做法是善意的。

2. 买方所在地的港口存在强制性的货物交付规定。世界上有少部分的国家，比如南美洲的部分国家法律规定，承运人在将货物运输到其港口之后必须要将货物先交付给海关或者规定承运人可以在没有见到正本提单的情况下直接放货给买方。这些规定属于港口所在地国家的政策法律问题，承运人别无他选，因此，此时即使承运人无单放货也不应承担任何责任。

3. 卖方允诺承运人无单放货。在实践中，或是由于卖方自身无法向通知行交付单证；或是由于货物早已到达目的港而提单还未送达，承运人为减少自身的费用压力向卖方请求放货；或是由于卖方对买方高度信任。卖方基于以上原因便向承运人表示可以不需要在买方出具正本提单的条件下允许买方提货。此时因为无单放货行为是卖方的单方意思表示，承运人没有任何过错行为，因而此时无单放货的风险应当全部由卖方来承担，承运人据此免责。

【相关法条】

1.《中华人民共和国海商法》(1993年7月1日施行)

第七十一条　提单，是指用以证明海上货物运输合同和货物已经由承运人接收或者装船，以及承运人保证据以交付货物的单证。提单中载明的向记名人交付货物，或者按照指示人的指示交付货物，或者向提单持有人交付货物的条款，构成承运人据以交付货物的保证。

第七十二条　货物由承运人接收或者装船后，应托运人的要求，承运人应当签发提单。

提单可以由承运人授权的人签发。提单由载货船舶的船长签发的，视为代表承运人签发。

2.《最高人民法院关于审理无正本提单交付货物案件适用法律若干问题的规定》(2009年3月5日施行)

第一条　本规定所称正本提单包括记名提单、指示提单和不记名提单。

第二条　承运人违反法律规定，无正本提单交付货物，损害正本提单持有人提单权利的，正本提单持有人可以要求承运人承担由此造成损失的民事责任。

第三条　承运人因无正本提单交付货物造成正本提单持有人损失的，正本提单持有人可以要求承运人承担违约责任，或者承担侵权责任。

正本提单持有人要求承运人承担无正本提单交付货物民事责任的，适用海商法规定；海商法没有规定的，适用其他法律规定。

第六条　承运人因无正本提单交付货物造成正本提单持有人损失的赔偿额，按照货物装船时的价值加运费和保险费计算。

对应新法：

《最高人民法院关于审理无正本提单交付货物案件适用法律若干问题的规定》（2020 年 12 月 29 日修正）

第一条 本规定所称正本提单包括记名提单、指示提单和不记名提单。

第二条 承运人违反法律规定，无正本提单交付货物，损害正本提单持有人提单权利的，正本提单持有人可以要求承运人承担由此造成损失的民事责任。

第三条 承运人因无正本提单交付货物造成正本提单持有人损失的，正本提单持有人可以要求承运人承担违约责任，或者承担侵权责任。

正本提单持有人要求承运人承担无正本提单交付货物民事责任的，适用海商法规定；海商法没有规定的，适用其他法律规定。

第六条 承运人因无正本提单交付货物造成正本提单持有人损失的赔偿额，按照货物装船时的价值加运费和保险费计算。

承办人：秦　涛
编写人：原浩洋

2.青岛某泰花生制品有限公司诉泛某集运有限公司海上货物运输合同纠纷案
——无单放货纠纷下托运人的认定及举证责任的分配

【合规提示】

本案系一起海上货物运输合同下承运人目的港无正本提单交付货物导致的纠纷。原告是出口商，被告是货物承运人，原告向被告的提单签发代理人订舱，并缴纳了相关运费，实际将货物交付被告运输。原告持有货物全套正本提单，货物被无单放货后造成原告损失产生纠纷。对卖方及承运人而言，无论提单托运人如何记载，只有持有正本提单及凭正本提单交付货物才能免除法律风险。对承运人而言，作为在中国交通部备案登记的无船承运人，需要严格遵守合同义务，对集装箱运输的货物负有整箱交付的义务，在托运人证明货物空箱返回堆场重新流转后，可以初步证明承运人交付货物，此时承运人负有证明货物尚未交付的举证责任，否则承担举证不利的法律后果，承担无单放货的赔偿责任。

【案件信息】

1. 裁判文书字号

（2018）鲁72民初124号

2. 当事人

原告：青岛某泰花生制品有限公司

被告：泛某集运有限公司

3. 关键词

民事　海上货物运输合同　无单放货　托运人的认定　举证责任的分配

【裁判要旨】

1. 提单中载明的托运人为按照国外买方要求填写的公司，原告仅为代理人，此时原告的身份认定需依照《海商法》与《最高人民法院关于审理无正本提单交付货物案件适用法律若干问题的规定》进行认定，原告为交货托运人，并且为正本提单持有人，有权要求承运人承担因无正本提单交付货物给原告造成损失的赔偿责任。

2. 承运人对集装箱运输的货物负有整箱交付的义务，在托运人证明货物空箱返回堆场重新流转后，应经初步证明承运人交付货物，此时承运人负有证明货物尚未交付的举证责任，否则承担举证不利的法律后果，承担无单放货的赔偿责任。

【基本案情】

原告青岛某泰花生制品有限公司诉称：2017年5月31日，被告作为编号为4352-×××-705.017号全套正本提单记载的承运人，为原告承运脱皮花生仁34吨，货物价值67 320美元。根据提单记载，涉案货物的托运人为原告，装货港为青岛港，卸货港为沙特吉达港，集装箱号分别为

CBHU39××××号、CBHU59××××号。集装箱跟踪记录显示，涉案2个集装箱抵达目的港后被私自拆箱、放货。原告目前仍持有上述货物全套正本提单。涉案货物的承运人是被告，被告作为在中国交通部备案登记的无船承运人，负有保管照料货物并凭正本提单交付货物的法定义务。货物被无单放货，被告作为承运人应当向原告承担赔偿责任。特向法院提出如下诉讼请求：（1）判令被告赔偿原告4352-××××-705.017号提单项下货值损失67 320美元（按照起诉状列明之日国家外汇管理局公布的1美元折合6.5079元人民币的汇率计算，折合人民币438 111.83元），并按照中国人民银行同期美元存款利率支付原告自2017年7月20日开始至实际付清之日止的利息；（2）判令被告负担本案的全部诉讼费用。

被告泛某集运有限公司辩称：原告的诉请应当依法予以驳回。具体理由：（1）原告并非本案当事人，原告就本案诉讼未能证明与被告之间订立海上货物运输合同关系，原告并非托运人，就本案没有利害关系，其起诉应当被裁定驳回。（2）在保留上述答辩意见的前提下被告认为原告未能提交证据证明货物已被无单放货，未能举证其存在损失，被告就相关证据材料在目的港进行收集、整理和公证认证手续中，该事实系认定本案原告是否有损失及被告是否应当承担赔偿责任的关键事实。（3）即便被告应当承担赔偿责任，但原告未就其损失的具体金额完成举证义务；若其在庭审结束前仍未能举证证明自身损失金额，则应当承担不利后果，其起诉应当被驳回。（4）原告利息损失计算标准不明。

青岛海事法院经审理查明：2017年5月，原告青岛某泰花生制品公司将一票货物交予德某（中国）货运代理有限公司青岛分公司（以下简称青岛德某）代办运输事宜，青岛德某接收货物后，代理被告泛某集运有限公司签发了该票货物的全套正本提单，提单号为4352-××××-705.017。提单载明货物出运日期为2017年5月31日，船名/航次为YM FOUNTAIN 132W，装货港为青岛港，卸货港为沙特吉达港，交付方式为CY/CY，货物为脱皮花生仁，提单涉及2个20尺普通集装箱，分别内装850箱货物，对应集装箱号分别为CBHU39××××号、CBHU59××××号。提单抬头与右下角均载明承运人为Blue Anchor Line，青岛德某为签单代理，托运人一栏记载"青岛某泰花生制品公司 on behalf of SULEYMAN GIDA TEKS.VE SA N.URN.TIC.TD.STI"，收货人为NATIONAL COMMERCIAL BANK A/C OF BASMA

ALHOUTI TRADING EST，通知方为 BASMA AL-HOUTI TRADING EST，交货代理为青岛德某。集装箱流转记录显示，涉案提单项下 2 个集装箱于 2017 年 6 月 24 日抵达目的港，同年 7 月 18 日离开堆场，同年 7 月 20 日空箱返场。涉案装箱单、发票、报关单显示，原告为涉案货物生产销售单位及发货人，涉案货物价值为 67 320 美元。上述价格为 CNF 吉达价格。

庭审中，原告确认就涉案货物向被告的代理青岛德某支付了运费；被告确认收到涉案提单项下运费。原告至今仍持有全套正本提单。被告系在中国上海市交通委员会备案登记的无船承运人，具有无船承运人资格。被告登记备案的提单格式抬头与右下角均载明的 Blue Anchor Line 系该提单项下的承运人。

【裁判说理】

争议焦点：(1) 关于原告与被告之间的法律关系；(2) 被告是否应当承担赔偿责任；(3) 赔偿范围如何认定。

青岛海事法院认为：

一、关于原告与被告之间的法律关系

青岛德某接受原告的货物，将其装船出运，并代理被告签发了涉案货物的全套正本提单，提单抬头与右下角载明的承运人为 B×，右下角载明青岛德某作为代理签发提单，该提单格式与被告在中国上海市交通委员会备案登记的提单格式相同，被告为该格式提单的使用人，则被告为该提单项下货物的承运人。

本案中，根据涉案货物报关单记载，原告是涉案货物的生产单位及出口单位，同时原告向被告的提单签发代理人青岛德某订舱，并缴纳了相关运费，实际将货物交付被告运输，庭审中被告对此也予以确认。《海商法》第 42 条规定的"托运人"是指：(1) 本人或者委托他人以本人名义或者委托他人为本人与承运人订立海上货物运输合同的人；(2) 本人或者委托他人以本人名义或者委托他人为本人将货物交给与海上货物运输合同有关的承运人的人。本案原告作为卖方将货物交与承运人运输，明显符合我国海商法中关于第二种托运人的定义，因此原告是我国海商法规定的托运人，被告关于原告并非托运人的抗辩本院不予支持，原被告之间存在国际海上货物运输合同关系。

二、被告是否应当承担赔偿责任

原告认为被告负有凭正本提单交付货物的义务，现其持有涉案货物全套正本提单，要求被告赔偿货物损失。被告承认涉案货物在目的港确实已经被拆箱，但主张是否无单放货需调取证据，在法庭给予的举证期内未能提交任何证据。对此，法院认为，原告作为正本提单持有人已经提供证据证明装载涉案货物的集装箱已经空箱返回堆场，重新投入使用或流转；同时涉案货物交付方式为 CY/CY，被告负有整箱交付的义务，涉案货物已经被拆箱，被告已经违反了合同约定的义务。基于以上两点均可以认定原告已经初步证明了被告作为承运人无单放货的事实。此时，针对原告提供的初步证据，被告应当举证证明货物仍然处于其控制之下，否则应当承担举证不能的不利后果，对无单放货造成的损失承担赔偿责任。本案中，被告未提交证据证明货物仍然处于其控制之下，因此，应当对其无单放货行为承担赔偿责任。

按照《海商法》第71条的规定，提单中载明的向记名人交付货物，或者按照指示人的指示交付货物，或者向提单持有人交付货物的条款，构成承运人据以交付货物的保证。《最高人民法院关于审理无正本提单交付货物案件适用法律若干问题的规定》第2条规定，承运人违反法律规定，无正本提单交付货物，损害正本提单持有人提单权利的，正本提单持有人可以要求承运人承担由此造成损失的民事责任。因此，本案原告作为托运人和正本提单的持有人，有权要求承运人承担因无正本提单交付货物给原告造成损失的赔偿责任。

三、赔偿范围如何认定

《海商法》第55条第1款和第2款规定，货物灭失的赔偿额，按照货物的实际价值计算；货物的实际价值，按照货物装船时的价值加保险费加运费计算。《最高人民法院关于审理无正本提单交付货物案件适用法律若干问题的规定》第6条规定，承运人因无正本提单交付货物造成正本提单持有人损失的赔偿额，按照货物装船时的价值加运费和保险费计算。本案货物的交易方式为 CNF 吉达，为货物装船时的价值加运费价格，不包括保险费。根据原告提交的装箱单、发票、报关单，可以认定报关单记载的价值系涉案货物的货值，共计 67 320 美元。原告主张被告应当赔偿该部分货值损失的请求，法院予以支持。

关于原告主张的利息。利息损失是因被告违约造成的损失，该损失与被告的违约行为之间存在因果关系，依照《合同法》第113条第1款关于"当事人一方不履行合同义务或者履行合同义务不符合约定，给对方造成损失的，损失赔偿额应当相当于因违约所造成的损失，包括合同履行后可以获得的利益，但不得超过违反合同一方订立合同时预见到或者应当预见到的因违反合同可能造成的损失"的规定，原告请求赔偿的利息属于本案赔偿范围。原告主张自 2017 年 7 月 20 日起根据中国人民银行同期美元存款利率计算，被告认为该计算标准不明确，鉴于中国人民银行未发布同期美元存款利率标准，法院认定按照中国人民银行同期人民币流动资金贷款利率计算。因此，被告应当向原告赔偿上述货物损失 67 320 美元的利息，自 2017 年 7 月 20 日起，按照中国人民银行同期人民币流动资金贷款利率计算至本判决确定的支付之日止。

青岛海事法院最终判决：一、被告泛某集运有限公司向原告青岛某泰花生制品公司赔偿货值损失 67 320 美元；二、被告泛某集运有限公司向原告青岛某泰花生制品公司支付上述款项的利息，自 2017 年 7 月 20 日起按照中国人民银行同期人民币流动资金贷款利率计算至本判决确定的支付之日止；三、驳回原告青岛某泰花生制品公司的其他诉讼请求。

宣判后，双方均未提出上诉，判决已发生法律效力。

【法官后语】

本案系一起具有涉外因素海上货物运输合同下承运人目的港无正本提单交付货物导致的纠纷。提单载明目的港地为沙特吉达港，起因为中国卖方与"一带一路"成员国沙特买方之间的国际货物买卖合同下发生纠纷。通过此案，对卖方及承运人的启示为无论提单托运人如何记载，只有持有正本提单及凭正本提单交付货物才能免除法律风险。本案有以下几方面的指导意义。

一、托运人的认定

我国《海商法》第 42 条关于托运人的规定借鉴了《汉堡规则》第 1 条第 3 款关于托运人的定义，规定了两种托运人，分别称为契约托运人与实际托运人。契约托运人是与承运人订立运输合同的人，交货托运人系实际向承运人交付货物的人。对本案而言，只要卖方将货物交付给承运人，则可以认定卖方为法定的托运人，即属于交货托运人，并且不以必须在提单上载明托运人身份为条件。本案中托运人一栏记载为"青岛东某花生制品有限公司 on behalf of SULEYMAN GIDA TEKS.VE SA N. URN.TIC.TD.STI"，即原告系 SULEYMAN GIDA TEKS.VE SA N. URN.TIC.TD.STI 的代理人，提单载明的托运人应为被代理人 SULEYMAN GIDA TEKS.VE SA N. URN.TIC.TD.STI，而非原告。但原告持有全套正本提单，是涉案货物的生产单位及出口单位，并且实际向承运人交付了货物，但按照《最高人民法院关于审理无正本提单交付货物案件适用法律若干问题的规定》，仍可以被认定为交货托运人，承运人仍应对其承担无正本提单交付货物的赔偿责任。之所以这样规定，是因为国内卖方在贸易环节因贸易地位的不平等及中间商的存在等多种原因，往往不得不放弃在提单中将自己记载为托运人的权利，该种放弃并非对物权的放弃，仅因贸易中的弱势地位导致。但在航运实务中往往认可国内卖方将货物交付给承运人后即成为交货托运人，并且要求承运人应当向买卖合同中的卖方即实际托运人签发提单。实际托运人即买卖合同中的卖方凭具有物权凭证功能的提单向开立信用证的银行交付提单议付货款，银行付款后将提单转交给买卖合同中的买方，由其在目的港凭提单向承运人提货。整个过程是由实际托运人通过控制提单议付货款的过程，前提是法律规定的承运人必须凭正本提单交付货物，使国外买方没有正本提单就无法提货。提单载明的托运人允许承运人向实际托运人签发提单就等于把具有物权性质的提单质押给了作为买卖合同卖方的实际托运人。因此，实际托运人虽然没有在提单上载明托运人身份，仅说明他没有处分提单和背书转让提单的权利，但享有通过法律赋予的实际托运人的地位凭正本提单向承运人主张货物的权利。一旦承运人把货物交给非正本提单持有人，就应当承担无正本提单交付货物的责任，这也是《海商法》通过规定实际托运人的设定来保护国内卖方收到货款的立法本意。

二、对无单放货举证责任的分配

对无单放货纠纷案件而言，原告（提单持有人）合法持有全套提单是具备诉权的前提，这在海事审判实践中已形成共识。但是，如果原告仅持有全套提单是不能证明货物已在目的港被放行的，因为不排除货物在中途灭失、在卸货港滞留、因外贸纠纷被退单等可能，此时承运人作为被告所承担的责任不一样，提单持有人作为原告所提起的诉讼请求和理由也不一样。因此，在审理此类案件时，如何查明货物已被放行的事实至关重要。

对此，通常有以下两种查明途径：（1）由货物的买方、卸货港的码头经营人或承运人在卸货港的代理人出具证明，证明涉案提单项下的货物已被放行。原告取得此方面的证据存在很大的困难，其一，从国外取得证据的方式不仅困难，且需办理公证认证，程序复杂，时间长，取证的成本过高；其二，实践中，买方既然未凭正本提单从承运人处提货，说明两者之间存在密切的利益关系，相关当事人通常不会出具证明。（2）承运人在以提单持有人明示同意或默认无单放货，卸货港法律允许无单放货等免责事由进行抗辩的前提下，书面承认或在案件审理过程中自认货物已被放行。在这种情况下，提单持有人不必再举证货物已被放行，只需对承运人的抗辩理由进行举证和反驳。

本案则与以上两种情形不同，是提单持有人提供承运人网站上的信息，得知案件所涉集装箱已空箱，证明货物已放行。在当今信息社会时代，海运承运人一般均建有专门的网站，真实公布所属船名、航线、每周航次及各航线的实际运行情况等，便于托运人和其他货主准确向其订舱，为积极揽货，开拓航运业务提供服务平台。为此，提单持有人登录该网站，输入相关提单号和集装箱号等，集装箱都有唯一的编号，就可查出涉案集装箱的流转情况。在托运人与承运人约定的货物交接方式为"整箱交接"，如 CY/CY（场到场）、DOOR/DOOR（门到门）、CY/DOOR（场到门）等时候，如果查出集装箱已开箱或到过卸货港后又在流转途中，即确认了承运人在目的港于收货人提货前拆箱的事实，可以作为其实施了无单放货行为的初步证明，说明货物已被放行。但只能作为证明其实施了无单放货行为的初步证明，并不能直接得出承运人实施了无单放货行为的结论。因为承运人在目的港拆箱，即违反"整箱交接"义务，除了实施无单放货行为外，还可能有其他原因，如目的港海关强制要求处理箱内货物，或者货物到港后，长时间无人提货，承运人为加快集装箱周转，减少经济损失而将货物掏出存放在仓库中等。故从集装箱被拆的结果，并不能必然倒推出系因承运人实施无单放货行为所致。虽然拆箱事实尚不足以证明承运人实施了无单放货行为，但作为初步证明，此时产生举证责任从原告处转移至承运人处的法律后果。为了证明并非因为无单放货而拆箱，承运人必须提供货物尚在目的港，或者系因其他不能归责于承运人的原因而拆箱的反驳证据。比如，目的港的海关监管仓库出具货物存放其中的证明、目的港当地的公证人员到承运人自有或者租用的仓库做现场公证后，出具的货物尚在的公证文书，或者系目的港海关处理了货物的证据等。如果承运人不能提供上述证据，不能证明货物尚在目的港，尚在其掌控之下，则可认定承运人已实施了无单放货行为，应当承担无单放货的赔偿责任。

三、赔偿范围

承运人无正本提单交付货物属于海上货物运输纠纷，根据《海商法》第55条的规定，承运人承担海上货物运输合同的赔偿责任是指造成货物实际价值的损失。实际上，因为我国的外贸出口退税体制，无正本提单交付货物经常造成国内卖方无法核销被罚款、无法获得国家出口退税等损失，但对此类损失，无论适用《海商法》还是《合同法》，都属于承运人无法预期的损失。《海商法》第55条的规定，体现了承运人只承担运输合同项下的风险，而不承担市场风险的价值取向，因为市场风险是承运人无法预期的。按照货物的实际价值，即按照货物装船时的价值加保险费和运费（CIF 价格）计算。本案货物价格为 CNF，不存在保险费损失，只计算货物装船时的价值加保险费，对此可以依据买卖合同约定、装箱单、发票、核销单、报关单等予以确定，如果数额不一致的，应当按照报关单确定价值，因为这是当事人向有关国家机关申报的货物价值，具有公示性。对于利息损失，属于货物实际价值的孳息，属于承运人违约造成的可以预见的损失，应当予以赔偿。

【相关法条】

1.《中华人民共和国海商法》(1993 年 7 月 1 日施行)

第四十二条 本章下列用语的含义：

（一）"承运人"，是指本人或者委托他人以本人名义与托运人订立海上货物运输合同的人。

（二）"实际承运人"，是指接受承运人委托，从事货物运输或者部分运输的人，包括接受转委托从事此项运输的其他人。

（三）"托运人"，是指：

1. 本人或者委托他人以本人名义或者委托他人为本人与承运人订立海上货物运输合同的人；

2. 本人或者委托他人以本人名义或者委托他人为本人将货物交给与海上货物运输合同有关的承运人的人。

（四）"收货人"，是指有权提取货物的人。

（五）"货物"，包括活动物和由托运人提供的用于集装货物的集装箱、货盘或者类似的装运器具。

第五十五条　货物灭失的赔偿额，按照货物的实际价值计算；货物损坏的赔偿额，按照货物受损前后实际价值的差额或者货物的修复费用计算。

货物的实际价值，按照货物装船时的价值加保险费加运费计算。

前款规定的货物实际价值，赔偿时应当减去因货物灭失或者损坏而少付或者免付的有关费用。

第七十一条　提单，是指用以证明海上货物运输合同和货物已经由承运人接收或者装船，以及承运人保证据以交付货物的单证。提单中载明的向记名人交付货物，或者按照指示人的指示交付货物，或者向提单持有人交付货物的条款，构成承运人据以交付货物的保证。

2.《中华人民共和国合同法》（2021年1月1日废止）

第一百零七条　当事人一方不履行合同义务或者履行合同义务不符合约定的，应当承担继续履行、采取补救措施或者赔偿损失等违约责任。

第一百一十三条　当事人一方不履行合同义务或者履行合同义务不符合约定，给对方造成损失的，损失赔偿额应当相当于因违约所造成的损失，包括合同履行后可以获得的利益，但不得超过违反合同一方订立合同时预见到或者应当预见到的因违反合同可能造成的损失。

经营者对消费者提供商品或者服务有欺诈行为的，依照《中华人民共和国消费者权益保护法》的规定承担损害赔偿责任。

对应新法：

《中华人民共和国民法典》（2021年1月1日施行）

第五百七十七条　当事人一方不履行合同义务或者履行合同义务不符合约定的，应当承担继续履行、采取补救措施或者赔偿损失等违约责任。

第五百八十四条　当事人一方不履行合同义务或者履行合同义务不符合约定，造成对方损失的，损失赔偿额应当相当于因违约所造成的损失，包括合同履行后可以获得的利益；但是，不得超过违约一方订立合同时预见到或者应当预见到的因违约可能造成的损失。

3.《中华人民共和国民事诉讼法》（2007年10月28日修正）

第六十四条　当事人对自己提出的主张，有责任提供证据。

当事人及其诉讼代理人因客观原因不能自行收集的证据，或者人民法院认为审理案件需要的证据，人民法院应当调查收集。

人民法院应当按照法定程序，全面地、客观地审查核实证据。

对应新法：

《**中华人民共和国民事诉讼法**》（2023 年 9 月 1 日修正）

第六十七条　当事人对自己提出的主张，有责任提供证据。

当事人及其诉讼代理人因客观原因不能自行收集的证据，或者人民法院认为审理案件需要的证据，人民法院应当调查收集。

人民法院应当按照法定程序，全面地、客观地审查核实证据。

4.《最高人民法院关于审理无正本提单交付货物案件适用法律若干问题的规定》（2009 年 3 月 5 日施行）

第二条　承运人违反法律规定，无正本提单交付货物，损害正本提单持有人提单权利的，正本提单持有人可以要求承运人承担由此造成损失的民事责任。

第六条　承运人因无正本提单交付货物造成正本提单持有人损失的赔偿额，按照货物装船时的价值加运费和保险费计算。

5.《最高人民法院关于适用〈中华人民共和国民事诉讼法〉的解释》（2015 年 2 月 4 日施行）

第九十条　当事人对自己提出的诉讼请求所依据的事实或者反驳对方诉讼请求所依据的事实，应当提供证据加以证明，但法律另有规定的除外。

在作出判决前，当事人未能提供证据或者证据不足以证明其事实主张的，由负有举证证明责任的当事人承担不利的后果。

第一百零八条　对负有举证证明责任的当事人提供的证据，人民法院经审查并结合相关事实，确信待证事实的存在具有高度可能性的，应当认定该事实存在。

对一方当事人为反驳负有举证证明责任的当事人所主张事实而提供的证据，人民法院经审查并结合相关事实，认为待证事实真伪不明的，应当认定该事实不存在。

法律对于待证事实所应达到的证明标准另有规定的，从其规定。

对应新法：

《**最高人民法院关于适用〈中华人民共和国民事诉讼法〉的解释**》（2022 年 4 月 1 日修正）

第九十条　当事人对自己提出的诉讼请求所依据的事实或者反驳对方诉讼请求所依据的事实，应当提供证据加以证明，但法律另有规定的除外。

在作出判决前，当事人未能提供证据或者证据不足以证明其事实主张的，由负有举证证明责任的当事人承担不利的后果。

第一百零八条 对负有举证证明责任的当事人提供的证据，人民法院经审查并结合相关事实，确信待证事实的存在具有高度可能性的，应当认定该事实存在。

对一方当事人为反驳负有举证证明责任的当事人所主张事实而提供的证据，人民法院经审查并结合相关事实，认为待证事实真伪不明的，应当认定该事实不存在。

法律对于待证事实所应达到的证明标准另有规定的，从其规定。

承办人：王爱玲
编写人：王爱玲

3. 中国银行岚某支行诉瑟某海运有限公司等海上货物运输合同纠纷案

——基于贸易融资而持有提单的金融机构享有提单权利

【合规提示】

本案系一起海上货物运输无正本提单放货纠纷案件，双方对于跟单信用证下持有提单的开证行是否享有提单权利产生争议。对于开证行而言，虽然并非基于买卖等基础合同关系交付或指示交付的方式取得提单，不具备货物所有人或收货人的法律地位，但可以享有提单权利；对于承运人而言，应该凭正本提单交付货物，避免不应有的损失。

【案件信息】

1. 裁判文书字号

（2018）鲁 72 民初 375 号

2. 当事人

原告：中国银行岚某支行

被告：瑟某海运有限公司、田某海运株式会社

3. 关键词

民事　海上货物运输合同　提单　无单放货　违约

【裁判要旨】

1. 基于贸易融资而持有提单的金融机构享有提单权利。
2. 承运人向第三人无正本提单交付货物构成违约。

【基本案情】

原告中国银行岚某支行（以下简称岚某中行）诉称：2016年11月20日，原告与日照广某化工科技有限公司（以下简称广某公司）签订《授信额度协议》，约定原告向广某公司提供授信额度3.3亿元人民币，用于开立信用证业务。2017年2月15日，广某公司向原告出具《开立国际信用证申请书》，用于向国外购买聚合级丙烯业务。原告按时对外开出信用证，开证金额为1 344 261.24美元。2017年3月16日，原告收到通知行发来的信用证项下全套单据，包括正本提单、箱单、发票等。经原告审核无误，予以承兑。5月15日，信用证付款时间到期，广某公司因资金紧张无力付款赎单，原告为其垫付款项，对外支付了信用证项下金额1 344 261.24美元（其中扣除广某公司保证金424 261.24美元，原告对外垫款92万美元），成为提单的合法持有人，有权向承运人提取货物。但提单项下货物已经在日照港卸载并被被告在未收到正本提单情况下放行，导致原告无法提取货物，垫付的款项无法追回。被告作为承运人应承担赔偿责任。原告请求判令被告赔偿经济损失92万美元及逾期利息。

被告瑟某海运有限公司（以下简称瑟某公司）、田某海运株式会社（以下简称田某会社）辩称：（1）原告不是合法的提单权利人，无权向被告索赔。（2）原告诉求的损失是相关贷款合同项下其与广某公司贷款合同项下的欠款纠纷，与被告没有关系。

2016年11月20日，岚某中行与广某公司签订编号为2016年岚额度字第010号的《授信额度协议》。该协议约定，岚某中行向广某公司提供33 000

万元的授信额度，授信额度的使用期限自协议生效之日起至 2017 年 11 月 16 日止。《授信额度协议》的附件 2《用于进口押汇业务》第 4 条约定，岚某中行享有处置进口押汇业务项下全套单据/货物的权利或其他可能的按照任何适用法律、法规能够享有的担保权益或者财产权益。

2017 年 2 月 15 日，广某公司向岚某中行申请开立国际信用证，并提交了编号为 2017 年岚证字 013 号的《开立国际信用证申请书》及进口合同等文件。该申请书第 2 条约定，广某公司于信用证约定的付款日或岚某中行要求的其他日期（以日期较前者为准）前一个银行工作日内将备付款项足额存入广某公司在岚某中行开立的账户，以用于信用证项下对外付款，岚某中行亦有权主动借记广某公司的外币或人民币账户作为备付款对外付款；第 3 条约定，对外币垫款，从垫款之日起，以日息万分之二计收利息并按月计收复利。同日，广某公司还提交了一份英文版不可撤销信用证开证申请书，对信用证内容作了约定。

广某公司在申请开立信用证时，提供了与卖方香港大某实业发展有限公司签订的散货销售合同，合同约定广某公司从香港大某实业发展有限公司购买聚合级丙烯 1451.686 吨，价格 CFR 日照 926 美元/公吨，价格基于提单上的数量支付。

岚某中行根据《授信额度协议》和广某公司的申请，于 2017 年 2 月 15 日开立编号为 LC2962917000025 的不可撤销跟单信用证。信用证受益人为香港大某实业发展有限公司，信用证金额为 1 344 261.24 美元，提单日后 90 天付款。

信用证开立后，岚某中行于 2017 年 3 月 16 日收到通知行交来的信用证项下单据，包括一式三份全套正本提单、商业发票、装箱单、汇票等。其中，提单正面载明：提单编号 BA17FE××1、托运人某日本石油能源公司、收货人"凭指示"（TO ORDER）、承运船舶"B××××A×××"轮、装货港日本水岛港、卸货港中国日照港、承运货物聚合级丙烯、重量 1451.686 公吨、签发日期 2017 年 2 月 12 日、签发地点日本水岛港、田某会社作为"B××××A×××"轮船长的代理人签发；提单背面载明，托运人某日本石油能源公司记名背书转让给三菱东京某某银行有限公司新加坡、三菱东京某某银行有限公司新加坡记名背书转让给 P××××××× INTERNATIONAL PTE.ILD，最后由 P××××××× INTERNATIONAL PTE.ILD 空白背书；商业发票载明，货物聚合级丙烯、质量1451.686公吨、单价926美元/公吨、总额1 344 261.24美元。

岚某中行收到上述正本提单、商业发票等单据后，向广某公司发出到单通知，广某公司同意对外付款。5月15日，信用证付款时间到期，广某公司无力付款赎单，岚某中行为其垫付款项，对外支付了信用证项下金额1 344 261.24美元，扣除广某公司保证金424 261.24美元，岚某中行实际对外垫付92万美元。同日，因不能足额支付上述信用证项下款项，广某公司向岚某中行申请办理了进口押汇，押汇金额92万元，押汇期限58天，自岚某中行对外付款之日连续计算，押汇利率为押汇日前一个工作日（北京时间）9时前从路透资讯系统获取的最新的2个月的LIBOR RETE+650BP P.A.，利息自对外付款之日起算。押汇到期后，广某公司未能偿还押汇本金及利息，三份正本提单仍由岚某中行持有。

"B××××A×××"轮装载涉案货物于2017年2月15日抵达日照港锚地，2月23日卸货完毕。2月17日在未收到正本提单的情况下，"B××××A×××"轮的卸货港代理办理了提货单，将货物交付广某公司。

2018年6月16日，岚某中行以无单放货为由，申请青岛海事法院扣押了"B××××A×××"轮。在缴纳了解除船舶扣押担保后，"B××××A×××"轮被解除扣押。

【裁判说理】

争议焦点：（1）原、被告之间是否基于原告持有提单存在债权债务关系；（2）被告向第三人无正本提单交付货物是否构成违约。

青岛海事法院认为：

一、原、被告之间是否基于原告持有提单存在债权债务关系

债权和债务一起共同构成债的内容。所谓债，是按照合同约定或者依照法律的规定，在特定当事人之间产生的权利义务关系。在这种关系中，享有权利的人，即有权请求对方当事人为一定行为或不为一定行为的人，是债权人；负有义务的人，即为满足债权人的请求而为一定行为或不为一定行为的人，是债务人；债权人享有的请求对方为一定行为或不为一定行为的权利即为债权，债务人承担的向对方为一定行为或不为一定行为的义务即为债务。

《海商法》第71条规定:"提单,是指用以证明海上货物运输合同和货物已经由承运人接收或者装船,以及承运人保证据以交付货物的单证。提单中载明的向记名人交付货物,或者按照指示人的指示交付货物,或者向提单持有人交付货物的条款,构成承运人据以交付货物的保证。"由此可见,根据提单载明的内容,在记名人或指示人指示的人或提单持有人和承运人之间,显然存在特定的权利义务关系。前者享有提单权利,有权要求后者交付提单项下货物,后者负有向前者交付提单项下货物的义务。本案所涉提单系可转让的指示提单,原告取得提单符合《海商法》第79条的规定,系提单合法持有人,瑟某公司系案涉提单运输的承运人。依照上述法律规定和提单的记载,原告和瑟某公司之间基于原告持有提单存在债权债务关系,原告作为正本提单持有人,享有要求承运人即瑟某公司向其交付货物的权利;瑟某公司作为提单承运人,负有向提单持有人即原告交付货物的义务。虽然原告系金融机构,先是基于履行了开证义务而取得信用证项下提单,后又基于进口押汇合同关系继续持有提单,而非基于买卖等基础合同关系取得提单,但并不能以其持有提单的基础法律关系为授信融资而否认其提单合法持有人的法律地位,亦不能因此否定其享有的提单权利。而且,无论是《海商法》还是《最高人民法院关于审理无正本提单交付货物案件适用法律若干问题的规定》,均未排除跟单信用证的开证行、具有商业利益的合作方等其他合法流转持有正本提单的主体享有提单权利。至于田某会社,其仅是作为"B×××× A×××"轮船长的代理人签发提单,并非提单承运人,原告要求其承担无单放货的违约责任缺乏事实法律依据,法院不予支持。

二、被告向第三人无正本提单交付货物是否构成违约

承运人应当凭单交货,不仅为《海商法》第71条所规定,而且案涉提单亦有明确约定,也是在航运实践中普遍知悉和遵循的惯例。承运人只有在收回正本提单交付货物后,或者在法律另有规定的情形下,才不再负有交付货物的义务。但在本案中,瑟某公司在未收回正本提单的情况下,向非提单持有人广某公司交付了货物,而不能向正本提单持有人即原告交付货物,违反了法律规定和合同约定。瑟某公司无正本提单交付货物导致债务履行不能,使原告要求交付货物的提单权利无法实现,构成违约,理应承担违约责任。

三、原告因被告违约造成的损失

根据《最高人民法院关于审理无正本提单交付货物案件适用法律若干问

题的规定》第 6 条，承运人因无正本提单交付货物造成正本提单持有人损失的赔偿金额，按照货物装船时的价值加运费和保险费计算。原告在涉案信用证下的对外付款金额 1 344 261.24 美元，与涉案货物的成本加运费一致，在扣除广某公司保证金后，对外垫付 92 万美元并办理了进口押汇，押汇到期后，广某公司未偿还押汇本金及利息。原告虽然持有提单，但由于瑟某公司的违约行为，不能通过行使提单权利而收回押汇款项，原告据此要求瑟某公司赔偿损失，理由正当，应予支持。原告主张其经济损失为未能收回的押汇款 92 万美元，未超出《最高人民法院关于审理无正本提单交付货物案件适用法律若干问题的规定》确定的赔偿范围，法院照准。原告诉求还包括该笔经济损失的逾期利息，但其所主张的逾期利息实际是原告与广某公司约定的进口押汇利息，而非瑟某公司违约行为产生的利息损失。鉴于原告与瑟某公司之间并无逾期利息的约定，而且作为双方约定内容书面载体的提单对于何为逾期也无明确约定，原告在起诉之前未向瑟某公司主张权利，认定逾期利息缺乏事实依据，故对原告主张的逾期利息不予支持。

在本案审理中，被告主张不应承担违约责任的辩解理由主要包括：原告未按进口押汇流程将提单交付广某公司，其持有提单属于非法持有；原告与广某公司之间存在原告允许广某公司先提货、再将销售回款偿还原告的交易习惯。

关于原告系非法持有提单的辩解理由。原告与广某公司签订的《授信额度协议》附件 2《用于进口押汇业务》明确约定，岚某中行享有处置进口押汇业务项下全套单据的权利，而且广某公司也同意无条件将其对全套单据享有的权利转让给岚某中行，并认可岚某中行处置单据/货物的全部作为和不作为。因此，原告办理进口押汇后继续持有提单具有合法根据，当然有权行使提单权利。被告所提的进口押汇流程并不能否定上述约定的法律效力，该辩解不能成立。

关于原告与广某公司存在有关交易习惯的辩解理由。首先，被告主张该交易习惯的依据是广某公司于 2018 年 7 月 30 日出具的《情况说明》、8 月 29 日出具的《确认函》，但原告以广某公司与本案存在利害关系为由对该证据的真实性不予认可。其次，即使原告与广某公司之间确实存在原告允许广某公司先提货、再将销售回款偿还原告的交易习惯，这也仅是原告与广某公司之间的意思联络，可以作为考量原告与广某公司之间民事权利义务关系的因素，但并不影响提单当事人之间的权利义务关系，也不免除承运人凭单交货的义务，更不能成为承运人无单放货的理由。原告一直持有提单，从未有放弃提单权利的意思表示，在承运人无正本提单放货后，当然有权要求承运人承担赔偿责任。最后，《最高人民法院关于审理无正本提单交付货物案件适用法律若干问题的规定》第13条规定，在承运人未凭正本提单交付货物后，正本提单持有人与无正本提单提取货物的人就货款支付达成协议，在协议款项得不到赔付时，不影响正本提单持有人就其遭受的损失要求承运人承担无正本提单交付货物的民事责任。可见，瑟某公司作为承运人，在正本提单持有人即原告的损失未得到赔付的情况下，也无权以原告与无正本提单提取货物的人即广某公司存在交易惯例为由主张免责。因此，被告的该辩解理由也不能成立。

　　需要指出的是，瑟某公司无正本提单向广某公司交付货物的时间是2017年2月，原告持有提单始于2017年3月16日，原告为广某公司办理进口押汇的时间为2017年5月15日，从时间上看，瑟某公司无单放货在先，原告持有提单、办理进口押汇在后。由此说明，瑟某公司无单放货与原告是否持有提单、原告是否为广某公司办理进口押汇、原告是否与广某公司存在交易习惯并无关联，因为瑟某公司在无单放货时并不知晓当时提单是由何人持有。瑟某公司的上述辩解理由有悖于事实发生的先后顺序。在无单放货的情形下，承运人会要求相关方提供放货担保才会交付货物，以规避相应的法律风险，但无论是否存在放货担保，均不能将无单放货的违约后果转嫁给提单合法持有人承担。虽然原告持有提单时提单项下货物已经被交付广某公司，但根据《跟单信用证统一惯例》（UCP600）第5条规定，"银行处理的是单据，而不是单据可能涉及的货物、服务或履约行为"，原告在合法持有提单的情况下既无必要也无可能对提单项下货物进行跟踪监控。无必要是基于承运人凭单交货保证的信赖，无可能是因为提单项下货物存在长途海上运输、租约链条复杂等因素，原告并没有查明是否放货的法定义务和有效手段。因此，原告对于损失的发生并无过错，瑟某公司理应承担全部赔偿责任。

　　综上所述，原告与瑟某公司存在提单运输法律关系，瑟某公司作为提单承运人，应当按照提单的记载和法律规定，在目的港向正本提单持有人交付货物。瑟某公司在未收回正本提单的情况下向广某公司交付货物，构成违约，损害了原告的提单权利，致使原告不能通过行使提单权利而收回押汇款项万美元，瑟某公司应对此承担赔偿责任。田某会社并非提单承运人，原告要求其承担违约责任没有法律依据。

一审宣判后，当事人服判未上诉。

【法官后语】

在海事审判实践中，因无正本提单放货产生的纠纷，提单持有人并非收货人的，一般以侵权或违约为由提起诉讼，本案岚某中行则是以违约为由提起本案诉讼。当事人之间是否存在债权债务关系显然是本案首先应审查的问题。

根据民法理论，债权和债务一起共同构成债的内容。所谓债，是按照合同约定或者依照法律的规定，在特定当事人之间产生的权利义务关系。在这种关系中，权利人享有的请求对方为一定行为或不为一定行为的权利，即为债权；义务人承担的向对方为一定行为或不为一定行为的义务，即为债务。

《海商法》第71条规定，提单中载明的向记名人交付货物，或者按照指示人的指示交付货物，或者向提单持有人交付货物的条款，构成承运人据以交付货物的保证。因此，提单所载明的该内容，在提单持有人和承运人之间具有约束力，并产生特定的权利义务关系：前者享有权利，有权要求后者凭单交付货物，并据此产生要求后者不得向非提单持有人交付货物的权利；后者负有义务，有义务凭单交付货物，并据此产生不得向包括收货人在内的非提单持有人交付货物的义务。在本案中，岚某中行基于贸易融资法律关系持有提单，系提单合法持有人。根据提单载明的内容，在岚某中行与瑟某公司之间产生特定的权利义务关系：岚某中行作为正本提单持有人，享有要求作为相对人一方的承运人即瑟某公司凭单交付货物的权利，有权要求承运人在未收回正本提单的情形下不得向收货人交付货物；瑟某公司作为提单承运人，对提单持有人负有保证凭单交付货物的义务，在未收回正本提单的情形下不得向收货人交付货物。虽然岚某中行系金融机构，但并不能以其持有提单的基础法律关系为授信融资而否认其提单合法持有人的法律地位，亦不能因此否定其与承运人之间基于提单产生的特定权利义务关系。而且，无论是《海商法》还是《最高人民法院关于审理无正本提单交付货物案件适用法律若干问题的规定》，均未排除跟单信用证的开证行、押汇行以及其他具有商业利益的合作方等合法流转持有正本提单的主体享有提单所载明的权利。

承运人应当凭单交付货物，不仅为《海商法》第71条所规定，而且案涉提单亦有明确约定，也是在航运实践中普遍知悉和遵循的惯例。承运人只有在收回正本提单交付货物后，或者在法律另有规定的情形下，才不再负有交付货物的义务。但本案中，瑟某公司在未收回正本提单的情况下，向广某公司交付了货物，违反了法律规定和提单约定，构成违约，理应向提单持有人即岚某中行承担违约责任。

该案进一步明确了基于贸易融资而持有提单的金融机构，是提单的合法持有人，享有提单权利。承运人在未收回正本提单的情况下向收货人交付货物，违反了提单约定，构成违约，应向合法持有提单的金融机构承担赔偿责任。

【相关法条】

1.《中华人民共和国海商法》（1993年7月1日施行）

第五十五条 货物灭失的赔偿额，按照货物的实际价值计算；货物损坏的赔偿额，按照货物受损前后实际价值的差额或者货物的修复费用计算。

货物的实际价值，按照货物装船时的价值加保险费加运费计算。

前款规定的货物实际价值，赔偿时应当减去因货物灭失或者损坏而少付或者免付的有关费用。

第七十一条 提单，是指用以证明海上货物运输合同和货物已经由承运人接收或者装船，以及承运人保证据以交付货物的单证。提单中载明的向记名人交付货物，或者按照指示人的指示交付货物，或者向提单持有人交付货物的条款，构成承运人据以交付货物的保证。

第七十二条第二款 提单可以由承运人授权的人签发。提单由载货船舶的船长签发的，视为代表承运人签发。

第二百六十九条 合同当事人可以选择合同适用的法律，法律另有规定的除外。合同当事人没有选择的，适用与合同有最密切联系的国家的法律。

2.《最高人民法院关于审理无正本提单交付货物案件适用法律若干问题的规定》（2009年3月5日施行）

第二条 承运人违反法律规定，无正本提单交付货物，损害正本提单持有人提单权利的，正本提单持有人可以要求承运人承担由此造成损失的民事责任。

第三条 承运人因无正本提单交付货物造成正本提单持有人损失的，正本提单持有人可以要求承运人承担违约责任，或者承担侵权责任。

正本提单持有人要求承运人承担无正本提单交付货物民事责任的，适用海商法规定；海商法没有规定的，适用其他法律规定。

第六条 承运人因无正本提单交付货物造成正本提单持有人损失的赔偿额，按照货物装船时的价值加运费和保险费计算。

第十三条 在承运人未凭正本提单交付货物后，正本提单持有人与无正本提单提取货物的人就货款支付达成协议，在协议款项得不到赔付时，不影响正本提单持有人就其遭受的损失，要求承运人承担无正本提单交付货物的民事责任。

承办人：张　勇
编写人：张　勇

4. 沂水县金某木业有限公司诉上海汇某国际货运代理有限公司海上货物运输合同纠纷案
——货物在目的港是否交付的审查认定

【合规提示】

本案件是海上货物运输过程中产生的纠纷案件。木业出口商委托上海货代公司出运一批木材至以色列，双方对出口商是否已收到货款、上海货代公司是否已向收货人交付货物产生争议。对于出口企业而言，货物出运前，需要确保货物包装合规、运输方式安全，并购买运输保险。同时，及时追踪货物动态，确保货物安全抵达目的地。货物出运后若一直未能收货款，应当在1年之内及时提起诉讼。对于承运人而言，应对集装箱货物负有整箱交付义务，在目的港对集装箱货物进行拆卸，集装箱已空箱返回场站时，可以初步证明承运人交付货物，承运人可能面临出口商的无正本提单交付货物之诉，此时承运人应当对目的港货物是否交付收货人负有举证责任。法院可以通过远程视频现场展示方式呈现目的港货物的现状，节省境外证据公证认证费用。

【案件信息】

1. 裁判文书字号

（2019）鲁72民初1212号

2. 当事人

原告：沂水县金某木业有限公司

被告：上海汇某国际货运代理有限公司

3. 关键词

民事　海上货物运输合同　交付货物　远程视频展示

【裁判要旨】

装载货物的集装箱在目的港拆卸货物时，承运人应当对目的港货物是否交付收货人负有举证责任。法院可以通过远程视频现场展示方式呈现目的港货物的现状，节省境外证据公证认证费用。

【基本案情】

原告沂水县金某木业有限公司与被告上海汇某国际货运代理有限公司海上货物运输合同纠纷案，法院于2019年7月9日立案后，依法适用普通程序，公开开庭进行了审理。原告沂水县金某木业有限公司诉称，2018年11月，其委托被告上海汇某国际货运代理有限公司向以色列出口一批木材，被告签发无船承运人提单后一直未提供正本提单。货物到达目的港后，因被告违法向以色列买方交付货物导致原告无法收回货款，遂将被告诉至法院，要求其赔偿110余万元损失。但被告辩称，货物因产生高昂目的港费用已被其留置，并未交付给买方，且原告已收到了货款。

【裁判说理】

争议焦点：被告是否已向收货人交付货物。

青岛海事法院认为：本案争议的焦点集中在原告是否已收到货款、被告是否已向收货人交付货物这两个问题上，因装载案涉货物的集装箱在目的已经被拆箱卸货,证明案涉货物在以色列的存放现状是案件的关键。通常这类境外证据需要被告到以色列调取有关证据并进行公证认证,花费时间一般在两三个月甚至更长,调查取证的费用也很高。鉴于近日青岛海事法院已建设了互联网法庭,为提高审理效率、方便快捷地解决本案纠纷,在征求双方当事人意见后,合议庭通过互联网审理该案,由被告当庭通过远程视频现场展示案涉货物在以色列的存放状况。考虑到以色列与国内存在 6 个小时的时差,庭审安排在下午 3 点进行。原告委托诉讼代理人到庭参加诉讼,被告诉讼参与人通过互联网远程参加庭审。庭审中,被告在上海与远在以色列的工作人员连线,通过互联网远程向法庭清晰展示案涉货物现状,合议庭和双方当事人就相关问题直接向现场工作人员进行了询问,货物是否已完成交付、货款是否已经收回等关键事实得到确认。

基于上述事实的确认,最终原、被告双方达成了和解,被告于 2019 年 11 月 30 日前,向原告一次性支付和解款人民币 390 000 元,作为系争纠纷事宜的全部及最终的和解。就案涉运输产生的、原告尚未支付的装货港代理费用人民币 22 284 元,被告确认不再向原告主张。原告确认,在收到上述和解款项后,被告可自行处置全部案涉货物,原告对处置方式不持异议,且在任何情况下均不会要求被告返还任何处置价款或其他费用,被告确保其本身及任何第三方亦不再因案涉货物向原告主张处置费用、海运费及目的港堆存费、滞箱费。

被告按照和解协议履行了相应货款的支付义务,案结事了。

【法官后语】

该案系青岛海事法院首例通过互联网审理一起具有涉外因素的海上货物运输合同纠纷案,是青岛海事法院推进互联网技术与海事审判深度融合,充分利用互联网互联互通的便捷优势,提升审判质效、化解矛盾纠纷的积极尝试。被告诉讼参与人在上海参加庭审并在庭审中通过远程视频连线当庭展示了远在以色列的案涉货物现状,有效破解了这起案件需要横跨亚洲东西部到以色列调取证据、公证认证耗时长等难题。互联网审判让地域和时间不再成为参与诉讼的限制,同时大大降低了当事人的诉讼成本,尤其减轻了被告委托诉讼代理人奔波上海与青岛之间的诉累。该案系网上立案、网上开庭、网上取证、网上调解的全流程网上办案的典型代表,案件涉及出运至以色列的货物,具有涉外因素;原告系出口企业,货物出运后一直未能收到货款,面临生产困境；被告系货运代理企业，赔付货款后面临境外追偿困境。本案审理中及时高效地查明了事实，使本案得以顺利和解，以色列买方向被告支付货款后，被告转付给原告，使得案件最终一次性完全解决，免去后续追偿困境，得到了当事人的高度评价。为中外当事人提供了优质高效、方便快捷的诉讼服务，为全省海洋经济高质量发展营造了较好的法治化营商环境。

【相关法条】

1.《中华人民共和国海商法》（1993年7月1日施行）

第四十二条　本章下列用语的含义：

（一）"承运人"，是指本人或者委托他人以本人名义与托运人订立海上货物运输合同的人。

（二）"实际承运人"，是指接受承运人委托，从事货物运输或者部分运输的人，包括接受转委托从事此项运输的其他人。

（三）"托运人"，是指：

1.本人或者委托他人以本人名义或者委托他人为本人与承运人订立海上货物运输合同的人；

2.本人或者委托他人以本人名义或者委托他人为本人将货物交给与海上货物运输合同有关的承运人的人。

（四）"收货人"，是指有权提取货物的人。

（五）"货物"，包括活动物和由托运人提供的用于集装货物的集装箱、货盘或者类似的装运器具。

第五十五条　货物灭失的赔偿额，按照货物的实际价值计算；货物损坏的赔偿额，按照货物受损前后实际价值的差额或者货物的修复费用计算。

货物的实际价值，按照货物装船时的价值加保险费加运费计算。

前款规定的货物实际价值，赔偿时应当减去因货物灭失或者损坏而少付或者免付的有关费用。

第七十一条　提单，是指用以证明海上货物运输合同和货物已经由承运人接收或者装船，以及承运人保证据以交付货物的单证。提单中载明的向记名人交付货物，或者按照指示人的指示交付货物，或者向提单持有人交付货物的条款，构成承运人据以交付货物的保证。

2.《中华人民共和国合同法》（2021年1月1日废止）

第一百零七条　当事人一方不履行合同义务或者履行合同义务不符合约定的，应当承担继续履行、采取补救措施或者赔偿损失等违约责任。

第一百一十三条　当事人一方不履行合同义务或者履行合同义务不符合约定，给对方造成损失的，损失赔偿额应当相当于因违约所造成的损失，包括合同履行后可以获得的利益，但不得超过违反合同一方订立合同时预见到或者应当预见到的因违反合同可能造成的损失。

经营者对消费者提供商品或者服务有欺诈行为的，依照《中华人民共和国消费者权益保护法》的规定承担损害赔偿责任。

对应新法：

《中华人民共和国民法典》（2021年1月1日施行）

第五百七十七条　当事人一方不履行合同义务或者履行合同义务不符合约定的，应当承担继续履行、采取补救措施或者赔偿损失等违约责任。

第五百八十四条　当事人一方不履行合同义务或者履行合同义务不符合约定，造成对方损失的，损失赔偿额应当相当于因违约所造成的损失，包括合同履行后可以获得的利益；但是，不得超过违约一方订立合同时预见到或者应当预见到的因违约可能造成的损失。

3.《中华人民共和国民事诉讼法》（2007年10月28日修正）

第六十四条　当事人对自己提出的主张，有责任提供证据。

当事人及其诉讼代理人因客观原因不能自行收集的证据，或者人民法院认为审理案件需要的证据，人民法院应当调查收集。

人民法院应当按照法定程序，全面地、客观地审查核实证据。

对应新法：

《中华人民共和国民事诉讼法》（2023年9月1日修正）

第六十七条　当事人对自己提出的主张，有责任提供证据。

当事人及其诉讼代理人因客观原因不能自行收集的证据，或者人民法院认为审理案件需要的证据，人民法院应当调查收集。

人民法院应当按照法定程序，全面地、客观地审查核实证据。

4.《最高人民法院关于审理无正本提单交付货物案件适用法律若干问题的规定》（2009年3月5日施行）

第二条　承运人违反法律规定，无正本提单交付货物，损害正本提单持有人提单权利的，正本提单持有人可以要求承运人承担由此造成损失的民事责任。

第六条　承运人因无正本提单交付货物造成正本提单持有人损失的赔偿额，按照货物装船时的价值加运费和保险费计算。

对应新法：
《最高人民法院关于审理无正本提单交付货物案件适用法律若干问题的规定》（2020年12月29日修正）

第二条　承运人违反法律规定，无正本提单交付货物，损害正本提单持有人提单权利的，正本提单持有人可以要求承运人承担由此造成损失的民事责任。

第六条　承运人因无正本提单交付货物造成正本提单持有人损失的赔偿额，按照货物装船时的价值加运费和保险费计算。

5.《最高人民法院关于适用〈中华人民共和国民事诉讼法〉的解释》（2015年2月4日施行）

第九十条　当事人对自己提出的诉讼请求所依据的事实或者反驳对方诉讼请求所依据的事实，应当提供证据加以证明，但法律另有规定的除外。

在作出判决前，当事人未能提供证据或者证据不足以证明其事实主张的，由负有举证证明责任的当事人承担不利的后果。

第一百零八条　对负有举证证明责任的当事人提供的证据，人民法院经审查并结合相关事实，确信待证事实的存在具有高度可能性的，应当认定该事实存在。

对一方当事人为反驳负有举证证明责任的当事人所主张事实而提供的证据，人民法院经审查并结合相关事实，认为待证事实真伪不明的，应当认定该事实不存在。

法律对于待证事实所应达到的证明标准另有规定的，从其规定。

对应新法：
《最高人民法院关于适用〈中华人民共和国民事诉讼法〉的解释》（2022年4月1日修正）

第九十条　当事人对自己提出的诉讼请求所依据的事实或者反驳对方诉讼请求所依据的事实，应当提供证据加以证明，但法律另有规定的除外。

在作出判决前，当事人未能提供证据或者证据不足以证明其事实主张的，由负有举证证明责任的当事人承担不利的后果。

第一百零八条　对负有举证证明责任的当事人提供的证据，人民法院经审查并结合相关事实，确信待证事实的存在具有高度可能性的，应当认定该事实存在。

对一方当事人为反驳负有举证证明责任的当事人所主张事实而提供的证据，人民法院经审查并结合相关事实，认为待证事实真伪不明的，应当认定该事实不存在。

法律对于待证事实所应达到的证明标准另有规定的，从其规定。

承办人：王爱玲

编写人：王爱玲

5. 青岛隆某工贸有限公司诉达某轮船（中国）有限公司、达某轮船（中国）有限公司青岛分公司、法国达某海运集团海上货物运输合同纠纷案

——承运人免责中的"政府或主管部门的行为"应根据立法意图合理解释

【合规提示】

本案系一起因承运人无正本提单放货，托运人诉承运人的海上货物运输合同纠纷案件。双方对承运人提供的《提单遗失或失窃证明书》能否构成免责事由产生争议。对于托运人而言，应在运输合同中尽可能明确、详尽地描述托运物，明确关于货物的运输期限及迟延交货的责任，明确运输费用的数额及其结算方式；货物交付承运人时，必须取得承运人收货的确认单据。对于承运人而言，在订立运输合同时，应尽量明确自己的责任区段，约定自己的责任期间以明确自己的责任时点。应注意收集有关货物状况的证据。在责任期间起始和结束的时点，承运人应注意验货。应根据合同约定、交易习惯等，凭托运人指示交付货物。

【案件信息】

1. 裁判文书字号

（2019）鲁 72 民初 1196 号

2. 当事人

原告：青岛隆某工贸有限公司

被告：达某轮船（中国）有限公司、达某轮船（中国）有限公司青岛分公司、法国达某海运集团

3. 关键词

民事　海上货物运输合同　托运人　承运人

【裁判要旨】

对于《海商法》第 51 条第 1 款所列的承运人不负赔偿责任的免责事由，不应严格拘泥于字面意义进行理解适用，而应在明晰案件事实的基础上，根据立法意图对该条所列免责事由进行理解适用。从立法原意的角度考虑，《海商法》第 51 条第 1 款第 5 项应当理解为只要不是由于承运人的原因所引起的，并且承运人对此亦不能合理地予以防止和避免，因此所造成的货物灭失或损坏，承运人均可以免责。本案中，《提单遗失或失窃证明书》系根据西班牙法律作出的生效文书，根据《提单遗失或失窃证明书》的内容，法国达某海运集团作为承运人必须在货物到达目的港后交付给收货人，事实上，承运人也是在收到了《提单遗失或失窃证明书》之后，在到达目的港时将货物交付给收货人，不存在过错，符合《海商法》第 51 条规定的免责事由，依法不应承担赔偿责任。

【基本案情】

在青岛隆某工贸有限公司（以下称原告）诉达某轮船（中国）有限公司（以下称第一被告）、达某轮船（中国）有限公司青岛分公司（以下称第二被告）、法国达某海运集团（以下称第三被告）海上货物运输合同纠纷案中，青岛海事法院查明案件事实如下：2019 年 1 月，原告通过第三被告出运一票货物至西班牙瓦伦西亚。货物装船后，第二被告作为第三被告的代理人向原告签发一式三份正本提单，提单记载托运人为原告，承运人为第三被告。2019

年 3 月 20 日，第三被告在瓦伦西亚港卸货并交付收货人。原告至今仍持有全套正本提单。

第三被告提供西班牙瓦伦西亚公证处出具的《提单遗失或失窃证明书》，记载收货人申请对案涉提单的效力进行注销并提供了相应的担保，公证机关据此要求第三被告不得将提单中所载商品交付给第三方，直到提单所有权被撤回且该被盗提货单的所有权得到确认为止。2019 年 3 月 13 日，《提单遗失或失窃证明书》送达第三被告。

2019 年 12 月，西班牙执业律师就《提单遗失或失窃证明书》出具法律意见，称西班牙法下《提单遗失或失窃证明书》适用的法律为《西班牙航海条例》。

原告提出诉讼请求：判令三被告连带偿付原告货款损失 8419 美元（折合人民币 57 878.10 元）及利息；本案诉讼费由被告承担。

三被告共同辩称：第一，根据案涉提单的记载，第一被告和第二被告不是提单项下的承运人，与原告之间不存在提单证明的运输合同关系，不应对原告所称的损失承担赔偿责任；第二，根据西班牙公证机关的《提单遗失或失窃证明书》及公证机关的相关批示，案涉货物在运抵目的港之前，收货人已经依据当地法律向公证机关申请对提单的效力进行了注销并向公证机关提供了相应的担保，而承运人依据西班牙法律只能将货物交目的港收货人，故第三被告交付货物的行为，不存在过错，不应对原告所称的损失承担赔偿责任。

【裁判说理】

争议焦点：西班牙公证机关出具的《提单遗失与失窃证明书》能否构成承运人的免责事由。

青岛海事法院认为：本案系因承运人无正本提单放货引起的涉外海上货物运输合同纠纷案件。原告和第一被告、第二被告在庭审中均选择适用中国法律，第三被告因缺席视为放弃答辩权利，法院适用中华人民共和国法律处理本案实体争议。原告是托运人，第三被告是承运人，第一被告和第二被告与本案所涉的海上货物运输合同无关，不应成为本案的被告。

本案中，第三被告作为承运人，在原告仍持有全套正本提单的情况下，在卸货港向收货人交付了货物，构成了违约，本案的争议焦点在于第一被告和第二被告提供的《提单遗失或失窃证明书》能否构成承运人的免责事由。根据称《海商法》第 51 条的规定，在责任期间，非由于承运人或者承运人的受雇人、代理人的过失造成的货物灭失或损坏，承运人不负赔偿责任，但对此负举证责任。第一被告和第二被告提供的《提单遗失或失窃证明书》系根据西班牙法律作出的生效文书，根据《提单遗失或失窃证明书》的内容，第三被告作为承运人必须在货物到达目的港后交付收货人，事实上，承运人也是在收到了该证明书之后，在到达目的港时将货物交付给收货人，不存在过错，符合《海商法》第 51 条规定的免责事由，依法不应承担赔偿责任。

青岛海事法院以判决结案。

【法官后语】

本案是一起典型的承运人无正本提单交付货物的海上货物运输合同纠纷案件。承运人按照目的港所在地公证机关出具的生效法律文书的要求将货物交付收货人，从严格字义解释的角度来看，既不属于政府或主管部门的行为，也不属于司法扣押，亦不属于依照卸货港所在地法律规定交付海关或港口的行为，并不符合《海商法》第 51 条第 1 款第 5 项或者《最高人民法院关于审理无正本提单交付货物案件适用法律若干问题的规定》第 7 条的规定；但是《海商法》第 51 条第 1 款第 5 项系参照《海牙规则》第 4 条第 2 款（g）项的规定所制定，其规定的"君主、当权者或人民的扣留或管制，或依法扣押"并未拘泥于政府或主管部门，而是涵盖了各类具有相应行政权力、司法权力等的国家机关。从立法原意的角度考虑，《海商法》第 51 条第 1 款第 5 项应当理解为只要不是由于承运人的原因所引起的，并且承运人对此亦不能合理地予以防止和避免，因此所造成的货物灭失或损坏，承运人均可以免责。本案的典型意义在于对《海商法》第 51 条第 1 款第 5 项规定的"政府或主管部门的行为"，应当根据立法意图予以合理解释。

【相关法条】

《中华人民共和国海商法》（1993 年 7 月 1 日施行）

第五十一条 在责任期间货物发生的灭失或者损坏是由于下列原因之一造成的，承运人不负赔偿责任：

（一）船长、船员、引航员或者承运人的其他受雇人在驾驶船舶或者管理船舶中的过失；

（二）火灾，但是由于承运人本人的过失所造成的除外；

（三）天灾，海上或者其他可航水域的危险或者意外事故；

（四）战争或者武装冲突；

（五）政府或者主管部门的行为、检疫限制或者司法扣押；

（六）罢工、停工或者劳动受到限制；

（七）在海上救助或者企图救助人命或者财产；

（八）托运人、货物所有人或者他们的代理人的行为；

（九）货物的自然特性或者固有缺陷；

（十）货物包装不良或者标志欠缺、不清；

（十一）经谨慎处理仍未发现的船舶潜在缺陷；

（十二）非由于承运人或者承运人的受雇人、代理人的过失造成的其他原因。

承运人依照前款规定免除赔偿责任的，除第（二）项规定的原因外，应当负举证责任。

承办人：于喜富

编写人：崔婷婷　孟政宪

6. 山东外贸集团瑞某有限公司诉日本某株式会社海上货物运输合同纠纷案

——承运人需承担货物灭失于其承运期间的损失

【合规提示】

本案是一起托运人诉承运人无单放货的损害赔偿案件。双方对承运人是否符合无单放货的免责情形产生争议。司法实践中通常将正本提单视为物权凭证，提单的持有意味着对货物享有物权。承运人应严格按照正本提单放货，否则可能涉嫌无单放货，承担赔偿责任。提单持有人应积极履行提货义务，对于怠于履行提货义务造成的损失应承担赔偿责任。同时应注意目的港所属国相关法律法规对提货凭证是否有特殊规定。

【案件信息】

1. 裁判文书字号

（2016）鲁72民初1326号

2. 当事人

原告：山东外贸集团瑞某有限公司

被告：日本某株式会社（N××公司）

3. 关键词

民事　　海上货物运输合同　　正本提单　　无单放货

【裁判要旨】

部分国家的法律规定，承运人在将货物运输到其港口之后必须要将货物先交付给海关或者规定承运人可以在没有见到正本提单的情况下直接放货给买方。这些规定属于港口所在地国家的政策法律问题，承运人别无他选，因此，此时即使承运人无单放货也不应承担任何责任。

【基本案情】

2015年7月5日，N××公司的代理人代为签发五套正本提单。提单载明的托运人均为SHANDONG×××CO.，LTD，收货人为ZION TRADE SERVICE LTDA-EPP。装货港为中华人民共和国青岛港，卸货港为巴西联邦共和国圣保罗桑托斯港，承运人责任期间为CY至CY。涉案的十个集装箱已经于2015年8月17日卸载于该港，后于同日由EMBRAPORT港转运至TRANSBRASA港存储。N××公司述称，其于2015年8月17日将涉案货物交付给巴西港口当局之后不再控制货物，不清楚货物的具体去向。瑞某公司钱货两空。

原告诉请：判令日本某株式会社（N××公司）交付货物；如不能交付，则赔偿山东外贸集团瑞某有限公司（以下简称瑞某公司）货款损失及相应利息。被告辩称：（1）瑞某公司未能证明货物在目的港被无单放货，也不能证明自身损失；（2）根据巴西法律规定，承运人应将运输到港的货物交付给港口当局或市政码头，承运人不能直接向收货人交付货物，而且，N××公司已在提单正面提示了巴西无单放货的风险并约定N××公司对此免责，因此，N××公司不应承担无正本提单交付货物的责任。

【裁判说理】

争议焦点：被告是否符合无单放货的免责情形。

青岛海事法院认为，N××公司是涉案货物运输的承运人，签发了涉案五套正本提单，瑞某公司是提单持有人，依照《海商法》第78条的规定，承运人同提单持有人之间的权利义务关系依据提单的规定确定。依照《海商法》第71条的规定，提单是承运人保证据以交付货物的单据。提单中载明的向记名人交付货物的条款，构成承运人据以交付货物的保证。

本案N××公司在目的港未收回正本提单，就失去对货物的控制，违反了承运人凭正本提单交付货物的保证。由于货物灭失于承运人责任期间，因此，N××公司作为承运人应就四套提单项下的货物灭失承担赔偿责任。因仅凭一份正本提单就可以提取货物，而瑞某公司不能证明持有另一份全套正本提单，故法院对瑞某公司提出的N××××提单项下的诉讼请求不予支持。N××公司提交的巴西法律仅能证明港口当局和运输船舶的责任起止时间，上述法律却没有规定到港货物必须交给当地海关或者港口当局。N××公司提供的证据不足以证明巴西法律规定承运到港的货物必须交给当地海关或者港口当局，所以，N××公司应承担相应的赔偿责任。N××公司自2015年8月17日就失去对货物的控制，瑞某公司主张自2016年7月21日起算利息属于合理诉求，法院予以准许。

【法官后语】

在海上国际贸易运输的过程中，由于种种难以预料的原因，导致无单放货的事件层出不穷。无单放货这一行为对以提单和跟单信用证建立起来的海上贸易秩序造成了严重的破坏，我国应当追究承运人的侵权责任和违约责任。但是，承运人无单放货后依然存在能够免责的情形，主要包括以下几点：

1. 货物无人申报时被交付给海关。承运人在将货物运到目的港后，一直迟迟没有人来当地的海关申报提货。承运人此时已经完成了自己的运输义务和其附随的保管义务。等待一段时间后，承运人不可能一直停留在港口保存这批货物，此时承运人可以将该批货物交付到当地的海关，由海关对该留置物予以处理。此时完全是由于买方自身的根本违约行为，没有履行其与卖方合同中的提货义务，承运人没有任何过错，因而承运人此时在没有正本提单的情况下把货交付给海关的做法是善意的。

2. 买方所在地的港口存在强制性的货物交付规定。世界上有少部分的国家，比如南美洲的部分国家，他们的法律规定，承运人在将货物运输到其港口之后必须要将货物先交付给海关或者规定承运人可以在没有见到正本提单的情况下直接放货给买方。这些规定属于港口所在地国家的政策法律问题，承运人别无他选，因此，此时即使承运人无单放货也不应承担任何责任。

3. 在实践中，卖方允诺承运人无单放货，或是由于卖方自身无法向通知行交付单证；或是由于货物早已到达目的港而提单还未送达，承运人为减少自身的费用压力向卖方请求放货；或是由于卖方对买方高度信任。卖方基于以上原因便向承运人表示可以不需要在买方出具正本提单的条件下允许买方提货。此时因为无单放货行为是卖方的单方意思表示，承运人没有任何过错行为，因而此时无单放货的责任应当全部由卖方来承担，承运人据此免责。

涉及巴西无单放货的案件中，承运人大多提出依据巴西当地法律无须凭正本提单放货的抗辩。以下两个事件，对于今后此类案件的审理具有一定的参考价值：其一，2015年6月26日，根据我国驻巴西大使馆经济商务参赞处对当地第1356号法令的解读，进口方或货运代理人需凭正本海运提单至船公司换取提货单进行清关，当地海关不干预正常合法的物权交割；其二，2017年11月14日，巴西财政部发布的第 IN RFB1.759/2017 号法令，将正本提单作为收货人提货时需提交的文件之一。

【相关法条】

1.《中华人民共和国海商法》（1993年7月1日施行）

第七十一条　提单，是指用以证明海上货物运输合同和货物已经由承运人接收或者装船，以及承运人保证据以交付货物的单证。提单中载明的向记名人交付货物，或者按照指示人的指示交付货物，或者向提单持有人交付货物的条款，构成承运人据以交付货物的保证。

第七十八条　承运人同收货人、提单持有人之间的权利、义务关系，依据提单的规定确定。

收货人、提单持有人不承担在装货港发生的滞期费、亏舱费和其他与装货有关的费用,但是提单中明确载明上述费用由收货人、提单持有人承担的除外。

2.《最高人民法院关于审理无正本提单交付货物案件适用法律若干问题的规定》(2009年3月5日施行)

第七条 承运人依照提单载明的卸货港所在地法律规定,必须将承运到港的货物交付给当地海关或者港口当局的,不承担无正本提单交付货物的民事责任。

承办人:王　宁
编写人:原浩洋

7.青岛某工贸有限公司诉上海罗某升国际货运有限公司青岛分公司、罗某逊货运有限公司、上海罗某升国际货运有限公司海上货物运输合同纠纷案

——电放情况下承运人交货义务的判断

【合规提示】

本案系一起涉及电放情形(快捷的通信方式,包括传真、电报、电子邮件等)下货运公司交货义务判定的海上货物运输合同纠纷案,原告为托运人,被告某货运公司为承运人。为保证托运人有效行使货物控制权,在电放情形下承运人需要注意两点:第一,只有托运人向承运人明确发出放货指示,承运人方可向收货人交付货物,否则托运人有权要求承运人赔偿违约交付货物造成的实际损失。第二,如果承、托双方约定以出具电放保函为放货条件,或者承、托双方形成了以托运人出具电放保函作为放货前提的交易习惯,当承运人在托运人未出具电放保函的情况下即放货给收货人时,同样需要承担违约放货的赔偿责任。

【案件信息】

1. 裁判文书字号

（2016）鲁72民初1613号、（2018）鲁民终240号、（2018）最高法民申6242号

2. 当事人

原告：青岛某工贸有限公司

被告：上海罗某升国际货运有限公司青岛分公司、罗某逊货运有限公司、上海罗某升国际货运有限公司

3. 关键词

民事　海上货物运输合同　电放提示　电放保函　交货义务

【裁判要旨】

1. 在电放情形下，承运人应根据合同约定、交易习惯等，凭托运人指示交付货物。依交易习惯需以托运人出具电放保函作为放货前提时，若承运人仅凭提单样稿向收货人交付货物，托运人有权要求承运人赔偿违约交付货物造成的实际损失。

2. 在承、托双方未将托运人出具电放保函约定为放货条件，双方也未形成以托运人出具电放保函为放货前提的交易习惯时，承运人不再要求托运人出具电放保函，而是根据托运人的放货指示向收货人交付货物，这种货物交付行为并无不当。

【基本案情】

在原告青岛某工贸有限公司诉被告上海罗某升国际货运有限公司青岛分公司（以下简称青岛罗某升）、被告罗某逊货运有限公司（以下简称罗某逊公司）、被告上海罗某升国际货运有限公司（以下简称上海罗某升）海上货物运输合同纠纷案中，原告提出诉讼请求：判令三被告共同赔偿原告货款损失49 000美元，按照汇率6.6946计算折合人民币328 035元；并承担本案诉讼费用。庭审中，原告将诉讼请求变更为请求判令被告赔偿原告货款损失44 600美元。事实与理由：2016年4月，原告委托被告青岛罗某升从中国青岛港出运一票货物至美国洛杉矶港。青岛罗某升接受原告委托后，于2016年

4月29日将上述货物装船出运。就上述出运的货物,原告要求青岛罗某升按原告的书面电放指示安排放货,未经原告出具书面放货保函,青岛罗某升不得将货物擅自交付给其他人。但案涉整箱出运的货物运抵目的港后即被擅自拆箱,货物下落不明。

三被告共同辩称:(1)原告未提供正本提单,无法证明其作为海上货物运输合同当事人的主体资格,也无法证明其为货物所有权人;被告接受了收货人的委托办理货运,原告仅是交货托运人,而非缔约托运人,在无正本提单的前提下,原、被告不存在海上货物运输合同关系;(2)原告未要求被告签发正本提单,而是要求签发货代收据(FCR),且在收到被告签发的货代收据后未提出异议,根据我国法律规定与最高人民法院的案例,货代收据是我国海商法规定的提单以外的单证,不具有货权属性,签发货代收据的承运人无须凭货代收据或托运人的指示放货;(3)货代收据记载的收货人出具了收货凭证,说明被告已正确履行了交货义务,不存在违约行为;(4)尽管案涉货物的交付无须原告的放货指示,但原告通过电子邮件向被告下达了放货指令,不存在原告诉称的无指示放货的情况。

根据原、被告提交的证据及双方当事人在庭审中的陈述,青岛海事法院查明以下事实:

2016年4月,原告约定向美国的H×××公司出口一批工具车,并将上述货物交由被告青岛罗某升出运。4月26日,青岛罗某升通过电子邮件向原告发送了提单抬头为罗某逊公司、号码为Q××××××××3的提单草稿,载明托运人为原告,收货人为H×××公司,起运港、卸货港及运费到付等信息。在该提单草稿的签发栏有青岛罗某升作为罗某逊公司代理的英文字样。经过邮件往来,青岛罗某升于2016年4月29日签出一份货代收据,该单据中签发人为J× W×,单据抬头为C.×.×,号码为FQ×××××××××3,其他内容的记载与原告提交的上述提单草稿相同。

2016年4月29日,货物装船起运,中国青岛某代理有限公司作为代理签发了长某海运股份有限公司为提单抬头人、青岛罗某升为托运人、罗某逊公司为收货人和通知方的提单,提单号码为Q×××××××××3,船名航次与货物描述的记载内容与青岛罗某升向原告出具的上述提单草稿相同。

装载货物的网上流转跟踪记录显示,2016年5月23日,集装箱被拖走,5月28日,集装箱分别空箱返还。原、被告均认可货物最终交给了收货人

H×××公司。原告主张三被告在未得到其放货指示的情况下向收货人交付了货物导致其货款损失。

【裁判说理】

争议焦点：（1）原、被告各自的法律地位；（2）三被告是否应对原告的货款损失承担赔偿责任。

青岛海事法院认为：

一、关于原、被告各自的法律地位

本案中，青岛罗某升接受原告的委托办理案涉货物的运输事宜，并签出了以原告为托运人的海运单据。同时，青岛罗某升又向长某海运股份有限公司订舱，长某海运股份有限公司签发了以青岛罗某升为托运人的正本提单。由此可以认定，原告与青岛罗某升之间成立了以青岛罗某升签出的海运单据为证明的海上货物运输合同关系。原告作为托运人提起本案诉讼的主体适格，青岛罗某升作为承运人应履行其海上货物运输合同项下的义务。

依照《公司法》第14条之规定，青岛罗某升系上海罗某升的分公司，不具有法人资格，其民事责任由上海罗某升承担。

青岛罗某升虽向原告通过电子邮件发送了其作为罗某逊公司的代理签出的提单草稿，但因未签发正本提单，因此，无法认定原告与罗某逊公司之间成立了海上货物运输合同关系，从各方当事人提交的其他证据亦无法认定原告与罗某逊公司存在合同关系。

二、三被告是否应对原告的货款损失承担赔偿责任

我国《海商法》第72条第1款规定："货物由承运人接收或者装船后，应托运人的要求，承运人应当签发提单。"原告主张其曾在邮件中要求青岛罗某升签发正本提单，但根据其向法庭提交的邮件，实际情况是原告在邮件中要求青岛罗某升"麻烦再发一遍最终版的提单给我看一下"，青岛罗某升向原告发送了提单草稿，其后，原告又在邮件中要求青岛罗某升"麻烦发我们一份FCR copy件"，青岛罗某升向原告发送了FCR copy件，此时，原告并未提出异议，亦未再要求青岛罗某升必须签发正本提单，由此，应视为原告接受了青岛罗某升签发的FCR copy件，青岛罗某升不再负有向原告签发正本提单的义务。

原告主张被告未经原告同意或指示即擅自将货物交付给收货人，应当

承担赔偿责任。被告青岛罗某升则主张其向原告签发的 FCR 单据即"货代货物收据"，系我国海商法规定的提单以外的单证，仅是货物收据，不具有物权凭证的属性，承运人不必凭 FCR 单据放货，也无须凭托运人指示放货。法院认为，首先，被告青岛罗某升通过电子邮件向原告发送了 FCR 单据的正面文本，虽然该单据正面的右上角记载了 "Forwarder Cargo Receipt" 的英文字样，但其中并无有关托运人接受此单据即视为同意放弃货物控制权或同意承运人将货物直接交付收货人的相关记载，因此，被告青岛罗某升提出的可以不凭托运人指示交付货物的主张无事实依据，法院不予支持；其次，原告曾在电子邮件中与青岛罗某升沟通"如果中间商愿意先付我们余款，我们承担这两天的滞港费用，并且收到钱立马放货"，青岛罗某升也曾回复原告"费用没问题的话，我先给你开出发票来，放单可以等到你那边收到款再放"，由此可以认定，原告与青岛罗某升达成了关于目的港交付货物前应凭原告指示的约定。

从集装箱流转记录看，2016 年 5 月 23 日，装载货物的集装箱被拖走，被告已在庭审中明确"为减少场站的堆存费与滞箱费，罗某逊公司作为收货人的代理人，在 23 日将货物装到拖车上堆存在自己的仓库"，5 月 28 日，集装箱空箱返还，而在 5 月 26 日，原告向青岛罗某升发出了电放指示。法院认为，原告主张被告违反合同约定向其赔偿货款损失的前提是其货款的损失是由于承运人未得到其指示放货导致的，根据原、被告提交的证据可以认定，原告是向青岛罗某升发出过放货指示的，且原、被告均认可货物最终交给了收货人 H×××公司，无论货物是在 5 月 23 日交付收货人，还是在 5 月 28 日交付收货人，承运人的放货行为均未违背原告在 5 月 26 日发出的放货指示，况且，从集装箱流转记录中并不能认定货物在 5 月 23 日已被交付给收货人，因此，收货人未向其支付货款与承运人青岛罗某升的放货行为无关，故原告要求青岛罗某升未凭其指示放货而应赔偿其货款损失的诉讼请求，法院不予支持。

因青岛罗某升不向原告承担民事责任，原告主张上海罗某升承担赔偿责任的诉讼请求亦不应得到支持。

关于罗某逊公司的责任，因罗某逊公司与原告之间不存在海上货物运输合同关系，且双方无其他合同关系，故原告主张的罗某逊公司作为承运人在未得到其放货指示的情况下向收货人交付了货物而承担赔偿责任的诉讼请求法院亦不予支持。因此，原告要求三被告共同向其赔偿货款损失的主张不具有事实依据。

原告上诉至山东省高级人民法院，山东省高级人民法院认定一审判决事实清楚，适用法律正确，判决驳回上诉，维持原判。原告青岛某工贸有限公司不服山东省高级人民法院（2018）鲁民终240号民事判决，向最高人民法院申请再审，最高人民法院亦驳回青岛某工贸有限公司的再审申请。

【法官后语】

电放，是相对于凭正本提单放货而言的一种放货模式，承运人根据托运人的要求，以快捷的通信方式（包括传真、电报、电子邮件等）通知其目的港的代理人，将货物交付给托运人指定的人而无须收回正本提单。在约定以电放方式交付货物的情况下，虽然承运人未签发正本提单，仍应当根据已经成立的运输合同并按照托运人的指示交付货物。因海上货物运输跨国界，时间长、路途远、预付款比例小，如货到而款未付的情况下，收回货款可能要涉及跨国诉讼，诉讼成本和执行成本都颇为高昂，海上货物运输的托运人面临着更高的风险。承运人在得到托运人的放货指示后才能放货，无疑是保证托运人有效行使货物控制权的最重要途径。

电放情况下如何认定托运人的放货指示？一般而言，托运人与承运人就目的港放货条件、放货时间有约定的从约定。如果承托双方就放货条件没有明确约定，也无补充协议，但双方在此前多次交易中已经形成了固定的放货操作习惯，则依照该交易习惯确定的放货条件满足时，承运人可向收货人放货。以上均不成立时，须等待托运人向承运人明确发出放货指示，承运人方可向收货人交付货物，否则托运人有权要求承运人赔偿违约交付货物造成的实际损失。

在多数电放业务操作过程中，托运人都会应承运人的要求出具一份电放保函，载有类似"我司已将上述货物的全套正本提单交还承运人作为放货给收货人之指示。我司特此要求承运人放货给以下收货人。我司愿承担并赔偿因此操作而造成承运人的一切责任及遭受的损失"的表述。电放保函出现的背景是承运人为保障自身利益要求托运人出具的文件，但在实践操作过程中，电放保函的法律意义，需要结合承、托双方关于电放保函的具体约定以及交易习惯等情况予以综合判断。将出具电放保函作为承运人电放货物前置条件主要有以下两种情况。一是承、托双方将托运人出具电放保函约定为放货条件。如果承托双方约定以出具电放保函为放货条件，承运人在托运人未出具电放保函的情况下即放货给收货人，需要承担违约放货的赔偿责任。二是承、托双方形成了以托运人出具电放保函作为放货前提的交易习惯。

与此对应的是，在承、托双方未将托运人出具电放保函约定为放货条件，双方也未形成以托运人出具电放保函为放货前提的交易习惯时，承运人不再要求托运人出具电放保函，而是根据托运人的放货指示向收货人交付货物，这种货物交付行为并无不当。本案中，2016年5月26日9时6分青岛某工贸有限公司向青岛罗某升发送的电子邮件中，青岛某工贸有限公司关于"今天安排电放吧"的内容表明，青岛某工贸有限公司向青岛罗某升作出了明确的放货指示。除此以外，在与青岛罗某升的往来邮件中，青岛某工贸有限公司并未明确作出青岛罗某升的放货需以青岛某工贸有限公司出具电放保函为条件的意思表示，电放保函仅是青岛罗某升单方多次向青岛某工贸有限公司索要，因此承运人的交付货物行为并无不当。

【相关法条】

《中华人民共和国民事诉讼法》（2017年6月27日修正）

第六十四条　当事人对自己提出的主张，有责任提供证据。

当事人及其诉讼代理人因客观原因不能自行收集的证据，或者人民法院认为审理案件需要的证据，人民法院应当调查收集。

人民法院应当按照法定程序，全面地、客观地审查核实证据。

对应新法：

《中华人民共和国民事诉讼法》（2023年9月1日修正）

第六十七条　当事人对自己提出的主张，有责任提供证据。

当事人及其诉讼代理人因客观原因不能自行收集的证据，或者人民法院认为审理案件需要的证据，人民法院应当调查收集。

人民法院应当按照法定程序，全面地、客观地审查核实证据。

承办人：王妍娥

编写人：孙学燕

8. 中国银行股份有限公司某分行诉布某公司海上货物运输合同纠纷案
——海上货物运输中进口押汇与无单放货问题

【合规提示】

本案系一起原告作为提单持有人向被告无单放货行为行使提单项下索赔权利的海上货物运输合同纠纷案件，双方当事人对诉讼主体资格和无单放货责任的认定存在争议。对于提单持有人而言，进口押汇协议的签订与开证行丧失提单权利并无必然联系，提单的合法持有人有权行使提单项下的索赔权利。对于承运人而言，作为海上货物运输法律关系中重要的权利主体和责任主体，船长在签发提单时应注意载明承运人，保留光船租赁、转租等相关文件，以便明确海上货物运输的责任主体。

【案件信息】

1. 裁判文书字号

（2015）青海法海商初字第1416号

2. 当事人

原告：中国银行股份有限公司某分行

被告：布某公司

3. 关键词

民事　海上货物运输合同　提单　进口押汇　无单放货

【裁判要旨】

1. 提单由船长的代理人签发，则提单应当视为船长签发，在提单未载明承运人且不能证明轮船存在光租的情况下，船舶所有人应被视为承运人。

2. 进口押汇协议的签订与开证行丧失提单权利并无必然联系，人民法院应结合信用证交易的特点，对进口押汇协议进行合理解释，确定开证行持有提单的真实意思表示。

【基本案情】

2014年3月19日，原告与日照世某国际贸易有限公司（以下简称世某公司）签订《授信额度协议》，约定：原告向世某公司提供授信额度一亿五千万元人民币，用于开立信用证等业务。2014年9月17日，世某公司向原告出具《开立国际信用证申请书》申请开立国际信用证，用于向国外购买铁矿石业务。2014年9月17日，原告对外开出信用证，开证金额为11 251 688.45美元。2014年9月26日，原告收到国外银行发来的信用证项下全套单据，包括正本提单、原产地证、质量证、重量证、发票等。经原告审单无误，予以承兑。2014年12月25日，信用证承兑到期，开证申请人世某公司因资金紧张无力付款赎单，原告为其垫付款项，对外支付了信用证项下金额11 251 688.45美元，成为提单的合法持有人。涉案提单共两份，编号分别为1和2，两份提单的签发人均为S××××，其宣称是代表船长签发提单。

原告诉称，原告现为上述提单的合法持有人，有权向承运人提取货物。但经了解得知，提单项下的货物已经在日照港卸载并被承运人在未收到正本提单的情况下放行，导致原告无法提取货物，垫付的信用证款项无法追回。为此，原告诉至法院，请求判令被告赔偿原告经济损失890万美元及逾期利息，并判令被告承担本案诉讼费用。

被告辩称：（1）本案原告不是适格原告；（2）本案提单非被告签发，也非被告授权的代理人签发，因此被告不对原告负有凭正本提单交付货物的义务；（3）原告与实际提货人世某公司之间存在进口押汇协议，原告认可世某公司提取销售货物的行为，并与世某公司及下游买家签有协议，因此原告无权凭涉案提单主张权益；（4）原告所称的损失是由于在进口押汇业务项下，无法收回押汇款项导致，与所称的无单放货没有直接因果关系；（5）即使原告所称的损失是由无单放货导致，原告应提供包括其与世某公司下游买家或其他方就本案货物有关的所有的资金往来，原告实际收回的款项，以证明其损失的大小。

经审理查明，原告与世某公司签订《授信额度协议》约定：原告向世某公司提供授信额度一亿五千万元人民币，用于贸易融资。世某公司作为买方与F××公司签订铁矿石购销协议购买产自澳大利亚的铁矿石175 632湿吨，贸易条件为 CFR FO 交货至中国大陆主要港口。

2014 年 9 月 17 日，世某公司基于与原告签订的《授信额度协议》，就签订的上述铁矿石购销协议向原告申请开立国际信用证。当日，原告以中国银行山东省分行的名义开出编号为 LC×××× 的不可撤销的远期跟单信用证，开证申请人为世某公司，受益人为 F×× 公司。9 月 26 日，原告收到国外银行发来的信用证项下全套单据，包括涉案的正本提单两套，提单号分别为 1 和 2。两套提单均由 S×××× 代表船长签发。当日，原告向世某公司发出到单通知，告知"如单证相符，我行将按规定对外承兑/付款；如单证不符，我行将另行通知"。世某公司在"无论上述单据是否单证相符都将接受，请尽快对外付款/承兑"一栏打√，并写明付款账号为 ××××。2014 年 9 月 28 日，原告予以承兑，承兑金额为 11 251 688.45 美元。

2014 年 9 月 15 日，装载涉案货物的"凯某琳"轮靠泊日照港，将 175 632 吨铁矿石卸载于日照港码头。日照明某国际物流有限公司（以下简称明某公司）代理船方办理了"凯某琳"轮进港卸货手续，代理世某公司办理了"凯某琳"轮装载的涉案两票提单项下货物的提货单 5 份，日照海关在该 5 份提货单上加盖放行章后，明某公司在未收到正本提单的情况下，将 5 份提货单交至日照港股份有限公司某分公司，提货单上载明将货物交给世某公司。

还查明，原告现持有 1 号、2 号全套正本提单。原告与实际提货人世某公司之间存在进口押汇协议。

【裁判说理】

争议焦点：（1）原告是否具有本案的诉讼主体资格；（2）被告是否为涉案货物的承运人；（3）关于无单放货责任的认定。

青岛海事法院认为：

一、原告是否具有本案的诉讼主体资格

涉案信用证虽然是以"中国银行山东省分行"的名义开具，但是按照中国银行内部的管理模式，在山东省只能使用"中国银行山东省分行"的一个国际信用证 SWIFT 代码。原告作为山东省分行在日照的下属分支机构，受理了世某公司的信用证业务申请，与世某公司签订信用证协议并履行了该协议项下的全部权利义务，且中国银行山东省分行确认涉案信用证项下的权利义务归属于原告。原告在承兑信用证后取得涉案提单，并根据与世某公司押汇协议的约定对外支付了信用证项下的货款,由此可以认定原告系合法的提单持有人,其有权行使提单项下的索赔权利。

二、被告是否为涉案货物的承运人

被告是涉案货物承运船舶"凯某琳"轮的登记船舶所有人,虽然被告抗辩其已将涉案船舶光租给他人,之后该轮又被多次转租,但被告既未提交光租合同,也未对光租进行登记,船舶被多次转租也未提供证据加以证明。涉案提单系代表船长签发,船长通常由船东或光租人雇佣并代表其从事相应的民事行为,在被告不能证明"凯某琳"轮存在光租的情况下,应当认定船长是被告的代表,被告应为涉案货物的承运人。

三、关于无单放货责任的认定

本案中,明某公司既是"凯某琳"轮的船舶代理人,同时也是贸易合同买方世某公司的货运代理人。明某公司作为船舶代理人,在未收到正本提单的情况下,即代理世某公司办理了提货单并将货物交付指定的收货人,违反了其作为承运人的代理人应凭单交货的法律规定,被告作为应当对明某公司的错误代理行为承担相应的赔偿责任。

关于原告与世某公司的进口押汇协议问题。被告辩称,由于原告与世某公司签订了进口押汇协议,说明原告认可世某公司无单提货,原告丧失了提单权利。首先,进口押汇并非法律,其法律含义应依据相关协议内容确定。从进口押汇协议的内容看,并未规定被告必须将提单交付给原告用于提取货物,也未规定一旦签订该协议则原告即丧失提单权利。被告出具的中国银行官方网站信息,只是一般性的业务宣传介绍,不能代替具体业务合同的约定。其次,根据日照港提供的证据,船代公司向港口出具提货单的时间是2014年9月15日,货物对外实际发运的时间是9月19日至10月23日。而原告与世某公司签订进口押汇协议的时间是12月25日。显然,货物放行与进口押汇之间不存在因果关系。显然,被告在放行货物的时候并未收回提单,也不可能收回提单。因此,被告关于原告丧失了提单权利的抗辩,法院不予支持。

关于原告与世某公司、武安市永某铸业有限公司签订三方协议的问题。被告辩称,这份协议说明原告知道并参与了无单提货行为。首先,该协议签订时间为2014年12月,而货物发行时间为2014年9月至10月,因此,不能以该协议证明原告知道或参与了放货行为。而且,根据《最高人民法院关于审理无正本提单交付货物案件适用法律若干问题的规定》第13条,在承运人未凭正本提单交付货物后,正本提单持有人与无正本提单提取货物的人就货款支付达成协议,在协议款项得不到赔付时,不影响正本提单持有人就其遭受的损失,要求承运人承担无正本提单交付货物的民事责任。因此,这份三方协议不影响原告行使提单权利。

《海商法》第71条规定:"提单,是指用以证明海上货物运输合同和货物已经由承运人接收或者装船,以及承运人保证据以交付货物的单证……"《最高人民法院关于审理无正本提单交付货物案件适用法律若干问题的规定》第2条规定:"承运人违反法律规定,无正本提单交付货物,损害正本提单持有人提单权利的,正本提单持有人可以要求承运人承担由此造成损失的民事责任。"本案中,被告布某公司作为提单承运人向签发提单后,即负有向提单持有人交付货物的义务,但其在原告仍然持有全套正本提单的情况下,将涉案货物交付他人,应当对原告由此产生的损失承担民事责任。因此,原告要求被告赔偿经济损失的请求,法院予以支持。

关于被告的赔偿数额。《最高人民法院关于审理无正本提单交付货物案件适用法律若干问题的规定》第6条规定:"承运人因无正本提单交付货物造成正本提单持有人损失的赔偿额,按照货物装船时的价值加运费和保险费计算。"依据货物买卖合同和发票,涉案货物的总价值为 11 251 688.45 美元。这也是原告向国外银行支付信用证款项的总额。但是,原告支付该款后,陆续从世某公司收回了部分本金和利息,降低了实际损失。《合同法》第113条第1款规定:"当事人一方不履行合同义务或者履行合同义务不符合约定,给对方造成损失的,损失赔偿额应当相当于因违约所造成的损失,包括合同履行后可以获得的利益,但不得超过违反合同一方订立合同时预见到或者应当预见到的因违反合同可能造成的损失。"因此,原告的损失数额应按以其对外支付的货款总额为基础,减去已经从世某公司收回的部分本金和利息,加上自其对外付款之日起(2014年12月25日)依据与世某公司合同计算的利息。

青岛海事法院以判决结案。

【法官后语】

承运人是海上货物运输法律关系中重要的权利主体和责任主体,正确识别承运人对各方当事人及司法机关都具有重要意义。在海上货物运输中,一旦发生货物灭失、损坏或者迟延交付、无单放货等需要承运人承担赔偿责任的情形，均首先需确定责任主体，即识别谁是承运人。根据我国《海商法》第 73 条的规定，提单内容包括承运人的名称和主营业所，但缺少该项内容并不影响提单的性质，因此实践中存在提单未载明承运人的情况。提单由船长的代理人签发，则提单应当视为船长签发，在提单未载明承运人且不能证明轮船存在光租的情况下，船舶所有人应被视为承运人。本案中，涉案提单由 S×××× 代表船长签发，船长通常由船东或光租人雇佣并代表其从事相应的民事行为。被告作为涉案货物承运船舶"凯某琳"轮的登记船舶所有人，虽抗辩称其已将涉案船舶光租给他人，之后该轮又被多次转租，但被告既未提交光租合同，也未对光租进行登记，船舶被多次转租也未提供证据加以证明。因此，法院认为，在被告不能证明"凯某琳"轮存在光租的情况下，应当认定船长是被告的代表，被告应为涉案货物的承运人。

进口押汇是指开证行在收到信用证项下全套相符单据时，应进口商申请向其提供的用以支付该信用证款项的短期资金融通。进口押汇协议的签订与开证行丧失提单权利并无必然联系，人民法院应结合信用证交易的特点，对进口押汇协议进行合理解释，确定开证行持有提单的真实意思表示。本案中，原告履行了开证及付款义务并取得信用证项下的全套正本提单，虽与实际提货人世某公司订立了进口押汇协议，但并不意味着原告认可世某公司无单提货和原告丧失了提单权利。法院根据进口押汇协议内容、提货时间与进口押汇协议签订时间，判定协议双方无货权凭证移交的意思表示，货物放行与进口押汇之间不存在因果关系，原告未丧失提单项下权利。

【相关法条】

1.《中华人民共和国海商法》(1993 年 7 月 1 日施行)

第七十一条 提单，是指用以证明海上货物运输合同和货物已经由承运人接收或者装船，以及承运人保证据以交付货物的单证。提单中载明的向记名人交付货物，或者按照指示人的指示交付货物，或者向提单持有人交付货物的条款，构成承运人据以交付货物的保证。

2.《最高人民法院关于审理无正本提单交付货物案件适用法律若干问题的规定》(2009 年 3 月 5 日施行)

第二条 承运人违反法律规定，无正本提单交付货物，损害正本提单持有人提单权利的，正本提单持有人可以要求承运人承担由此造成损失的民事责任。

第六条 承运人因无正本提单交付货物造成正本提单持有人损失的赔偿额，按照货物装船时的价值加运费和保险费计算。

第十三条 在承运人未凭正本提单交付货物后，正本提单持有人与无正本提单提取货物的人就货款支付达成协议，在协议款项得不到赔付时，不影响正本提单持有人就其遭受的损失，要求承运人承担无正本提单交付货物的民事责任。

承办人：张先立
编写人：查璎娟

9. 临沂南某商贸有限公司诉万某运通国际货运代理有限公司青岛分公司、万某运通国际货运代理有限公司海上货物运输合同纠纷案
——FOB下托运人及承运人责任期间、赔偿范围的认定

【合规提示】

本案是出口企业因海上货物运输合同下承运人无正本提单交付货物提起诉讼的纠纷，涉及FOB下托运人的识别，承运人的责任期间及赔偿责任的确定等法律问题。对于作为托运人的出口企业而言，特别是FOB下的卖方，应当注意要持有全套正本提单，虽然其不是订舱和支付运费的一方，但仍然可以被认定为交货托运人，而享有托运人的权利。对于作为承运人的货运代理企业而言，需注意其责任期间是指从装货港接收货物时起至卸货港交付货物时止，货物处于承运人掌管之下的全部期间，在此期间即使货物被偷盗仍不能免除其赔偿责任。货物灭失的赔偿额，按照货物的实际价值计算。货物的实际价值，按照货物装船时的价值加保险费加运费计算。

【案件信息】

1. 裁判文书字号

（2014）青海法海商初字第646号、（2015）鲁民四终字第80号

2. 当事人

原告：临沂南某商贸有限公司

被告：万某运通国际货运代理有限公司青岛分公司、万某运通国际货运代理有限公司

3. 关键词

民事　海上货物运输合同　FOB下托运人的认定　承运人责任期间　赔偿范围

【裁判要旨】

托运人不仅限于订舱和支付运费的一方，FOB下持有正本提单的卖方应被认定为交货托运人。承运人的责任期间是指从装货港接收货物时起至卸货港交付货物时止，货物处于承运人掌管之下的全部期间。赔偿的范围为货物的实际价值损失及利息损失。货物的实际价值为货物装船时的价值加保险费和运费即CIF价格。

【基本案情】

2013年12月至2014年1月，临沂南某商贸有限公司（以下简称南某商贸）按照被告万某运通国际货运代理有限公司青岛分公司（以下简称青岛万某）的入货通知将三票货物交与青岛万某运输，青岛万某接收货物后，作为万某运通国际货运代理有限公司（以下简称万某运通）的代理代为签发了三票货物的全套正本提单，提单号分别为QDHKG131×××××、QDDXB131×××××、QDDXB140×××××。该三票提单均载明起运港为青岛，目的港为香港，交货地为阿联酋迪拜，货物品名胶合板，托运人为南某商贸，收货人为凭瑞士信贷资本银行指示，通知人为SE××有限公司。提单抬头载明的承运人为P××，提单右下角载明被告青岛万某作为代理签发提单。两被告均有无船承运业务经营资格，均确认P××为万某运通英文名称，涉案三套正本提单均系万某运通在交通部登记备案的提单格

式。庭审中万某运通确认其为承运人,青岛万某系其授权的签单代理人。两被告为完成上述货物的运输事宜,将该三票货物交付给实际承运人德某海运有限公司运输,提单号分别为790×××× 5860、790×××× 6658、790××××0177,托运人为青岛万某,收货人为某国际物流公司。

南某商贸为顺利出运上述货物,向青岛万某支付了三票货物的THC费、单证费、签单费、舱单费、场站费、港杂费、操作费等杂费分别为人民币6562.57元、6562.57元、18 623.68元,并未支付海运费。

两被告当庭陈述,已经指示德某海运有限公司将涉案三票货物交付给了某国际物流公司,放行时间分别为2013年12月24日、2014年1月3日、2014年1月20日,涉案三票货物全套正本提单均未收回,均为南某商贸所持有至今。两被告主张本案涉嫌某国际物流公司盗窃,于2014年6月16日向香港警务处葵青区总部报警,称某国际物流公司委托其将15个货柜的木板运往香港,然后将这15个货柜的木板交回某国际物流公司,由某国际物流公司负责将货物送往迪拜,然而某国际物流公司在香港提走货物后,并没有将货运往迪拜。香港警方现就被告的举报进行调查,但至今仍未拘获任何人或寻回被窃物品。

南某商贸提交的涉案货物的报关单、装箱单、商业发票证明,涉案三票提单项下货物装船时的价值共计324 055美元。

南某商贸诉称:2013年12月18日、2014年1月2日、2014年1月8日,南某商贸三次委托被告青岛万某出运三票货物,被告青岛万某向南某商贸分别签发了三套正本提单。涉案货物的价值为324 055.00美元。因贸易的买方未能如约提供质检证,致使南某商贸无法通过信用证获得货款支付。在与货物买方积极索要货款的同时,南某商贸要求被告青岛万某提供货物的下落,以利货物的其他处置,但被告拒不提供。后南某商贸向涉案货物的实际承运人德某海运有限公司查询,诉争货物已经由被告在香港全部放行给某国际物流公司,而该提货人在香港根本没有注册,目前这些货物不知所终。由于被告的行为,造成南某商贸如诉请的损失。为维护南某商贸合法权益,特诉至法院,请求依法判令:(1)两被告赔偿南某商贸损失1 977 869.69元及利息(自2014年1月26日起至起诉之日为39 557.39元,其后依照同期银行贷款利率计算至实际支付日);(2)本案的诉讼费用、保全费用由被告承担。

两被告辩称:第一,原被告之间不存在海上货物运输合同关系。被告接受的是某国际物流公司的委托进行操作，包括主、分单的填写内容，特别是收货人和发货人都是由某国际物流公司指定填写的。而且，本案涉及的成交方式是FOB，订舱人应当是南某商贸的买方或南某商贸买方指定的代理人，本案中，某国际物流公司应当是南某商贸买方的订舱代理人。第二，南某商贸在本案中负有重大过错，货物出运后长达四五个月的时间，南某商贸不与被告联系，将货物的相关事项告知被告，以便于被告相助南某商贸监控该票货物。正是由于南某商贸的没有及时告知，导致货物在香港被某国际物流公司处理，大部分责任应当由南某商贸承担。而且，南某商贸在操作货物买卖的过程中，相关的操作不符合规定，例如箱单、发票等资料所显示的买方与合同不一致，从而给订舱人在香港处理该票货物提供了方便。另外，南某商贸在质检证没有出具之前就装船出运，很明显是不符合规定的。正常的出运应当是在质检报告出具后才能委托装船出运，将该质检证明与箱单发票提单等一同提交给银行进行议付。但是，南某商贸的操作与正常程序相反，导致了该货物在香港被提走的事实。第三，本案涉及买方的订舱代理在香港的诈骗，信用证上涉及的银行不存在，因此，即使货物正常到港，南某商贸也无法凭该信用证进行提货。第四，由于本案涉及指定货，正常的出运程序应当是订舱人某国际物流公司在香港收到货物后将货物转移到其他港口或其他指定地点，但是某国际物流公司没有进行操作。第五，本案中，南某商贸所提供的买方永信实业是一个不存在的公司，因此，南某商贸是一个被国际诈骗团伙诈骗的受害人。而正是由于南某商贸在操作过程中有许多不合适的地方，才导致了该诈骗事件的发生。综上，两被告认为，原被告之间不存在海上货物运输合同关系，南某商贸在本案中有不可推卸的责任。

【裁判说理】

争议焦点：（1）关于南某商贸与两被告之间的法律关系；（2）被告万某运通是否应当承担赔偿责任；（3）赔偿范围如何认定。

青岛海事法院认为：

一、关于南某商贸与两被告之间的法律关系

南某商贸按照被告青岛万某的入货通知将三票货物交与青岛万某，青岛万某接收货物后，作为万某运通的代理代为签发了三票货物的全套正本提单，万某运通确认其为承运人，青岛万某系其授权的签单代理人，因此万某运通为承运人。提单明确载明南某商贸为托运人，根据《海商法》第71条的规定，涉案三票货物的全套正本提单可以证明南某商贸与被告万某运通之间存在海上货物运输合同关系。两被告抗辩本案贸易采用FOB贸易术语，南某商贸并非与被告订立运输合同的一方当事人，涉案货物两被告是接受某国际物流公司的委托而非南某商贸进行的操作，涉案提单的内容均系某国际物流公司指定填写，南某商贸并非海运费的付款人，因此与南某商贸之间不存在海上货物运输合同关系。对此，法院认为，我国《海商法》第42条规定的"托运人"是指：（1）本人或者委托他人以本人名义或者委托他人为本人与承运人订立海上货物运输合同的人；（2）本人或者委托他人以本人名义或者委托他人为本人将货物交给与海上货物运输合同有关的承运人的人。本案南某商贸作为FOB贸易下的卖方将货物交与承运人运输，明显符合我国《海商法》中关于第二种托运人的定义，因此南某商贸是我国《海商法》规定的托运人。而《海商法》第41条规定，海上货物运输合同，是指承运人收取运费，负责将托运人托运的货物经海路由一港运至另一港的合同。南某商贸不是海运费的付款人，是因有关运费的支付另有约定，但南某商贸仍是我国《海商法》规定的托运人，被告万某运通是承运人，南某商贸与万某运通之间存在符合我国《海商法》规定的海上货物运输合同关系。

二、被告万某运通是否应当承担赔偿责任

依照《海商法》第46条第1款的规定，承运人对集装箱装运的货物的责任期间，是指从装货港接收货物时起至卸货港交付货物时止，货物处于承运人掌管之下的全部期间。在承运人的责任期间，货物发生灭失或者损坏，除本节另有规定外，承运人应当负赔偿责任。涉案三票提单项下的货物运抵目的港后，万某运通在未收回其签发的正本提单、三票货物的全套正本提单均由南某商贸持有的情形下，却指示实际承运人将货物交付给案外人某国际物流公司，导致某国际物流公司占有和控制涉案货物。万某运通的行为违反了《海商法》第71条关于提单是承运人据以交付货物的保证的规定，万某运通作为承运人，违反了凭正本提单交付货物的义务，使得南某商贸对提单项下的货物失去了控制，万某运通公司应当赔偿南某商贸由此遭受的货物损失。万某运通不能以某国际物流公司涉嫌盗窃、诈骗、南某商贸买方不真实、南某商贸未及时告知等为由免除其在海上货物运输合同项下的凭正本提单交付货物的义务。

三、赔偿范围如何认定

《海商法》第 55 条第 1 款和第 2 款规定：货物灭失的赔偿额，按照货物的实际价值计算。货物的实际价值，按照货物装船时的价值加保险费加运费计算。涉案三票提单项下货物装船时的价值共计 324 055 美元。南某商贸没有举证证明其支付了保险费和运费，也没有主张保险费和运费损失，货物价值损失的赔偿额应为货物装船时的价值 324 055 美元。利息系被告违约造成的损失，应当予以支付，自 2014 年 1 月 26 日起，按照中国人民银行同期人民币流动资金贷款利率计算至本判决确定的支付之日止。故判决被告万某运通向南某商贸赔偿货物损失 324 055 美元及其利息（自 2014 年 1 月 26 日起，按照中国人民银行同期人民币流动资金贷款利率计算至本判决确定的支付之日止），驳回南某商贸的其他诉讼请求。

判决后被告万某运通不服向山东省高级人民法院提起上诉，二审山东省高级人民法院判决驳回上诉，维持原判。

【法官后语】

本案是一个海上货物运输合同下无正本提单交付货物的典型案例，涉及 FOB 下托运人的识别，承运人的责任期间及赔偿责任的确定等法律问题。

一、托运人的识别

我国《海商法》第 42 条关于托运人的规定借鉴了《汉堡规则》第 1 条第 3 款关于托运人的定义，规定了两种托运人，分别称为契约托运人与实际托运人，同时出现于 FOB 贸易中。契约托运人应当是与承运人订立运输合同的人，订立运输合同指租船订舱。本案中是买方租船订舱并支付海运费，符合传统的 FOB 交易模式，因此买方应为契约托运人。对于交货托运人而言，FOB 价格条件下只要卖方将货物交付给承运人，则可以认定卖方为法定的托运人，即属于交货托运人，并且不以必须在提单上载明托运人身份为条件。本案中南某商贸被记载在提单托运人一栏，并且实际向承运人交付了货物，毋庸置疑是交货托运人。但若本案原告持有全套正本提单，而且并未记载为提单上的托运人，按照《最高人民法院关于审理无正本提单交付货物案件适用法律若干问题的规定》，仍可以被认定为交货托运人，承运人仍应对其承担无正本提单交付货物的赔偿责任。之所以这样规定，是因为航运实务中往往由海上货物运输合同的契约托运人，即买卖合同的买方租船订舱并指示实际托运人即买卖合同的卖方将货物交付给承运人，同时认可承运人向实际托运人即买卖合同中的卖方签发提单。实际托运人即买卖合同中的卖方凭具有物权凭证功能的提单向开立信用证的银行交付提单议付货款，银行付款后将提单转交给契约托运人即买卖合同中的买方，由其在目的港凭提单向承运人提货。整个过程是由实际托运人通过控制提单议付货款的过程，前提是法律规定的承运人必须凭正本提单交付货物，使契约托运人没有正本提单就无法提货。契约托运人允许承运人向实际托运人签发提单就等于把具有物权性质的提单质押给了作为买卖合同卖方的实际托运人。因此，实际托运人虽然没有在提单上载明托运人身份，仅说明他没有处分提单和背书转让提单的权利，但享有通过法律赋予的实际托运人的地位凭正本提单向承运人主张货物的权利。一旦承运人把货物交给非正本提单持有人，就应当承担无正本提单交付货物的责任，这也是《海商法》通过规定实际托运人来保护FOB价格条件下买卖合同卖方保证收到货款的立法本意。

二、承运人的责任期间

《海商法》第46条第1款规定，承运人对集装箱装运的货物的责任期间是指从装货港接收货物时起至卸货港交付货物时止，货物处于承运人掌管之下的全部期间。《海商法》第71条规定：提单，是指用以证明海上货物运输合同和货物已经由承运人接收或者装船，以及承运人保证据以交付货物的单证。提单中载明的向记名人交付货物，或者按照指示人的指示交付货物，或者向提单持有人交付货物的条款，构成承运人据以交付货物的保证。《最高人民法院关于审理无正本提单交付货物案件适用法律若干问题的规定》第2条规定：承运人违反法律规定，无正本提单交付货物，损害正本提单持有人提单权利的，正本提单持有人可以要求承运人承担因此造成损失的民事责任。第3条规定：承运人因无正本提单交付货物造成正本提单持有人损失的，正本提单持有人可以要求承运人承担违约责任，或者承担侵权责任。万某运通在未收回其签发的提单，提单均由南某商贸持有情形下，将货物交付给案外人，违反了凭单交货的法定义务，应承担赔偿责任。万某运通称南某商贸被案外人诈骗，但如果万某运通履行了凭单交货的法定义务，南某商贸则不会因涉案货物失去控制而遭受货物损失，因此，万某运通应依照法律规定赔偿南某商贸的损失。

三、赔偿范围

承运人无正本提单交付货物属于海上货物运输纠纷，根据《海商法》第

55条的规定，承运人承担海上货物运输合同的赔偿责任是指造成货物实际价值的损失。实际上，因为我国的外贸出口退税体制，无正本提单交付货物经常造成南某商贸无法核销被罚款、无法获得国家出口退税等损失，但对于此类损失，无论适用《海商法》还是《合同法》，都属于承运人无法预期的损失。《海商法》第55条的规定，体现了承运人只承担运输合同项下的风险，而不承担市场风险的价值取向，因为市场风险是承运人无法预期的。按照货物的实际价值，即按照货物装船时的价值加保险费和运费（CIF价格）计算。本案货物价格为FOB，不存在运费和保险费损失，只计算货物装船时的价值，对此可以依据买卖合同约定、装箱单、发票、核销单、报关单等予以确定，如果数额不一致的，应当按照报关单确定价值，因为这是当事人向有关国家机关申报的货物价值，具有公示性。对于利息损失，属于货物实际价值的孳息，属于承运人违约造成的可以预见的损失，应当予以赔偿。

【相关法条】

1.《中华人民共和国海商法》（1993年7月1日施行）

第四十一条　海上货物运输合同，是指承运人收取运费，负责将托运人托运的货物经海路由一港运至另一港的合同。

第四十二条　本章下列用语的含义：

（一）"承运人"是指本人或者委托他人以本人名义与托运人订立海上货物运输合同的人。

（二）"实际承运人"，是指接受承运人委托，从事货物运输或者部分运输的人，包括接受转委托从事此项运输的其他人。

（三）"托运人"是指：

1.本人或者委托他人以本人名义或者委托他人为本人与承运人订立海上货物运输合同的人；

2.本人或者委托他人以本人名义或者委托他人为本人将货物交给与海上货物运输合同有关的承运人的人。

（四）"收货人"，是指有权提取货物的人。

（五）"货物"，包括活动物和由托运人提供的用于集装货物的集装箱、货盘或者类似的装运器具。

第四十六条第一款　承运人对集装箱装运的货物的责任期间，是指从装货港接收货物时起至卸货港交付货物时止，货物处于承运人掌管之下的全部期间。承运人对非集装箱装运的货物的责任期间，是指从货物装上船时起至卸下船时止，货物处于承运人掌管之下的全部期间。在承运人的责任期间，货物发生灭失或者损坏，除本节另有规定外，承运人应当负赔偿责任。

第五十五条 货物灭失的赔偿额，按照货物的实际价值计算；货物损坏的赔偿额，按照货物受损前后实际价值的差额或者货物的修复费用计算。

货物的实际价值，按照货物装船时的价值加保险费加运费计算。

前款规定的货物实际价值，赔偿时应当减去因货物灭失或者损坏而少付或者免付的有关费用。

第七十一条 提单，是指用以证明海上货物运输合同和货物已经由承运人接收或者装船，以及承运人保证据以交付货物的单证。提单中载明的向记名人交付货物，或者按照指示人的指示交付货物，或者向提单持有人交付货物的条款，构成承运人据以交付货物的保证。

2.《中华人民共和国合同法》(2021年1月1日废止)

第一百一十三条第一款 当事人一方不履行合同义务或者履行合同义务不符合约定，给对方造成损失的，损失赔偿额应当相当于因违约所造成的损失，包括合同履行后可以获得的利益，但不得超过违反合同一方订立合同时预见到或者应当预见到的因违反合同可能造成的损失。

对应新法：

《中华人民共和国民法典》(2021年1月1日施行)

第五百八十四条 当事人一方不履行合同义务或者履行合同义务不符合约定，造成对方损失的，损失赔偿额应当相当于因违约所造成的损失，包括合同履行后可以获得的利益；但是，不得超过违约一方订立合同时预见到或者应当预见到的因违约可能造成的损失。

3.《中华人民共和国海事诉讼特别程序法》(2000年7月1日施行)

第六条第二款 下列海事诉讼的地域管辖，依照以下规定：

……

（二）因海上运输合同纠纷提起的诉讼，除依照《中华人民共和国民事诉讼法》第二十八条的规定以外，还可以由转运港所在地海事法院管辖；

……

4.《中华人民共和国民事诉讼法》(2012年8月31日修正)

第二十七条　因铁路、公路、水上、航空运输和联合运输合同纠纷提起的诉讼，由运输始发地、目的地或者被告住所地人民法院管辖。

对应新法：

《中华人民共和国民事诉讼法》(2023年9月1日修正)

第二十八条　因铁路、公路、水上、航空运输和联合运输合同纠纷提起的诉讼，由运输始发地、目的地或者被告住所地人民法院管辖。

承办人：王爱玲
编写人：王爱玲

10.中国银行股份有限公司某分行诉海洋某特别海事公司海上货物运输合同纠纷案
——跟单信用证下持有提单的开证行享有提单质权

【合规提示】

本案系一起海上货物运输无正本提单放货纠纷案件，双方对于跟单信用证下持有提单的开证行是否享有提单质权产生争议。对于开证行而言，虽然并非基于买卖等基础合同关系交付或指示交付的方式取得提单，不具备货物所有人或收货人的法律地位，但可以享有提单质权；对于承运人而言，应该凭正本提单交付货物，避免不应有的损失。

【案件信息】

1. 裁判文书字号

（2014）青海法海商初字第1006号

2. 当事人

原告：中国银行股份有限公司某分行

被告：海洋某特别海事公司

3. 关键词

民事　海上货物运输合同　提单　无单放货

【裁判要旨】

1. 基于金融机构合法持有提单、法律规定提单可以设立权利质权、金融机构与收货人在进口押汇合同中存在书面提单质押约定等事实，应当认定金融机构享有提单质权。

2. 提单承运人在没有收到正本提单的情况下对外交付货物，导致金融机构无法行使提单质权，损害了金融机构作为提单质权人的合法权利，造成提单质权所担保的债权无法足额收回，由此给金融机构造成的损失，承运人应予赔偿。

【基本案情】

中国银行股份有限公司某分行（以下简称中行某分行）根据《授信额度协议》和海某公司的申请，开立不可撤销跟单信用证。信用证开立后，中行某分行收到了受益人交来的包括提单在内的信用证项下单据。中行某分行经审单认为符合信用证的规定，并向海某公司发出对外付款/承兑通知书。因备付款项不足，不能足额支付上述信用证项下款项，海某公司向中行某分行申请进口押汇。2014年2月21日，中行某分行向海某公司提供825万美元押汇款用于支付信用证项下款项。由于海某公司未能偿还押汇本金及利息，三份正本提单仍由中行某分行持有。中行某分行所持提单项下货物由"Z×"轮承运，在岚山港卸载后，被海某公司全部提取。后中行某分行以无单放货为由，申请扣押了"Z×"轮，并提起本案诉讼。

【裁判说理】

争议焦点：跟单信用证下持有提单的开证行享有提单质权。

青岛海事法院认为：本案纠纷系因海上货物运输中无正本提单交付货物造成损失所引起。《最高人民法院关于审理无正本提单交付货物案件适用法律若干问题的规定》第3条规定，承运人因无正本提单交付货物造成正本提单持有人损失的，正本提单持有人可以要求承运人承担违约责任，或者承担侵权责任。原告在本案中选择要求被告承担侵权责任，符合法律规定。根据原告的诉求，本案为海上货物运输无正本提单放货侵权损害赔偿纠纷。本案被告系国外当事人，具有涉外因素，在诉讼过程中，原、被告均一致选择中华人民共和国法律作为处理本案争议所适用的法律，故应以中华人民共和国法律作为审理本案纠纷的准据法。

我国《海商法》第71条规定："提单，是指用以证明海上货物运输合同和货物已经由承运人接收或者装船，以及承运人保证据以交付货物的单证。提单中载明的向记名人交付货物，或者按照指示人的指示交付货物，或者向提单持有人交付货物的条款，构成承运人据以交付货物的保证。"本案中，涉案提单系装货港船舶代理人代表"Z×"轮船长签发，被告系该轮船舶所有人且该轮未被光租，据此应认定被告为涉案提单的承运人。

就原告而言，持有全套正本提单，但其主张行使提单权利，应具有法律上的原因或依据，即应以存在一定的法律关系为前提。虽然提单既是债权凭证，也是物权凭证甚至所有权凭证，但原告先是基于履行了开证义务而取得信用证项下提单，后又基于进口押汇合同关系继续持有提单，而非基于买卖等基础合同关系交付或指示交付的方式取得提单，故不能认定原告在取得涉案提单时即已取得提单项下货物的所有权，原告不享有货物所有人、收货人的提单权利，不能行使基于所有权的物权请求权。原告在本案庭审期间，对其主张的提单权利明确为提单质权，故本案应依据法律的规定和当事人的约定审查原告是否享有提单质权。

我国《物权法》第223条规定，提单权利可以质押。涉案《授信额度协议》约定，海某公司未按本协议、单项协议的约定履行支付和清偿义务的，原告有权行使担保物权。涉案《授信额度协议》的附件1《用于开立国际信用证业务》约定，在原告垫款或者承兑、承付后，即享有处置信用证项下全套单据/货物的权利或其他可能的按照任何适用法律、法规能够享有的担保权益或者财产权益。根据上述约定，在信用证法律关系项下，原告有权设定提单质权。涉案《授信额度协议》的附件2《用于进口押汇业务》约定，原告享有处置进口押汇业务项下全部单据/货物的权利或其他可能的按照任何适用法律、法规能够享有的担保权益或者财产权益，海某公司向原告申请持有单据/货物以销售款项偿还原告押汇融资，只是作为原告的受托人行事。根据上述约定，在进口押汇法律关系项下，原告亦有权设定提单质权。这符合进口押汇的交易习惯及基本机制以及双方当事人以提单质押担保押汇银行债权实现的交易目的。在进口押汇法律关系中，进口商为了提前取得货物而将包括提单在内的全套单据质押给押汇银行，虽然押汇银行可能会在进口商付款赎单之前就将提单等单据交给进口商，进口商凭提单提取货物并销售后，再向银行付清欠款，但押汇银行在将提单交给进口商时会采取对提单项下货物进行质押的方式继续实现对债权的担保。可见，在进口押汇法律关系中，押汇银行在将提单交给进口商之前，是以提单质押的方式为债权提供担保；在将提单交给进口商后，是以货物质押的方式继续为债权提供担保。在本案中，原告作为开证行通过合法途径取得提单，在办理进口押汇后并未将提单交给海某公司，一直合法持有提单。基于上述原告合法持有提单、法律规定提单可以设立权利质权、原告与海某公司在进口押汇合同中存在书面提单质押约定等事实，应当认定原告享有提单质权。

关于提单质押的担保范围。《进口押汇申请书》是提单质押的主合同，根据其约定，该提单质押所担保的债权为825万美元及按照年利率4.13%收取的利息。又因海某公司在申请进口押汇时，又申请同业代付业务并作为进口押汇申请的一部分，因此，原告因委托同业代付业务按照年费率1.199%收取的手续费亦属于提单质押担保的债权范围。原告在本案中主张提单质押担保的债权中利息及手续费共计456 040.8美元，不超出按照合同约定所计算的金额，法院照准。

被告作为提单载明的承运人，负有将货物运至目的港并凭正本提单完成交付的义务。原告持有一式三份正本提单，涉案货物在目的港已经通关放行并交付给海某公司，显然属于无单放货。在双方均认可货物已被无正本提单提取的情况下，被告应当举证证明其是否已经正当履行了运输合同项下的交货义务，或是否存在抗辩事由。虽然被告辩解涉案无单放货行为系期租人奥某公司指定的卸港船代擅自实施，被告不应承担相应后果，但是，首先，被告对该辩解未能提供有效证据；其次，即使卸港船代是期租人奥某公司指定，但作为"Z×"轮的卸港代理，其在法律上应视为被告的代理及业务代办，原告作为被告与船代之间代理关系之外的第三人，无从举证船代行为是否超越代理权限，也无从举证二者就放货事宜的指示联系情况，而是将二者视为共同一方；再者，卸港船代作为被告的代理和业务代办，将货物交给非提单持有人，对外产生的民事责任被告应予承担；更为重要的是，被告已经取得期租人奥某公司无正本提单提取货物的保函，这足以说明被告与相关方已就无单放货进行协商并取得共识，在这种情况下被告称自己没有无正本提单放货的主观故意缺乏可信度，因此，被告的该辩解理由不能成立，法院不予采纳。被告作为提单承运人，凭单交货系其法定义务，在未收回正本提单的情况下，将货物交付给海某公司，明显违反法定义务，侵犯了原告作为提单持有人所享有的提单质权，构成侵权。

如前所述，原告持有全套正本提单，享有提单质权，该提单质权所担保的债权金额为 825 万美元及利息、手续费 456 040.8 美元，合计 8 706 040.8 美元。由于被告的侵权行为，原告的质权无法实现，无法对提单项下货物进行变现，最终导致主债权无法足额收回，这一后果与被告的无单放货行为之间存在直接的因果关系，被告应承担侵权的民事责任。

在海某公司等破产重整中，山西省运城市中级人民法院确认原告包括本案所涉债权在内的普通债权总额为 237 840 339.95 元，受偿金额为 9 681 382.63 元，受偿比例为 4.07%。依此计算，本案提单质权所担保的债权在海某公司破产重整中仅受偿 354 335.86 美元（8 706 040.8 美元 ×4.07%），尚有 8 351 704.94 美元未能受偿，原告对该部分未受偿债权向被告主张侵权损害赔偿于法有据，法院予以支持。《最高人民法院关于审理无正本提单交付货物案件适用法律若干问题的规定》第 6 条规定，承运人因无正本提单交付货物造成正本提单持有人损失的赔偿金额，按照货物装船时的价值加运费和保险费计算。原告本案主张损失为 8 351 704.94 美元，低于涉案货物装船时的价值，符合前述规定。被告所提原告扣押"Z×"轮时间即为主张质权时间并应以该日价格计算原告损失的辩解意见，并不符合《最高人民法院关于审理无正本提单交付货物案件适用法律若干问题的规定》第 6 条的规定，而且质权人完全可以根据价格波动选择实现质权的合适时机；被告所提原告应当先通过相关保证人提供的最高额保证予以受偿的辩解意见，缺乏法律依据；被告所提原告应先通过海某公司提供的保证金质押而受偿的辩解意见，虽然海某公司申请开立信用证时划入其保证金账户保证金 13 770 000 元，但在 2014 年 2 月 21 日、3 月 24 日，原告已经借记该保证金支付了信用证项下款项，因此，被告的上述辩解理由均不能成立。

对于被告所提原告具有严重过错的抗辩主张，法院认为，本案涉及买卖合同法律关系、信用证法律关系、进口押汇法律关系，其中，原告在信用证法律关系、进口押汇法律关系中属于当事方。在信用证法律关系中，根据《跟单信用证统一惯例》（UCP600）第4条的规定，信用证与可能作为其依据的销售合同或其他合同，是相互独立的交易，即使信用证中提及该合同，银行亦与该合同完全无关，且不受其约束，信用证法律关系独立于基础买卖合同，被告并无证据证明原告在开立信用证时已经知晓货物状况；同时根据《跟单信用证统一惯例》（UCP600）第5条的规定，银行处理的是单据，而不是单据可能涉及的货物、服务或履约行为，原告作为开证行从议付行收到单据后，经审查单证相符，应无条件付款，且海某公司也同意即期付款，原告对外付款并无过错，因此原告在信用证法律关系中不存在过错。在进口押汇法律关系中，虽然进口押汇系用于支付信用证项下款项，但进口押汇法律关系自身亦具有独立性，原告持有的提单客观真实，来源合法，原告完全有理由相信提单项下货物处在承运人控制之下，通过提单质押能够实现对进口押汇所产生的债权的担保，而且办理进口押汇是原告与海某公司的真实意思表示，因此在进口押汇法律关系中原告也无过错。无论是作为信用证法律关系中的开证行，还是作为进口押汇法律关系中的押汇行，原告在合法持有提单的情况下既无必要也无可能对提单项下货物进行跟踪监控。无必要是基于对提单物权凭证效力的信赖和基于承运人凭单交货保证的信赖，无可能是因为提单项下货物存在长途海上运输、异地堆存等因素，无法要求银行做到实时监控。需要说明的是，原告据以作为权利依据的提单质押属于权利质押，而非货物质押，设立质押时原告审查的对象是提单而非货物。对于被告提出的原告在业务操作过程中违反内部操作规程的辩解意见，法院认为，银行内部操作规程是为了防范避免风险，即使在具体操作过程中存在瑕疵，所应承担的是内部行政责任，并不构成民事法律意义上的过错，而且可能存在的该瑕疵与被告的无单放货不存在法律上的因果关系，也未加大被告的民事责任，被告不能以此主张减轻或免除责任。

被告还提出船代签发提货单是因转关之需按当地海关的要求签发，因此承运人可以免责，该辩解显然曲解了转关运输的流程，转关运输并非要求承运人在无正本提单的情况下交付货物，而且也不属于《最高人民法院关于审理无正本提单交付货物案件适用法律若干问题的规定》所列举的可以免责的情形，被告无权主张免责。

综上，被告作为提单承运人，在没有收到正本提单的情况下对外交付货物，导致原告无法行使提单质权，损害了原告作为提单质权人的合法权利，造成提单质权所担保的债权无法足额收回，由此给原告造成的损失，被告应予赔偿。

一审宣判后，当事人服判未上诉。

【法官后语】

本案系因无单放货而引发的侵权纠纷。在海事审判中，对于持有提单的开证行究竟享有何种权利存在不同观点，本案双方当事人亦是因此产生争议。分析持有提单的开证行究竟享有何种权利，关键在于厘清其享有的是所有权还是担保物权。

无论是从法律关系角度看，还是从当事人的真实意思看，开证行均不享有所有权。虽然提单是所有权凭证，但持有提单并不一定就享有所有权。提单持有人享有权利的性质，取决于其取得提单的法律事由，而不能笼统地认为谁持有提单谁就对提单项下货物享有所有权。开证行持有提单是基于信用证关系而非货物买卖关系，其对外付款并非为履行自己的债务，不是其为取得货物所有权而支付的对价，自然也就谈不上取得货物的所有权。从当事人的意思表示看，开证行持有提单的目的是作为对外垫款的担保，并无意取得货物所有权，卖方将信用证项下单证交付给银行后，货物所有权实际是从买卖合同中的卖方转移给了买方，而非是转移给银行，开证行并未取得所有权。既然开证行并不享有货物所有权，那其持有提单所享有的权利应依据其与开证申请人也就是买方的约定来确定。

在开证行与买方签订的《授信额度协议》中明确约定，买方未按本协议、单项协议的约定履行支付和清偿义务的，开证行有权行使担保物权；《授信额度协议》的附件进一步约定，在开证行为买方垫款或者承兑、承付后，即享有处置信用证项下全套单据/货物的权利或其他可能的按照任何适用法律、法规能够享有的担保权益或者财产权益。据此应当认定开证行与买方之间存在包括提单质押在内的设立担保物权的书面约定。因此，基于开证行合法持有提单、法律规定提单可以设立质权、开证行与买方签订的《授信额度协议》等合同既有设定担保的一般约定又有以自己的意思处分提单的明确约定，应当认定开证行持有提单所享有的权利为提单质权。在此情形下，提单承运人无单放货，自然就损害了质权人的担保物权，理所应当承担侵权责任。本判决厘清了开证行持有提单所享有的权利性质，对于处理此类无单放货案件具有一定的示范指导意义。

【相关法条】

1.《中华人民共和国物权法》（2021年1月1日废止）

第四条 国家、集体、私人的物权和其他权利人的物权受法律保护，任何单位和个人不得侵犯。

第二百二十三条 债务人或者第三人有权处分的下列权利可以出质：

（一）汇票、支票、本票；

（二）债券、存款单；

（三）仓单、提单；

（四）可以转让的基金份额、股权；

（五）可以转让的注册商标专用权、专利权、著作权等知识产权中的财产权；

（六）应收账款；

（七）法律、行政法规规定可以出质的其他财产权利。

第二百二十四条 以汇票、支票、本票、债券、存款单、仓单、提单出质的，当事人应当订立书面合同。质权自权利凭证交付质权人时设立；没有权利凭证的，质权自有关部门办理出质登记时设立。

对应新法：

《中华人民共和国民法典》（2021年1月1日施行）

第二百零七条 国家、集体、私人的物权和其他权利人的物权受法律平等保护，任何组织或者个人不得侵犯。

第四百四十条 债务人或者第三人有权处分的下列权利可以出质：

（一）汇票、本票、支票；

（二）债券、存款单；

（三）仓单、提单；

（四）可以转让的基金份额、股权；

（五）可以转让的注册商标专用权、专利权、著作权等知识产权中的财产权；

（六）现有的以及将有的应收账款；

（七）法律、行政法规规定可以出质的其他财产权利。

第四百四十一条 以汇票、本票、支票、债券、存款单、仓单、提单出质的，质权自权利凭证交付质权人时设立；没有权利凭证的，质权自办理出质登记时设立。法律另有规定的，依照其规定。

2.《中华人民共和国海商法》（1993 年 7 月 1 日施行）

第七十一条 提单，是指用以证明海上货物运输合同和货物已经由承运人接收或者装船，以及承运人保证据以交付货物的单证。提单中载明的向记名人交付货物，或者按照指示人的指示交付货物，或者向提单持有人交付货物的条款，构成承运人据以交付货物的保证。

第七十二条第二款 提单可以由承运人授权的人签发。提单由载货船舶的船长签发的，视为代表承运人签发。

3.《中华人民共和国侵权责任法》（2021 年 1 月 1 日废止）

第二条 侵害民事权益，应当依照本法承担侵权责任。

本法所称民事权益，包括生命权、健康权、姓名权、名誉权、荣誉权、肖像权、隐私权、婚姻自主权、监护权、所有权、用益物权、担保物权、著作权、专利权、商标专用权、发现权、股权、继承权等人身、财产权益。

第三条 被侵权人有权请求侵权人承担侵权责任。

第六条 行为人因过错侵害他人民事权益，应当承担侵权责任。

根据法律规定推定行为人有过错，行为人不能证明自己没有过错的，应当承担侵权责任。

第十五条第一款 承担侵权责任的方式主要有：

（一）停止侵害；

（二）排除妨碍；

（三）消除危险；

（四）返还财产；

（五）恢复原状；

（六）赔偿损失；

（七）赔礼道歉；

（八）消除影响、恢复名誉。

对应新法：

《中华人民共和国民法典》（2021年1月1日施行）

第一百二十条　民事权益受到侵害的，被侵权人有权请求侵权人承担侵权责任。

第一百七十九条第一款　承担民事责任的方式主要有：

（一）停止侵害；

（二）排除妨碍；

（三）消除危险；

（四）返还财产；

（五）恢复原状；

（六）修理、重作、更换；

（七）继续履行；

（八）赔偿损失；

（九）支付违约金；

（十）消除影响、恢复名誉；

（十一）赔礼道歉。

第一千一百六十四条　本编调整因侵害民事权益产生的民事关系。

第一千一百六十五条　行为人因过错侵害他人民事权益造成损害的，应当承担侵权责任。

依照法律规定推定行为人有过错，其不能证明自己没有过错的，应当承担侵权责任。

4.《中华人民共和国涉外民事关系法律适用法》（2011年4月1日施行）

第四十四条　侵权责任，适用侵权行为地法律，但当事人有共同经常居所地的，适用共同经常居所地法律。侵权行为发生后，当事人协议选择适用法律的，按照其协议。

5.《最高人民法院关于审理无正本提单交付货物案件适用法律若干问题的规定》（2009年3月5日施行）

第二条　承运人违反法律规定，无正本提单交付货物，损害正本提单持有人提单权利的，正本提单持有人可以要求承运人承担由此造成损失的民事责任。

第三条　承运人因无正本提单交付货物造成正本提单持有人损失的，正本提单持有人可以要求承运人承担违约责任，或者承担侵权责任。

正本提单持有人要求承运人承担无正本提单交付货物民事责任的，适用海商法规定；海商法没有规定的，适用其他法律规定。

第六条 承运人因无正本提单交付货物造成正本提单持有人损失的赔偿额，按照货物装船时的价值加运费和保险费计算。

承办人：张　勇
编写人：张　勇

11. 中国银行股份有限公司某分行诉艾某航运有限公司海上货物运输合同纠纷案
——承运人无单放货侵害开证行提单质权应负赔偿责任

【合规提示】

本案系因无单放货而引发的侵权纠纷。在实践中，对于开证行基于开立信用证持有提单是否享有提单权利存在不同观点，本案双方当事人亦是因此产生争议。虽然开证行并非是基于买卖等基础合同关系交付或指示交付的方式取得提单，不是货物所有权人，但根据其持有提单的法律事由可以认定其为提单质权人。承运人未凭正本提单交付货物，构成侵权。

【案件信息】

1. 裁判文书字号

（2014）青海法海商初字第1061号

2. 当事人

原告：中国银行股份有限公司某分行

被告：艾某航运有限公司

3. 关键词

民事　海上货物运输合同　提单　无单放货　质押

【裁判要旨】

1. 基于金融机构持有提单、法律规定提单可以设立权利质权、金融机构与收货人又存在书面质押合同等事实，应当认定金融机构享有提单质权。

2. 提单承运人将提单项下货物无单放货给收货人，导致金融机构质权无法实现，承运人应承担侵权的民事责任。

【基本案情】

原告中国银行股份有限公司某分行（以下简称中行某分行）诉称：2014年2月12日，山西海某国际钢铁有限公司（简称海某公司）因需进口铁矿，向原告申请开立国际信用证，原告经审核后为海某公司开立了信用证。此后，原告收到新加坡卖方递交的信用证项下单据，其中包括一式三份正本已装船提单，原告审核信用证项下单据无误后对外支付信用证项下款项。海某公司未付款赎单，原告持有全套三份正本提单。但是提单项下货物在岚山港卸载后，已经被他人在未交付正本提单的情况下提取。原告认为，原告是合法的正本提单持有人，被告作为承运人，无正本提单交付货物，损害了原告的提单权利，造成原告的欠款无法收回。原告请求判令被告赔偿损失 11 165 128.46 美元。

被告艾某航运有限公司（以下简称艾某公司）辩称：原告占有提单是事实，但并不意味着原告可以向承运人主张权利，因为原告并非提单运输合同关系的当事方；涉案货物的提取、释放与原告信用证项下款项的损失没有必然的因果关系；原告索赔成立的话，承运人所要承担的责任仅限于 CIF 价。

2013年6月18日，中行某分行与海某公司签订编号为"2013年度海某授字002号"的《授信额度协议》。该协议约定，中行某分行向海某公司提供 23 000 万元的贸易融资额度，用于包括开立国际信用证、进口押汇、提货担保、打包贷款、出口押汇、信用证项下出口贴现、国内信用证买方押汇、国内信用证卖方押汇、国内信用证议付及其他国际、国内贸易融资业务。该协议第4条约定，海某公司向中行某分行申请叙作本协议项下的单项授信业务，应向中行某分行提交相应的申请书及/或与乙方签署相应的合同/协议（统称单项协议)。第10条约定,海某公司未按本协议、单项协议的约定履行支付和清偿义务的,中行某分行有权行使担保物权。第14条约定,附件1《用于开立国际信用证业务》、附件2《用于进口押汇业务》和附件11《用于汇出汇款融资业务》构成该协议不可分割的组成部分,具有与该协议相同的法律效力。

该协议的附件1《用于开立国际信用证业务》第4条第1款约定,如中行某分行接受海某公司开立信用证的申请,应当按照海某公司提交的《开立国际信用证申请书》开出信用证,最终内容以中行某分行开出的信用证为准;第2款约定中行某分行要求海某公司提交与开立信用证有关的单据文件,如贸易合同等,不得解释为中行某分行有义务按照此类单据或文件开立信用证。第5条第1款约定,海某公司应当按照《开立国际信用证申请书》的约定存入备付款项,第3款约定,如因海某公司存入的备付款项不足致使中行某分行对外垫付应付款项,应付款项一经支付,即构成海某公司对中行某分行在《授信额度协议》及本附件项下的债务,海某公司应及时清偿。垫款利率和计息,按相应申请书的规定处理。第6条第2款约定,在中行某分行垫款或者承兑、承付后,即享有处置信用证项下全套单据/货物的权利或其他可能的按照任何适用法律、法规能够享有的担保权益或者财产权益。如果根据适用法律、法规或者有管辖权的法院、仲裁机构的意见,处置信用证项下全套单据/货物的权利属于海某公司,海某公司同意在适用法律允许的最大限度内无条件地将此种权利转让给中行某分行,并认可中行某分行处置单据/货物的全部作为和不作为。如果根据适用法律、法规或者有管辖权的法院、仲裁机构的意见,处置信用证项下全套单据/货物的权利属于中行某分行,中行某分行将保留此种权利直至海某公司赎单或者完全清偿垫款时止。第7条约定,叙作本附件项下业务的其他具体事宜,按照《开立国际信用证申请书》《国际信用证修改申请书》的约定处理。

2014年2月12日,海某公司向中行某分行申请开立国际信用证,并提交了编号为"2014年海某开证字0212号"的《开立国际信用证申请书》及进口合同等文件。该申请书第2条约定,海某公司将于信用证约定的付款日或中行某分行要求的其他日期(以日期较前者为准)前一个银行工作日内将备付款项足额存入海某公司在中行某分行开立的账户,以用于信用证项下对外付款,中行某分行亦有权主动借记海某公司的外币或人民币账户作为备付款对外付款。第3条约定,对外币垫款,从垫款之日起,在中行某分行规定的当期一年以内（含一年）固定贷款利率的基础上加收30%计收利息，自垫款之日起按月计收复利。第4条约定，海某公司将按时向中行某分行支付因叙作本申请书项下业务而产生的相关费用，该费用的计收依据、标准和方式等按中行某分行有关规定执行。

海某公司在申请开立信用证时，还提供了海某公司（买方）与嘉某公司（卖方）签订的铁矿砂买卖合同，合同签订时间为2014年1月8日，编号为S04367.000。

中行某分行根据《授信额度协议》和海某公司的申请，于2014年2月12日开立编号为LC××××××的不可撤销跟单信用证。信用证受益人为嘉某公司，信用证金额为11 165 128.46美元，付款时间为汇票后90天。

信用证开立后，中行某分行收到了受益人交来的信用证项下单据，其中包括一式三份全套正本提单、发票等文件，提单背面有托运人的背书。其中，发票载明：货物赤铁矿，数量104 012吨，承运船舶"K×"轮，货物总价11 165 128.46美元（CFR中国港口）。提单载明：提单编号为01，托运人为阿某钢铁有限公司，收货人为"凭指示"，承运船舶为"K×"轮，装货港为澳大利亚黑德兰港，卸货港为中国主要港口，承运货物赤铁矿石，总重104 012吨，S××作为船长的代理人于2013年12月25日签发。

中行某分行收到上述正本提单、发票等单据后，经审单认为符合信用证的规定，于2014年5月26日向受益人支付信用证项下全部款项11 165 128.46美元。因海某公司未按约在付款日前存入足额备付款项，中行某分行从海某公司保证金账户内借记14 159 168.30元人民币折合2 265 829.46美元，自行对外垫款8 899 299美元。同日，中行某分行向海某公司发出借记通知和进口垫款通知书。海某公司一直未能偿还中行某分行垫款形成的债务。中行某分行亦一直持有正本提单。

"K×"轮于2014年1月8日抵达日照港，1月9日开始靠泊卸货，1月11日卸货完毕。2014年1月13日，卸货港船舶代理人签发提货单，指示将104 012吨铁矿砂交付海某公司。海某公司持该提货单于1月17日办理了通关放行手续，货物已不在船方控制之下。后该批货物被海某公司通过铁路运输方式提取，或清偿了海某公司其他债务。

2014年9月，中行某分行以无单放货为由，申请天津海事法院扣押了"K×"轮。艾某公司提出复议申请，在申请书中认可其为"K×"轮的光船承租人，涉案提单系其代理签发，是涉案货物的承运人。后，德意志银行（中国）有限公司某分行为解除对"K×"轮的扣押提供了保函，保函并确认艾某公司为"K×"轮的光船承租人。另，法院受理本案后，艾某公司提出管辖权异议，在其管辖权异议申请书中，艾某公司认可"K×"轮系其所属船舶，案涉提单系其装货港船舶代理人签发。

2014年11月12日，山西省运城市中级人民法院作出（2014）运中破字第1号、第2号、第3号、第4号、第5号民事裁定，分别受理债权人对海某公司、海某集团有限公司等企业的重整申请。海某公司重整程序期间，中行某分行向重整管理人申报了因案涉信用证垫款形成的债权，其中本金8 899 299美元，利息392 065.17美元，承兑费26 796.31美元，电报费150元人民币。债权金额合计9 318 160.48美元，150元人民币。山西省运城市中级人民法院于2015年8月11日作出（2014）运中破字第1、2、3、4、5-2号民事裁定，确认运城市分行对海某公司享有的债权，但中行某分行未获得清偿。

【裁判说理】

争议焦点：跟单信用证下持有提单的开证行是否享有提单质权。

青岛海事法院认为：涉案提单系装货港船舶代理人代表"K×"轮船长签发，被告系"K×"轮的光船承租人，据此应认定被告为涉案提单的承运人。原告持有全套正本提单，但其主张行使提单权利，应具有法律上的原因或依据，即应以存在一定的法律关系为前提。虽然提单既是债权凭证，也是物权凭证甚至所有权凭证，但原告是基于履行了开证义务取得信用证项下提单，而非基于买卖等基础合同关系交付或指示交付的方式取得提单，故不能认定原告在取得涉案提单时即已取得提单项下货物的所有权，原告亦不享有基于所有权的物权请求权。因此，原告并不享有货物所有人、收货人的提单权利。但原告在本案庭审期间，对其诉状中主张的提单权利明确为提单权利的质权，故应依据法律的规定和当事人的约定审查其是否享有提单权利质权。

《物权法》第223条规定，提单权利可以质押。涉案《授信额度协议》约定，海某公司未按本协议、单项协议的约定履行支付和清偿义务的，原告有权行使担保物权。涉案《授信额度协议》的附件1《用于开立国际信用证业务》约定，在原告垫款或者承兑、承付后，即享有处置信用证项下全套单据/货物的权利或其他可能的按照任何适用法律、法规能够享有的担保权益或者财产权益。根据上述约定，原告垫款或者承兑、承付后，有权以自己的意思处分提单/提单项下货物，包括设定担保物权，据此可以认定原告与海某公司之间存在包括提单权利质押在内的设立担保物权的书面约定，这符合跟单信用证制度关于付款赎单的交易习惯及基本机制，也符合跟单信用证双方当事人以提单等信用证项下的单据担保开证行债权实现的交易目的。因此，本案中，基于原告持有提单、法律规定提单可以设立权利质权、原告与海某公司又存在书面质押合同等事实，应当认定原告享有提单权利质权。同时，根据《开立国际信用证申请书》的相关规定（原告对外垫款一经支付，应付款项一经支付，即构成海某公司的债务）和附件1《用于开立国际信用证业务》的相关规定（原告只有在垫款或者承兑、承付后才有权设定担保物权），并结合跟单信用证制度付款赎单的交易习惯及基本机制，本案提单权利质权的担保范围应为原告在信用证项下对外付款而享有的对海某公司的债权。

原告持有全套正本提单，享有提单质权。被告作为提单载明的承运人，负有将货物运至目的港并凭正本提单完成交付的义务。在提单项下货物已被无单放货给海某公司，被告既未举证证明提单项下货物仍然存在且能实现质权，也未提出相关抗辩，应认定原告的担保物权受到损害，质权已无法实现。这一后果与被告的无单放货行为之间存在直接的因果关系，被告理应承担侵权的民事责任。

原告因被告无单放货未能收回的主债权，为其垫款本金8 899 299美元。同时，因垫款产生的利息，亦属提单权利质权的担保范围。至于原告所主张的承兑费、电报费，系信用证业务办理过程中产生的相关费用，并非信用证金额范围内的款项，不在提单权利质权的担保范围内，不属于被告无单放货造成的损失。《最高人民法院关于审理无正本提单交付货物适用法律若干问题的规定》第6条规定，承运人因无正本提单交付货物造成正本提单持有人损失的赔偿金额，按照货物装船时的价值加运费和保险费计算。原告损失为垫款本金、利息共计9 291 364.17美元，而涉案提单项下货物总价为11 165 128.46美元（CFR中国港口），因此，原告的该部分损失诉求符合上述规定，应予支持。

一审宣判后，当事人服判未上诉。

【法官后语】

跟单信用证下持有提单的开证行享有何种权利，在实践中一直存在争议。分析提单持有人究竟享有何种权利，取决于其以何种意思取得提单，换言之，取决于提单持有人与其前手之间的合同如何约定，而不能一概而论地认为谁持有提单谁就对提单项下货物享有所有权。从信用证法律关系角度来看，开证行仅是以自己的信用介入买卖合同的结算环节，并没有介入贸易本身，其持有提单的目的是作为对外垫款的担保，并无意取得货物所有权，卖方将信用证项下单证交付给银行后，货物所有权实际是从买卖合同中的卖方转移给了买方，开证行并未取得所有权。既然开证行并不享有货物所有权，那其持有提单所享有的权利应依据其与买方也就是开证申请人的约定来确定。

虽然提单既是债权凭证，也是物权凭证，但开证行是基于履行开证义务取得信用证项下提单，而非基于买卖等基础合同关系交付或指示交付的方式取得提单，因此不具备货物所有人或收货人的法律地位。但根据开证行与开证申请人签订的《授信额度协议》约定，开证申请人未按本协议、单项协议的约定履行支付和清偿义务的，开证行有权行使担保物权；《授信额度协议》的附件进一步约定，在开证行垫款或者承兑、承付后，即享有处置信用证项下全套单据/货物的权利或其他可能的按照任何适用法律、法规能够享有的担保权益或者财产权益。据此可以认定开证行与开证申请人之间存在包括提单质押在内的设立担保物权的书面约定，这符合跟单信用证制度关于付款赎单的交易习惯及基本机制，也符合跟单信用证双方当事人以提单等信用证项下的单据担保开证行债权实现的交易目的。因此，基于开证行持有提单、法律规定提单可以设立质权、开证行与开证申请人之间的合同既有设定担保的一般约定，又有以自己的意思处分提单的明确约定，应当认定开证行享有提单质权。提单承运人无单放货，侵害了开证行的担保物权，应承担侵权责任。本判决依照法律规定正确阐释了开证行持有提单所享有的权利为提单质权，这对于明确开证行与开证申请人、承运人之间的权利义务关系具有一定的指导意义。

【相关法条】

1.《中华人民共和国物权法》(2021年1月1日废止)

第二百二十三条 债务人或者第三人有权处分的下列权利可以出质:

(一)汇票、支票、本票;

(二)债券、存款单;

(三)仓单、提单;

(四)可以转让的基金份额、股权;

(五)可以转让的注册商标专用权、专利权、著作权等知识产权中的财产权;

(六)应收账款;

(七)法律、行政法规规定可以出质的其他财产权利。

第二百二十四条 以汇票、支票、本票、债券、存款单、仓单、提单出质的,当事人应当订立书面合同。质权自权利凭证交付质权人时设立;没有权利凭证的,质权自有关部门办理出质登记时设立。

对应新法:

《中华人民共和国民法典》(2021年1月1日施行)

第四百四十条 债务人或者第三人有权处分的下列权利可以出质:

(一)汇票、本票、支票;

(二)债券、存款单;

(三)仓单、提单;

(四)可以转让的基金份额、股权;

(五)可以转让的注册商标专用权、专利权、著作权等知识产权中的财产权;

(六)现有的以及将有的应收账款;

(七)法律、行政法规规定可以出质的其他财产权利。

第四百四十一条 以汇票、本票、支票、债券、存款单、仓单、提单出质的,质权自权利凭证交付质权人时设立;没有权利凭证的,质权自办理出质登记时设立。法律另有规定的,依照其规定。

2.《中华人民共和国海商法》(1993年7月1日施行)

第七十一条 提单,是指用以证明海上货物运输合同和货物已经由承运人接收或者装船,以及承运人保证据以交付货物的单证。提单中载明的向记名人交付货物,或者按照指示人的指示交付货物,或者向提单持有人交付货物的条款,构成承运人据以交付货物的保证。

第七十二条第二款　提单可以由承运人授权的人签发。提单由载货船舶的船长签发的,视为代表承运人签发。

3.《中华人民共和国侵权责任法》(2021年1月1日废止)

第二条　侵害民事权益,应当依照本法承担侵权责任。

本法所称民事权益,包括生命权、健康权、姓名权、名誉权、荣誉权、肖像权、隐私权、婚姻自主权、监护权、所有权、用益物权、担保物权、著作权、专利权、商标专用权、发现权、股权、继承权等人身、财产权益。

第三条　被侵权人有权请求侵权人承担侵权责任。

对应新法：

《中华人民共和国民法典》(2021年1月1日施行)

第一千一百六十四条　本编调整因侵害民事权益产生的民事关系。

第一百二十条　民事权益受到侵害的,被侵权人有权请求侵权人承担侵权责任。

4.《中华人民共和国涉外民事关系法律适用法》(2011年4月1日施行)

第四十四条　侵权责任,适用侵权行为地法律,但当事人有共同经常居所地的,适用共同经常居所地法律。侵权行为发生后,当事人协议选择适用法律的,按照其协议。

5.《中华人民共和国民事诉讼法》(2012年8月31日修正)

第一百四十四条　被告经传票传唤,无正当理由拒不到庭的,或者未经法庭许可中途退庭的,可以缺席判决。

对应新法：

《中华人民共和国民事诉讼法》(2023年9月1日修正)

第一百四十七条　被告经传票传唤,无正当理由拒不到庭的,或者未经法庭许可中途退庭的,可以缺席判决。

6.《最高人民法院关于审理无正本提单交付货物案件适用法律若干问题的规定》(2009年3月5日施行)

第三条　承运人因无正本提单交付货物造成正本提单持有人损失的,正本提单持有人可以要求承运人承担违约责任,或者承担侵权责任。

正本提单持有人要求承运人承担无正本提单交付货物民事责任的，适用海商法规定；海商法没有规定的，适用其他法律规定。

第六条 承运人因无正本提单交付货物造成正本提单持有人损失的赔偿额，按照货物装船时的价值加运费和保险费计算。

承办人：张　勇
编写人：张　勇

12. 潍坊恒某国际贸易有限公司诉汎某物流（青岛）有限公司海上货物运输合同纠纷案
——无正本提单放货纠纷的适格原告及赔偿金额认定

【合规提示】

本案系一起海上货物运输合同纠纷，原告为托运人（正本提单持有人），被告为承运人，该纠纷系因被告无单放货致原告提货不着引发。提单是承运人据以交付货物的凭证，承运人在未收回正本提单，也未得到托运人交货指示的情况下将货物交付他人，违反了法律规定及双方的约定，应承担因其无单放货而给原告造成损失的赔偿责任。若托运人主张的货损系以外币计价，托运人一般会选取汇率较高的日期作为转化为人民币的基准，基准日的选择非常多样，实践中以起诉受理日的汇率为折算标准是通行做法。作为托运人，在起诉要求对方承担外币之债时，选取基准日的方式不应该是随机地或者是单纯地选取汇率较高的日期，而是选择能够举证证明具有一定的参考价值及与当事人之间的债权债务关系存在一定关联性的日期，这样才能赢得法院的支持；作为承运人，坚守凭单放货原则，不可擅自将货物放给非正本提单持有人，否则将会招致不利的法律后果。

【案件信息】

1. 裁判文书字号

（2012）青海法海商初字第 243 号

2. 当事人

原告：潍坊恒某国际贸易有限公司

被告：汎某物流（青岛）有限公司

3. 关键词

民事　海上货物运输合同　无单放货　承运人　适格原告　汇率折算

【裁判要旨】

1. 根据《海商法》第 71 条之规定，提单是指用以证明海上货物运输合同和货物已经由承运人接收或者装船，以及承运人保证据以交付货物的单证。提单中载明的向记名人交付货物，或者按照指示人的指示交付货物，或者向提单持有人交付货物的条款，构成承运人据以交付货物的保证。承运人依法负有向正本提单持有人交付货物的义务，在托运人持有全套正本提单的情况下，若承运人擅自将提单项下的货物交付他人，对于正本提单持有人因此而遭受的损失应依法承担赔偿责任。

2. 在无正本提单放货纠纷中，若托运人主张的货损系以外币计价，则应使用托运人起诉之日的汇率将外币转换为人民币计算损失。

【基本案情】

2011 年 5 月 8 日，原告出口纸盒一宗，委托被告负责将上述货物由青岛运至英国南安普顿。被告作为承运人将原告货物装于四个 4C 尺集装箱，向原告签发了全套正本提单。货物运抵目的港后，被告在未收到正本提单，也未得到原告指示的情况下，将货物交付给收货人，致使原告持有全套正本提单而未收到货款，造成原告丧失对该票货物的控制权并产生货款损失 71 868 美元。

原告请求判令：（1）被告向原告交还货物，如不能交还货物则赔偿货款损失 71 868 美元（折合人民币 467 056 元）；（2）被告向原告支付自 2011 年 5 月 8 日起至判决生效之日的利息；（3）本案诉讼费由被告承担。

被告辩称：（1）原、被告之间无合同往来。原告按中文的解释的恒某集团,给我们的发票也是恒某集团,原告主体不适格。被告与潍坊恒某国际贸易有限公司之间无合同关系,原告不具有诉讼权利。且正本提单上面的货物的重量(88 900 千克)和原告提供的报关单商品的重量(86 900 千克)不相符,我们认为这并不是一单货。(2)被告是善意行为,符合《海商法》第 58 条的规定,被告仅承担单位限额责任。(3)诉求数额与实际发货金额不符。从相关英国口岸海关的报关材料看,本案标的仅为 3 万多美金的货品,并非为原告所诉 7 万多美金。(4)本案的损失数额尚未确定。本案中发货人与接货人关于货品价值及质量问题正在进行协商,承运人也在积极协调此事,目前双方谈判进展顺利并将最终和解。因此仅要求由承运人来承担全部损失欠妥,我方请求案件延期审理或推迟裁定结果,等待三方的协商结果,以便能更好地保护各方利益。

【裁判说理】

争议焦点:(1)原告是否有诉权;(2)原告的损失数额。

青岛海事法院认为:

一、原告是否有诉权

原告以海上货物运输合同纠纷为由提起本案诉讼,根据已查明的事实,原告系正本提单的持有人及提单记载的托运人,被告系涉案货物的承运人,故本案海上货物运输合同关系成立于原告潍坊恒某国际贸易有限公司与被告汛某物流(青岛)有限公司之间。原告在没有取得货款、提单没有流转的情况下,有权持有该提单向承运人要求提取货物,当货物提取不着,原告可以向承运人要求赔偿由此造成的损失。因此原告具有法律上的合法诉权。

被告以原告名称按中文的解释为恒某集团,向其出具的发票也是恒某集团及正本提单上记载的货物的重量和原告出口报关单的重量不符等理由,抗辩原告的诉讼主体资格于法无据,法院不予支持。

二、原告的损失数额

依照《海商法》第 71 条的规定,提单是承运人据以交付货物的凭证,被告在未收回正本提单,也未得到托运人交货指示的情况下将货物交付他人,违反了法律规定及双方的约定,应承担因其无单放货而给原告造成损失的赔偿责任。

1. 汇率的确定。原告诉请赔偿货款 71 868 美元(折合人民币 467 056 元,

1美元对人民币 6.4988 元），其中对货款折合人民币数额的主张是以出口之日的报关货值 71 868 美元及 2011 年 5 月 8 日美元对人民币汇率的中间价计算的，原告不能举证证明其以 2011 年 5 月 8 日美元对人民币的汇率计算货值的合理性，故法院保护货款损失以出口报关货值 71 868 美元及原告提起本次诉讼之日（2012 年 2 月 15 日）的美元对人民币汇率的中间价（1 美元对人民币 6.2968 元）为准计算原告的损失，其数值为人民币 452 538.42 元。

2. 利息的计算。法院认为，利息应当从原告提起本次诉讼之日即 2012 年 2 月 15 日起，计算至本判决确定支付之日止，按照中国人民银行同期贷款利率计算。

被告辩称原告的货品价值仅 3.1 万多美金的主张没有事实及法律依据，法院不予支持。

2012 年 6 月 12 日，青岛海事法院作出（2012）青海法海商初字第 243 号民事判决书，判决：一、被告汛某物流（青岛）有限公司于本判决生效之日起十日内向原告潍坊恒某国际贸易有限公司赔偿货款损失人民币 452 538.42 元及利息（利息计算：自 2012 年 2 月 15 日起按中国人民银行同期贷款利率计至本判决确定的付款之日止）。二、驳回原告潍坊恒某国际贸易有限公司的其他诉讼请求。

青岛海事法院以判决结案。

【法官后语】

涉外贸易通常以外币作为结算、支付的标准货币。但在中国境内诉诸司法程序时，则不可回避地涉及是否需折算以及折算汇率的问题。早期实践中，根据《外汇管理条例》第 8 条"中华人民共和国境内禁止外币流通，并不得以外币计价结算"之规定，法院一般会将原告诉请中由外币计算的金钱之债，以汇率折合成人民币后再写入判项中；近年来，随着对外币债务问题的认识逐步深入，以外币作为结算货币的当事人之间发生纠纷向法院提起诉讼后，法院判处债务人以外币偿还债务的情况越来越多。外币是否可以用来偿还债务已经不再是一个问题，外币之债中值得关注的问题是外币兑换人民币的汇率折算标准和换算时间。

关于人民币汇率折算标准。在外汇交易市场，外汇牌价有现钞 / 现汇买入价、现钞 / 现汇卖出价、中间价等不同价格。《最高人民法院关于在涉外民商事案件审理中如何确定人民币兑主要外币汇率的请示的复函》关于"2006 年

1月4日之前人民币兑主要外币的汇率（中间价）按中国人民银行公布的确定；2006年1月4日之后人民币兑主要外币的中间价按中国人民外汇交易中心公布的确定，其他外汇则以其与美元的汇率进行套算"之规定，体现了当前人民法院对折算汇率标准的基本态度，即汇率应以中间价进行折算。

关于汇率换算时点。外币的折算时点问题是外币之债计算的核心也是难点，以不同日期的汇率进行折算所得的结果很有可能差异极大，按哪个时间点的汇率进行折算直接关系到当事人的利益。我国并未对汇率时点的选取作出明确规定，一般而言，如果交易过程中各方已经约定了固定汇率或者明确汇率换算标准，那么该约定应当得到法律支持；若当事人没有相关约定或者约定不明，则存在损失发生日、债务到期日、起诉受理日、法庭辩论终结日、判决之日等多种标准，其中，以起诉受理日的汇率为折算标准是实务中比较通行的做法。因此，债权人在起诉要求债务人承担外币之债时，可先自行选取某一时间点的汇率进行折算并请求法院支持其诉讼请求。但需注意的是，债权人选取具体日期的方式不应该是随机地或者是单纯地选取汇率较高的日期，而是选择能够举出相应证据证明的具有一定参考价值及与当事人之间的债权债务关系存在一定关联性之日期，这样才能赢得法院的支持。

【相关法条】

《中华人民共和国海商法》（1993年7月1日施行）

第五十五条 货物灭失的赔偿额，按照货物的实际价值计算；货物损坏的赔偿额，按照货物受损前后实际价值的差额或者货物的修复费用计算。

货物的实际价值，按照货物装船时的价值加保险费加运费计算。

前款规定的货物实际价值，赔偿时应当减去因货物灭失或者损坏而少付或者免付的有关费用。

第七十一条 提单，是指用以证明海上货物运输合同和货物已经由承运人接收或者装船，以及承运人保证据以交付货物的单证。提单中载明的向记名人交付货物，或者按照指示人的指示交付货物，或者向提单持有人交付货物的条款，构成承运人据以交付货物的保证。

承办人：张先立

编写人：刘　昭

13. 常熟市万某进出口贸易有限公司诉青岛银某国际货运代理有限公司等海上货物运输合同纠纷案

——电放方式下承运人交付货物责任的认定

【合规提示】

本案系一起出口企业与货运代理企业签订《订舱委托书》，出口企业作为托运人起诉作为承运人的货运代理企业的海上货物运输合同纠纷案件。双方对电放方式下承运人交付货物责任的认定问题产生争议。对于出口企业而言，若未要求承运人签发正本提单，承运人不负有凭正本提单交付货物的义务，电放的实施是建立在买卖双方及承、托双方等方面彼此信赖的基础上的，因此须谨慎约定是否采取电放方式，若采取电放方式，应提前有必须凭电放保函或其进一步指示才能放货的约定。对于承运人而言，须全面履行运输合同约定的己方义务，为进一步保护自身利益，可以要求托运人出具电放保函，在没有约定情形下，电放保函的出具并不是承运人电放货物的前提条件。

【案件信息】

1. 裁判文书字号

（2011）青海法海商初字第24号、（2012）鲁民四终字第66号

2. 当事人

原告：常熟市万某进出口贸易有限公司

被告：青岛银某国际货运代理有限公司、大连银某国际货运代理有限公司青岛分公司、大连银某国际货运代理有限公司

3. 关键词

民事　海上货物运输合同　电放　承运人　交付货物

【裁判要旨】

在托运人并未要求承运人签发正本提单的情形下，承运人不负有凭正本提单交付货物的义务，承运人应当根据运输合同约定交付货物。

【基本案情】

2010年9月25日，常熟市万某进出口贸易有限公司（以下简称万某贸易）委托青岛银某国际货运代理有限公司（以下简称青岛银某）办理租船订舱、报关报验事宜。9月27日万某贸易通过MSN向青岛银某发送订舱委托书。10月8日该票货物从青岛港出运，双方进行了提单确认，载明的托运人均为万某贸易，收货人均为韩国公司F×OF H×C×。起运港为中国青岛，目的港为韩国仁川。提单中有"COPY NON-NEGOTIABLE"字样。报关单显示货物价值为15 120美元和5200美元。该两票货物顺利出运后，于10月9日到达目的港，10月12日交给韩国收货人。10月26日万某贸易要求青岛银某出具带有电放字样的提单以作留底。同日，万某贸易向青岛银某支付了上述货物的代理费共计人民币1200元。

案涉两份提单的抬头均为S×I×公司，提单符合大连银某国际货运代理有限公司青岛分公司（以下简称大连银某青岛分公司）在交通部登记的无船承运人业务备案提单格式，大连银某青岛分公司具有无船承运业务经营资格。

庭审中，原、被告双方确认案涉货物是24小时到达目的港的快船运输，万某贸易未持有出运货物的全套正本提单，关于货物在目的港的交付万某贸易与被告没有作出特别的约定，双方没有要求承运人在放货前必须获得其明确指示的约定。被告采取了传真提单给目的港代理、由其核对收货人身份的方式交付货物，并已将货物交付给提单载明的收货人，万某贸易确认货物被提单载明的收货人提走。

万某贸易诉称：2010年10月8日，万某贸易委托青岛银某作为万某贸易的货代公司办理服装出口的货运代理事务。在万某贸易未提供盖公章电放保函的情况下，青岛银某擅自安排提单电放，致万某贸易遭受严重损失。大连银某青岛分公司无万某贸易指示擅自签发电放提单，其依法应对由此给万某贸易造成的损失承担赔偿责任。大连银某青岛分公司不具备法人资格，其民事责任应当由大连银某国际货运代理有限公司（以下简称大连银某）承担。

请求三被告赔偿因无指示放货给万某贸易造成的损失 20 320 美元。

三被告共同辩称，本案不是凭正本提单交付，双方也并未约定根据万某贸易指示交付货物，被告交付货物正确。万某贸易提出异议的根本原因是在于基础贸易项下出现了纠纷，其意图恶意转移贸易风险。请求驳回万某贸易的诉讼请求。

【裁判说理】

争议焦点：如果收货人一栏记载的是记名收货人，若没有约定必须凭托运人指示才能交付货物，承运人直接交付货物给记名收货人是否承担责任。

青岛海事法院认为：本案主要涉及电放方式下货物如何交付的问题。电放与传统的凭正本提单交付货物不同，我国法律对电放并没有明确的规定，但按照交易习惯，电放是承运人在不签发正本提单或者收回已经签发的全部正本提单的前提下，以电子邮件、传真或者电报等方式通知其在目的港代理，将运输的货物交付给托运人指定的收货人。在电放方式下，承运人不签发正本提单，但一般会出具提单副本或提单复印件。如果提单收货人一栏记载的是"TO ORDER"，即使没有正本提单，承运人也应当根据托运人的指示交付给托运人指定的收货人，这点没有争议。问题在于，如果收货人一栏记载的是记名收货人，若没有约定必须凭托运人指示才能交付货物，承运人直接交付货物给记名收货人是否承担责任？这正是本案的焦点所在。要回答这个问题，应当从以下三个方面来看：

第一方面看是否违反约定。电放提单虽不具有正本提单的据以交付货物的依据和物权凭证的功能，但仍然具有海上货物运输合同证明的功能。因此本案中原告与无船承运人之间的运输合同关系可以认定。一、二审的审判思路都是认为既然属于合同关系，就应当按照双方关于交付方式的约定来判断是否存在违约。本案所涉货物的提单为原告确认过的记名提单，该提单所证明的海上货物运输合同下的收货人是确定的，承运人负有将货物交付给该收货人的义务。在原告并未要求承运人签发正本提单的情形下，承运人不负有凭正本提单交付货物的义务，此时除非双方有关于目的港交付货物必须凭托运人明确指示的特别约定，否则承运人将货物交付给提单载明的收货人，并不构成违约。

第二方面看是否违反交易习惯。原告主张凭托运人电放保函放货是电放的交易习惯。对此,法院认为在实际的业务操作中,有些情形承运人确实要求托运人出具电放保函,但不排除承运人并不要求电放保函的情形。从电放保函的性质来看,其显然是要求托运人提供一项担保,而不是一份指令,设定的是托运人的义务而非权利;从电放保函的目的来看,也完全是承运人为了进一步保护自身利益而采取的一项举措而已。因此电放保函的出具不是承运人电放货物的前提,故被告直接交付货物并不违反交易惯例。

第三方面看是否违反法律规定。本案属于中国至韩国的国际海上货物运输合同纠纷,应当首先适用《海商法》的规定。我国《海商法》并没有关于"未签发正本提单"即电放情形下如何进行货物交付的规定。但《合同法》第309条对此有明确规定。我国的法律适用原则是当事人双方有约定的从其约定,没有约定依照法律规定;特别法有规定的优先适用特别法,特别法没有规定,适用普通法。在《海商法》没有特别规定的情况下,本案应当适用《合同法》的规定。《合同法》第309条规定,货物运输到达后,承运人知道收货人的,应当及时通知收货人,收货人应当及时提货。收货人逾期提货的,应当向承运人支付保管费用。被告大连银某青岛分公司将货物运到目的港,并交付给原告指定的收货人,即已履行了双方运输合同约定的义务,其做法完全符合前述法律规定,并无不当。原告无权再要求返还,而且在运输合同履行完毕后,也无权要求承运人补签提单。

一审宣判后,原告万某贸易向山东省高级人民法院提起上诉,二审法院判决驳回上诉,维持原判。

【法官后语】

随着国际集装箱运输业的飞速发展,船舶在海上航行的时间明显缩短,加上港口装卸效率显著提高,集装箱运输节奏加快,提单晚于货物到达目的港的现象增加,尤其是近洋运输,"货等单"的问题给买方及港口都造成了不便,甚至损失。提单的流程遇到了严峻的挑战,由此电放交付货物的方式应运而生。但电放的实施是建立在买卖双方及承托双方等彼此信赖的基础上的,这种信赖非常脆弱,因此,近几年各地海事法院受理此类案件的数量大幅上升。

本案主要涉及电放方式下货物如何交付的问题。我国法律对电放并没有明确的规定,但按照交易习惯,电放是承运人在不签发正本提单或者收回已经签发的全部正本提单的前提下，以电子邮件、传真或者电报等方式通知其在目的港代理，将运输的货物交付给托运人指定的收货人。本案从三个方面重点探讨承运人在电放情形下如何正确交付货物，具有一定指导意义。

【相关法条】

《中华人民共和国合同法》（2021年1月1日废止）

第三百零九条　货物运输到达后，承运人知道收货人的，应当及时通知收货人，收货人应当及时提货。收货人逾期提货的，应当向承运人支付保管费等费用。

对应新法：

《中华人民共和国民法典》（2021年1月1日施行）

第八百三十条　货物运输到达后，承运人知道收货人的，应当及时通知收货人，收货人应当及时提货。收货人逾期提货的，应当向承运人支付保管费等费用。

承办人：王爱玲
编写人：王爱玲

14. 丸某美国有限公司诉威海山某制革有限公司、威海金某货运代理有限公司海上货物运输合同纠纷案

——一票货物签发两套提单导致不同提单持有人诉讼

【合规提示】

本案是一起提单持有人起诉无单提货人的侵权纠纷案件。无单放货是在海运合同履行过程中因单证流转不及时，并且承运人管理存在而引起的常见

的海运合同纠纷。而无单放货的相对方就是无单提货方。在我国，常见的无单提货方可能就是正本提单持有人的贸易合同相对方，也可能是通过转手贸易取得货物的进口方。提单持有人如选择无单放货作为诉因，因其持有全套正本提单这一绝对证据，胜诉的可能性非常高。但如果提单持有人放弃起诉海运承运人而仅起诉提货人，则需要按照侵权进行起诉，需要满足侵权的四项要件，此种诉讼的难度倍增。本案原告败诉的原因在于证据形式存在问题，并且无法证明提货人存在过错，属于诉讼策略失误导致败诉。

【案件信息】

1. 裁判文书字号

（2009）青海法海商初字第126号、（2010）鲁民四终字第120号

2. 当事人

原告：丸某美国有限公司

被告：威海山某制革有限公司

第三人：威海金某货运代理有限公司

3. 关键词

民事　海上货物运输合同　无单放货　侵权责任　诉讼主体资格

【裁判要旨】

提单持有人选择实际收货人作为无单提货人单独提起诉讼，实际收货人并非国际海上货物运输合同的收货人，双方之间无合同关系，提单持有人不能根据海运合同的托运人身份来向实际收货人主张自己的权利。

提单持有人向实际收货人提起侵权之诉，提单持有人应提供证据证明其在发生无单提货时为货物所有人的相关证据，以确定其具有诉权，而货物所有权的取得和转让并非海运合同所解决的事实，提单并非证明提单持有人具有所有权的绝对证据。

【基本案情】

2007年2月16日，阳某美国公司作为承运人阳某海运公司的代理签发了Y××××3号提单。根据提单显示，原告为托运人，克某青岛办事处为收货人，装货港加州长滩，卸货港中国青岛，交货地中国威海，承运船为Y×× 143W航

次，货物为Y××××90、Y×××66、Y×××43集装箱内的盐湿水牛皮。

2009年12月1日，原告副董事长兼总经理中某出具证明一份，确认以下文件为真实、完整和正确的复印件，包括：2006年10月13日买卖确认书、2007年6月29日发票、2007年1月30日、31日装箱单3份。同日，纽约公证人作出公证，证明中某当场在上述证明上签字。其中买卖确认书显示2006年10月，原告作为卖方与中间商银某国际公司订立了牛皮买卖合同，合同编号为AN159，价格为每张69美元，数量为6集装箱，实际产生的海运费或其他附加运输费用由买方承担，卖方佣金为货物CFR价值的1%；发票显示3集装箱1762张牛皮出厂费用总价135 418.44美元；装箱单显示三箱货物分别为588、588、586张牛皮。

2007年3月23日，第三人依据由收货人克某青岛办事处盖章的Y××××3号提单副本将上述货物交付给被告。

被告持有内贸某航运公司2007年2月13日代理阳某海运公司签发的ITL0×××××-0××号提单，该提单托运人为金某制造公司，收货人凭韩国国民银行指示，通知方为被告，装货港为加州长滩，卸货港和交货地中国威海，承运船为Y××143W航次货物为与上述阳某海运公司提单相同的集装箱货物，提单背面有韩国国民银行空白背书。

被告提供了2007年2月2日韩国光某公司向金某制造公司购买1762张生牛皮金额为137 436美元的发票传真件，韩国光某公司向韩国国民银行申请的信用证，韩国国民银行付款的证明，韩国光某公司向银行付款130 083 174韩币的单据。被告称韩国光某公司系其母公司。

原告诉称，被告在未取得正本提单的情况下从第三人处提取了货物。被告的上述行为严重侵犯了原告对案涉提单项下货物的合法权益，给原告造成巨大经济损失。原告起诉请求判令被告赔偿货款损失约121 578美元、海运费损失约7771美元及同期银行贷款利息；判令被告承担本案诉讼费用及其他法律费用。

被告辩称，被告是通过合法渠道合法手续获取了合法提单，凭合法提单提货，并无侵犯他人权利之处；原告不具备起诉被告和第三人的原告主体资格；原告的请求已超出了诉讼时效。

第三人辩称，第三人与原告没有合同关系，与本案无关；第三人不存在任何过错；原告的诉讼请求已过诉讼时效。

【裁判说理】

争议焦点：承运人及其代理人为同一批货物签发了两份提单，其中一份提单被收货人由银行取得并提取了货物，另一份提单的持有人未选择起诉承运人而是起诉了提货人，能否获得法院支持。

本案系无正本提单提货侵权纠纷案件，本案所涉及的运输合同目的港为山东省威海港，属于青岛海事法院管辖范围，因此本案应由青岛海事法院管辖。本案的提货地位于中华人民共和国境内，本案应适用侵权行为地法即中华人民共和国法律进行审理。

原告通过阳某海运公司托运货物，原告与该公司构成国际货物运输合同法律关系，原告为托运人并合法持有全套正本提单，有权凭该提单向承运人主张货物权利。

被告系货物的实际收货人，被告持有收货人为"根据韩国国民银行指示"的 ITL0××××-0×× 号提单，该提单已经过韩国国民银行空白背书，被告作为提单持有人，可向提单的承运人内贸某航运公司主张提取货物。但被告没有向该承运人提取货物，而是凭经过 Y×××××3 号提单收货人克某青岛办事处盖章的提单副本提取了货物，作为 Y×××××3 号提单的承运人，阳某海运公司在正本提单未收回的情况下实施了无正本提单放货的行为，而被告为无单提货人，被告的提货行为构成侵权，侵犯了货物所有人的合法权益。

本案为无正本提单提货侵权纠纷，因此应适用 2 年的诉讼时效期间，而被告提取货物的时间为 2007 年 3 月 23 日，原告起诉时间为 2009 年 3 月 16 日，未过诉讼时效。

原告选择被告作为无单提货人单独提起诉讼，被告并非国际海上货物运输合同的收货人，原、被告之间无合同关系，原告不能根据海运合同的托运人身份来向被告主张自己的权利。被告的提货行为构成侵权，原告应提供证据证明其在发生无单提货时为货物所有人的相关证据，以确定原告具有诉权，而货物所有权的取得和转让并非海运合同所解决的事实，提单并非证明原告具有所有权的绝对证据。但原告提供的相关证据，包括买卖确认书、发票、装箱单均为复印件，原告副董事长兼总经理中某自行出具证明，确认上述复印件为真实、完整和正确的复印件，纽约公证人作出公证，仅证明中某在公证员面前在上述证明上签字，并不能证明上述证据与原件一致。因此原告提供的证据不足以证明原告对上述货物具有所有权，主张被告承担侵权责任不能成立，法院不予支持。

原告未提供证据证明第三人的行为构成侵权，因此第三人不承担赔偿责任。

据此，依照《民事诉讼法》第 64 条、《民法通则》第 117 条的规定，判决：一、驳回原告对被告的诉讼请求。二、第三人不承担赔偿责任。

一审宣判后，被告不服提出上诉。山东省高级人民法院审理后判决：驳回上诉，维持原判。

【法官后语】

本案是一起无单提货纠纷案，而非无单放货，因为争议的起因和重点并非在于国际海上货物运输合同中负有放货义务的承运人一方，而是实际提货人是否有权提取货物，以及原告是否有权主张其对货物的所有权。

本案一审、二审的结果是一样的，但是在认定的理由在侧重点上有所不同。被告是货物的实际收货人，其持有的提单并非实际承运人阳某海运公司签发的 Y×××××3 号提单，而是通过银行流转来的内贸某航运公司代理阳某海运公司签发的 ITL0×××××-0×× 号提单。两份提单代表的是不同的运输合同关系，因此是不能相互取代的。阳某海运公司收回了 ITL0×××××-0×× 号提单，但不能自动解除其作为承运人根据 Y×××××3 号提单交付货物的法定义务，原告作为 Y×××××3 号提单的托运人，如果证明其在发生无单提货当时仍对货物具有所有权，是可以主张实际提货人以及承运人的无单提货和放货的侵权责任的。但是，原告在一审过程中提供的证据不足，二审中也未提供进一步的证据，因此原告不能仅仅根据提单托运人的身份直接向提货人主张侵权损害赔偿索赔。

作为承运人，其放任不同的代理对于同一份货物签发两份以上的提单并且不能全部收回，是存在被索赔的风险的。当然，本案原告未选择根据无单放货起诉承运人，是基于其自主决定诉讼权利的表现。最终原告作为持有全套正本提单的托运人败诉教训值得总结。

【相关法条】

1.《中华人民共和国民法通则》(2021年1月1日废止)

第一百三十五条　向人民法院请求保护民事权利的诉讼时效期间为二年，法律另有规定的除外。

对应新法：

《中华人民共和国民法典》(2021年1月1日施行)

第一百八十八条　向人民法院请求保护民事权利的诉讼时效期间为三年。法律另有规定的，依照其规定。

诉讼时效期间自权利人知道或者应当知道权利受到损害以及义务人之日起计算。法律另有规定的，依照其规定。但是，自权利受到损害之日起超过二十年的，人民法院不予保护，有特殊情况的，人民法院可以根据权利人的申请决定延长。

2.《中华人民共和国民事诉讼法》(2007年10月28日修正)

第六十四条　当事人对自己提出的主张，有责任提供证据。

当事人及其诉讼代理人因客观原因不能自行收集的证据，或者人民法院认为审理案件需要的证据，人民法院应当调查收集。

人民法院应当按照法定程序，全面地、客观地审查核实证据。

对应新法：

《中华人民共和国民事诉讼法》(2023年9月1日修正)

第六十七条　当事人对自己提出的主张，有责任提供证据。

当事人及其诉讼代理人因客观原因不能自行收集的证据，或者人民法院认为审理案件需要的证据，人民法院应当调查收集。

人民法院应当按照法定程序，全面地、客观地审查核实证据。

承办人：李　军
编写人：李　军

15. 青岛英某商贸有限公司诉深圳永某国际船务代理有限公司青岛分公司、深圳永某国际船务代理有限公司海上货物运输合同纠纷案

——电放保函及抵押金协议之间的关系及性质认定

【合规提示】

本案系一起海上货物运输合同中托运人因丢失提单向承运人的代理人出具电放保函并缴纳抵押金后请求返还抵押金的案件,托运人与承运人的代理人就抵押金是否应返还产生争议。对于托运人而言,应明确承运人签发正本提单后,依法应凭正本提单放货;丢失提单系托运人本人过错,请求承运人电放必须出具电放保函,缴纳抵押金也是行业惯例,不存在乘人之危或显失公平;承运人接受保函,托运人缴纳抵押金,则托运人及承运人之间达成新的放货合意,双方应当遵约履行。

【案件信息】

1. 裁判文书字号

(2009)青海法海商初字第281号、(2010)鲁民四终字第79号

2. 当事人

原告:青岛英某商贸有限公司

被告:深圳永某国际船务代理有限公司青岛分公司、深圳永某国际船务代理有限公司

3. 关键词

民事　海上货物运输合同　电放保函　抵押金收取主体　抵押期限

【裁判要旨】

1. 海上货物运输中的电放保函为基于托运人和承运人之间海上货物运输合同基础上的担保合同,属于从合同性质,被担保人为承运人。

2. 抵押金为担保的具体形式,是为了担保承运人在电放货物后所可能产生的损失得以赔偿,系电放保函的补充协议。

3. 行业中约定无单放货抵押金的抵押期限为2年的惯例符合法律规定。

4. 承运人的代理人收取抵押金应当认定为承运人收取抵押金的行为。

【基本案情】

原告诉称:2009年3月,原告货物73件,通过上海宏某国际物流有限公司订购长某股份有限公司(以下简称长某公司)货柜运至南非德班。后因提单丢失,原告通过上海宏某国际物流有限公司与深圳永某国际船务代理有限公司青岛分公司(以下简称青岛永某公司)取得联系,要求补发提单或者电放货物。但青岛永某公司提出,补签提单或者电放货物必须由原告按货值的1.5倍向其支付抵押金。为避免不能及时提货所造成的损失,原告被迫按青岛永某公司的要求向其支付了人民币89万元的抵押金。但原告认为,青岛永某公司收取原告抵押金的行为是违法的、无效的。第一,原告与青岛永某公司之间并无运输合同关系,青岛永某公司既非货物的承运人,也非实际承运人,其无权向原告收取任何费用。第二,青岛永某公司并无担保利益,即原告对青岛永某公司没有任何实际债务,不存在抵押担保的问题,青岛永某公司不能成为被担保人,因此,青岛永某公司无权向原告收取抵押金。第三,青岛永某公司乘人之危,利用他人的困难强收抵押金的行为违反了《担保法》第3条关于"担保活动应当遵循平等、自愿、公平、诚实信用的原则"的规定,是一种无效的抵押行为。综上,青岛永某公司向原告收取高额抵押金没有合同依据和法律依据。请求判令:(1)青岛永某公司立即返还收取的原告抵押金人民币89万元及占用期间的银行贷款利息;(2)本案诉讼费用由青岛永某公司承担。

被告青岛永某公司辩称:(1)原告称青岛永某公司乘人之危、收取押金,并且没有权利收取其任何费用的说法错误。本案中,由于原告的过错丢失EGLV140×提单,导致货至目的港后货物无法提取。为避免损失扩大,原告向作为承运人代理的青岛永某公司提出无单放货的申请,并承诺承担由此引发的所有责任。即以向青岛永某公司缴纳押金方式换取货物的无单放货。青岛永某公司依法没有义务为其办理无单放货。并且原告明知青岛永某公司进行无单放货将会承担提单持有人索赔的风险,才向青岛永某公司提供保函并按保函约定交付了押金。青岛永某公司接受原告押金而为其无单放货行为是帮助原告解决困难而不是利用其困难,更不是所谓的乘人之危。原告缴纳押金的行为是其真实意思表示,未损害第三人利益且不违背相关法律法规,其行为依法具有法律效力。青岛永某公司作为承运人代理接受保函收取押金并无不妥。(2)青岛永某公司所交押金金额及期限均合理合法,并不存在乘人之危或显失公平的情况。①提单作为一种物权凭证,据法律规定和行规导致提单权利消灭的事由只有两类,一类是正常提货;另一类是在提单因失窃、遗失等非正常原因导致提单失控时按法定程序宣告提单权利消灭(作出除权判决)。本次由于原告的过错,导致提单遗失,且其没有经过除权判决。原告提供相应担保,是避免青岛永某公司无单放货发生的损失,该损失在实务中不仅包括提单项下货物的全值,还包括提单持有人追索权利过程中的付出(包括但不限于诉讼费、律师费、调查取证费用等)以及给提单持有人造成的相关损失。因此原告向青岛永某公司提供货值1.5倍的押金担保原告向青岛永某公司可能承担的损失是完全合理合法的。②该押金的收取期为2年也是完全符合相关法律规定的,我国《海商法》第257条第1款规定:"就海上货物运输向承运人要求赔偿的请求权,时效期间为一年,自承运人交付或者应当交付货物之日起计算……"根据《民法通则》第135条的规定,提单持有人以无正本提单放货为由提起侵权诉讼的,时效为2年,从提单持有人知道或应当知道货物被提取日起计算。由此押金抵押期为2年不违反法律规定。③同时青岛永某公司在收取押金时同意约定:"此抵押金只为因电放该批货物而致承运人可能承担的被原提单持有人索赔的风险,不会用作他用。2年期满全额退还抵押金至托运人。逾期补偿托运人同期银行贷款利息。""如果托运人在抵押期间找到并交回承运人原提单,承运人立即全额退还抵押金。"由此约定可见,青岛永某公司承诺该押金专门用于避免可能承担的被原提单持有人索赔的风险,并承诺一旦原告找回原提单立即返还押金,并无其诉称"乘人之危"及"不公平"的做法。综上,原告由于其过错丢失提单,要求青岛永某公司为其无单放货,并自愿向青岛永某公司出具保函并按保函约定缴纳押金，押金期为2年。青岛永某公司依据原告的保函，收取了押金后将货物作了电放，双方的行为系真实意思表示且均符合法律规定，完全不存在其诉称的乘人之危的情况。因此，原告的起诉毫无事实和法律依据，请法院依法予以驳回。

被告深圳永某国际船务代理有限公司（以下简称深圳永某公司）辩称：（1）原告将深圳永某公司追加为被告没有任何道理，应当予以驳回。首先，本案中接受抵押金对案涉货物进行电放均为青岛永某公司所为，与深圳永某公司无关。其次，青岛永某公司虽然为深圳永某公司的分公司，但青岛永某公司能够以其自有资产对外独自承担民事责任。这点已被原告申请法院对青岛永某公司的保全措施即冻结账户的结果证实。因此追加深圳永某公司毫无必要。（2）深圳永某公司对青岛永某公司就本案证据的质证意见、案件事实陈述无异议。综上，深圳永某公司与本案无关，不应被追加为被告，请法院予以驳回。

2009年3月，原告因有货物需要出运，通过其代理上海宏某国际物流有限公司向长某公司订舱，并于2009年4月1日签发了长某公司的编号为EGLV140×的提单。原告支付了提单项下的运费。该批货物价值87 629.94美元。提单项下的货物出运后，原告将全套正本提单遗失。原告提单遗失后找到承运人代理青岛永某公司，要求补签提单。

2009年4月28日，原告向承运人长某公司提交《提单遗失担保书》，声明案涉提单丢失，为期收货人顺利提货，要求长某公司重新制发第二套正本提单，因此致使承运人遭受任何损害或支付任何费用，原告愿无条件负担。

2009年5月13日，原告向青岛永某公司提交《押款担保书》，表示愿提供131 444.91美元（或等值人民币）的现金担保，抵押期2年（自目的港收货人提货当日起算），要求青岛永某公司重新制发第二套正本提单，其他内容同《提单遗失担保书》。

2009年5月14日，原告又向承运人长某公司签署《电放保函》，要求对该批货物予以电放。并于当日，原告与青岛永某公司签订了《补单抵押金收据》，约定：因案涉提单遗失，应托运人（本案原告）要求，电放货物给原提单收货人，并收取托运人1.5倍货值的抵押金计人民币89万元整，抵押期自2009年5月14日起2年。并约定"此押金只为因电放该批货物而致承运人可能承担的被原提单持有人索赔的风险，不会用作他用。2年期满全额退还抵押金至托运人。逾期补偿托运人同期银行贷款利息。如果托运人在抵押期间找到并交回承运人原提单，承运人立即全额退还抵押金"。当日，青岛永某公司向原告出具押金人民币89万元的收款收据。押金金额人民币89万元即原告在《押款担保书》中表示愿提供131 444.91美元的现金担保折合为人民币的数额，其中131 444.91美元即为案涉货值87 629.94美元的1.5倍。

青岛永某公司收取抵押金之后，案涉货物在目的港由青岛永某公司的代理电放给原告指定的收货人即原提单的通知人。

长某公司于2009年10月11日出具一份《声明书》，长某公司声明并确认青岛永某公司为该公司的订舱、签单、收费代理，可以代理该公司签发相关单证、全权处理运输发生的任何事宜。该《声明书》经我国台湾地区台北地方法院所属民间公证人事务所认证，山东省公证协会于2009年12月24日出具《证明书》一份，证明该《声明书》进行公证核实。

【裁判说理】

争议焦点：（1）《补单抵押金收据》的合同性质及青岛永某公司签订该收据行为的性质认定；（2）抵押金数额和抵押期限是否合法合理；（3）该抵押金协议是否存在乘人之危情形。

青岛海事法院认为：本案是一起抵押金返还纠纷案件。原告与被告青岛永某公司签署《补单抵押金收据》，并且原告依据该协议将抵押金人民币89万元付给青岛永某公司，青岛永某公司也依据该协议将案涉货物电放给原告所指定的收货人。该协议已经实际予以履行。

一、《补单抵押金收据》的合同性质及青岛永某公司签署《补单抵押金收据》行为的性质认定

本案中，原告认为《补单抵押金收据》性质属于担保合同，为基于运输合同之主合同基础上的从合同，并认为因为青岛永某公司不是案涉承运人，没有担保利益，所以青岛永某公司无权收取抵押金，该《补单抵押金收据》是违法的、无效的。法院经审理查明，原告在案涉提单遗失后，向承运人做过两次请求：第一次为重签正本提单。为此原告向承运人签署了《提单遗失担保书》，随后与青岛永某公司签署了《押款担保书》；第二次请求为电放案

涉货物。为此原告向承运人签署了《电放保函》，并与青岛永某公司签署了《补单抵押金收据》。在《提单遗失担保书》和《电放保函》中，原告向承运人承诺其愿意承担所有因补单或电放货物而给承运人造成的任何损害和费用，但对承担责任形式未予明确。而在《押款担保书》和《补单抵押金收据》中，明确了原告应当以提供货值1.5倍的抵押金（131 444.91美元／人民币89万元）并抵押2年的方式承担责任。第一次请求被第二次请求代替，最终原告的第二次请求被双方付诸实施并实现。

就两次请求的签署协议的形式来看，与青岛永某公司所签署的协议应当为原告与承运人签署的协议的补充协议。就最终实现的《电放保函》和《补单抵押金收据》而言，《电放保函》是基于运输合同基础上为了实现原告的电放要求而签订的担保合同，其与海上货物运输合同之间为主合同与从合同关系；在担保合同关系中承运人为被担保人，具有担保利益。而由于电放案涉货物的行为需要作为承运人全权代理的青岛永某公司予以实施和实现。为了完成该事项，原告与青岛永某公司签订了担保形式具体且具有可操作性的《补单抵押金收据》。《补单抵押金收据》记载："此抵押金只为因电放该批货物而致承运人可能承担的被原提单持有人索赔的风险，不会用作他用。""如果托运人在抵押期间找到并交回承运人原提单，承运人立即全额退还抵押金"以及"抵押金已收至承运人账户"。从其内容可见，该《补单抵押金收据》的性质应当为《电放保函》的补充协议。

青岛永某公司签署该《补单抵押金收据》并收取抵押金，完全在承运人的授权范围内，即"收取海运等相关费用、签署与货物运输有关的相关文件、接受货主及货代的货物申请及相关费用、全权处理运输发生的任何事宜"。可见，青岛永某公司签署该《补单抵押金收据》并收取抵押金的行为，是为其被代理人即承运人的利益而实施的授权范围内的合法的代理行为。其真正的合同当事人仍然是承运人长某公司，而非青岛永某公司。承运人于2009年10月11日出具的《声明书》明确了青岛永某公司的代理权限，该《声明书》应当为承运人对在出具《声明书》之前发生的青岛永某公司的代理行为的追认，包括签署《补单抵押金收据》和收取抵押金的代理行为。

因此，青岛永某公司作为承运人的全权代理，有权代表承运人签署《补单抵押金收据》；并且依据该协议，原告向青岛永某公司缴纳了人民币89万元的抵押金,青岛永某公司将案涉货物电放给了原告指定的收货人,放货结果满足了原告的要求。该协议已经实际履行。原告在其电放案涉货物减少损失的目的达到后,在对《补单抵押金收据》的合同性质和青岛永某公司签署该协议并收取抵押金的行为出现认识偏差的情况下,提出青岛永某公司没有担保利益、无权签署《补单抵押金收据》并收取抵押金的主张,法院不予支持。

二、抵押金的数额和抵押期限合理合法

本案中,抵押金是为了防止案涉提单的提单持有人向承运人主张提货而无法交货发生的风险和损失,其应当包括案涉提单项下货物的全值,及由此产生相关损失和费用。青岛永某公司收取货值1.5倍的抵押金符合常理和实践做法。考虑到提单持有人向青岛永某公司或其代理的承运人提起诉讼如果为侵权之诉,其诉讼时效为2年,则抵押期限约定为2年不违反法律规定。该抵押金的数额和抵押期限符合法律规定和行业做法,法院予以支持。

三、协议的约定不存在显失公平和乘人之危的情形

本案中,原告遗失案涉提单,是因其自身的过错造成。在其提出电放货物的要求时,为满足其电放要求,青岛永某公司代表承运人收取抵押金,并及时将货物电放给原告指定的收货人,避免了原告的损失和损失的扩大。该协议的形成完全是在原告的主动申请和要求下并为了满足原告的要求而签订的,属于双方的自愿行为。并且合同中关于抵押金的专款专用和到期退还、逾期补偿利息的约定,都证明该协议的签订并没有显失公平和乘人之危的情形。原告也没有证据证明其签署合同过程中存在被胁迫的情况。

综上所述,原告和青岛永某公司之间签订了《补单抵押金收据》,是原告与承运人之间《电放保函》的补充协议,其内容符合法律规定和行业做法,是当事人的真实意思表示,并不存在乘人之危和显失公平的情形,因此,该《补单抵押金收据》合法有效。原告和青岛永某公司应当继续履行《补单抵押金收据》的约定事项。

青岛海事法院于2010年1月20日作出民事判决,驳回原告诉讼请求。判决后,原告青岛英某商贸有限公司不服本判决,向山东省高级人民法院提起上诉,后又撤回上诉,本判决生效。

【法官后语】

本案是一起在海上货物储运过程中因提单丢失、托运人为放货而引起的托运人和承运人之间自行救济行为中产生的抵押金返还纠纷案件。

《补单抵押金收据》的合同性质认定。《补单抵押金收据》是一份独立的合同，而非从合同性质。本案中，原告认为《补单抵押金收据》性质属于担保合同，为基于运输合同之主合同基础上的从合同。认为因为青岛永某公司不是案涉承运人，没有担保利益，所以青岛永某公司无权收取抵押金，该《补单抵押金收据》是违法的，无效的。在《电放保函》中，原告向承运人承诺承担所有因电放货物而给承运人造成的损害和费用。法院认为，该项《电放保函》是在运输合同基础上为了实现原告的电放要求而签订的担保合同，其与海上货物运输合同之间为主合同和从合同关系，承运人具有担保利益。而由于电放案涉货物的行为需要作为承运人的全权代理的青岛永某公司予以实施和实现。为了完成该事项，原告与青岛永某公司签订了《补单抵押金收据》。该《补单抵押金收据》是具有独立的合同目的和当事人独立的合同权利和义务的，即依据该合同，原告负有向青岛永某公司缴纳抵押金人民币89万元并且抵押金期限为自合同签订之日起2年（除原告向承运人提交原告丢失的案涉全套正本提单而提前结束合同的情况外）的合同义务而享有达到电放案涉货物目的的合同权利；青岛永某公司享有收取抵押金的合同权利，而负有在收取原告抵押金之后，将案涉货物按照原告指示电放给指定的收货人的合同义务。因此，法院认为，《补单抵押金收据》并不是一份具有从合同性质的担保合同，而是在原告和青岛永某公司之间成立的独立的合同。经庭审查明，原告依约向青岛永某公司缴纳了人民币89万元的抵押金；青岛永某公司依约将案涉货物电放给了原告指定的收货人，放货结果满足了原告的要求。合同双方当事人已经实际履行了该合同。原告在其电放货物减少损失的要求得到实现后，提出青岛永某公司没有担保利益、没有权利收取其抵押金和签署协议，并认为《补单抵押金收据》为无效合同的主张。

因正本提单持有人向承运人主张货权时如果选择侵权法律关系，诉讼时效为2年，因此行业中约定抵押期限为2年的惯例符合法律规定，应予支持。本案中性质分析的难点在于，电放保函为托运人与承运人签署，而抵押金却交给了承运人的代理，是否可以认为承运人的代理无权收取抵押金而致抵押金收取行为无效并应由承运人的代理将抵押金返还托运人呢？答案是否定的，因为承运人的代理在其授权范围内可以代理承运人为一定行为，而该行为依法视为承运人的行为。因此本案中承运人的代理收取抵押金应当认定为承运人收取抵押金的行为，该行为符合法律规定。

【相关法条】

《中华人民共和国合同法》（2021年1月1日废止）

第六十条　当事人应当按照约定全面履行自己的义务。

当事人应当遵循诚实信用原则，根据合同的性质、目的和交易习惯履行通知、协助、保密等义务。

对应新法：

《中华人民共和国民法典》（2021年1月1日施行）

第五百零九条　当事人应当按照约定全面履行自己的义务。

当事人应当遵循诚信原则，根据合同的性质、目的和交易习惯履行通知、协助、保密等义务。

当事人在履行合同过程中，应当避免浪费资源、污染环境和破坏生态。

承办人：郭俊莉
编写人：郭俊莉

16. 高唐县佛某针织服装有限公司诉大连利某国际货运代理有限公司、百某航运有限公司、大连新某国际货运代理有限公司海上货物运输合同纠纷案

——货代企业代理不具有资质的无船承运人签发提单的责任认定

【合规提示】

本案系一起因无船承运人无单放货引发的海上货物运输合同纠纷案件。无单放货的承运人因其未能如约履行货物运输合同义务,应当按约定承担相关赔偿责任;托运人就提单签发问题出具的保函不能视为托运人放弃向承运人要求赔偿的权利。货运代理人是否需要承担连带责任,取决于其是否履行了法定注意义务。本案中货运代理人应知无船承运人没有相应资质,仍代其从事订舱、签发提单业务,未能履行法定注意义务,故需和无单放货的承运人承担连带责任。因此,作为从事承运业务和货代业务的企业,开展具体业务前应当先行了解国家法律法规对于该行业各从业者的要求,积极履行法定义务,维护法律尊严,规范企业管理,杜绝违法违规的经营模式,从而避免发生相关风险,减少非预期损失。

【案件信息】

1. 裁判文书字号

(2006)青海法海商初字第 21 号

2. 当事人

原告:高唐县佛某针织服装有限公司

被告:大连利某国际货运代理有限公司、百某航运有限公司、大连新某国际货运代理有限公司

3. 关键词

民事　海上货物运输合同　无单放货　无船承运人　货运代理人　连带责任

【裁判要旨】

1. 根据《海商法》第71条及第78条的规定，承运人负有凭正本提单放货的义务。在托运人持有两票货物全套正本提单的情况下，承运人应承担无正本提单放货的责任。至于托运人就提单签发问题出具的保函，因该保函的内容并不能表明提单仅具有结汇功能而不具有物权凭证的功能，亦并不能构成托运人对于电放货物的指示或者追认，所以，不能将该保函视为托运人放弃向承运人要求赔偿的权利。

2. 未按照《国际海运条例》的规定在交通部办理提单登记手续、未按规定缴纳保证金即不具备在中国从事无船承运业务的资质，若从事运输工作属违法行为。

【基本案情】

2005年8月，原告高唐县佛某针织服装有限公司（以下简称佛某公司）将出口韩国的706包棉制男士针织T恤衫交被告大连利某国际货运代理有限公司（以下简称利某公司）运输。货物分两批出运，原告根据被告利某公司的通知向被告大连新某国际货运代理有限公司（以下简称新某公司）汇付了相关费用，被告新某公司给原告开具了发票。被告利某公司向原告分别出具了编号为T×和H×的两套已装船提单，船名分别为CH×和HY×，航次分别为E×和5×，装货港为中国青岛，卸货港为韩国釜山，托运人为原告，收货人为"TO×"。两套提单均为被告百某航运有限公司（以下简称百某公司）的格式提单，两票提单项下货物的总价值为41 346.00美元。货物出运后，原告持两套提单向银行结汇未果，却得知两批货物抵港后即被放给他人。

原告佛某公司诉称，被告利某公司、百某公司和新某公司违反国家强制性规定，利用没有任何保障的非法提单揽取原告海上货物运输业务，侵犯了原告的合法权利，使原告失去了对货物的控制，原告因此货、款两空，损失重大。原告请求法院判令：（1）被告返还原告T×和H×号提单项下的货物，如不能返还前述货物，则请求判令被告连带赔偿原告货款损失41 346.00

美元,并承担自 2005 年 10 月 8 日起至被告实际支付赔偿款项之日止的同期银行贷款利息;(2)被告承担本案的全部诉讼费用和原告因本案而支出的律师费。

被告利某公司在庭审时辩称:(1)原告与收货人之间约定了 FOB 交货条款,收货人与被告百某公司签订运输合同,即收货人指定船舶,原告接受该交货条款,应当知道其面临的巨大风险,被告利某公司只是货运代理人,在代理过程中,无任何过错。(2)运输合同由收货人和被告百某公司签订,收货人向百某公司订舱,在韩国境内签发提单,应适用韩国法律,不应适用中国法律,涉案提单不需要办理登记,不需交纳保证金,《国际海运条例》不具有强制性。(3)无单放货由被告百某公司造成,与被告利某公司无关。

被告百某公司在庭审时辩称:(1)原告诉请不确定,主张返还和无单放货存在矛盾,说明无单放货为其单方推测。(2)原告与收货人之间约定了 FOB 交货条款,说明涉案运输是收货人向被告百某公司订舱的,与原告无关。原告作为交货托运人,向被告百某公司指定的实际承运人交付货物是其买卖合同应尽的义务。被告百某公司也完成了向实际承运人的订舱。货到目的港后,收货人提走货物,属于先提货后结算的情况。原告在数票货物已被放走的情况下出具保函,声明签发提单与被告百某公司无关,被告百某公司为配合原告而出具提单,涉案提单是应原告请求才签发的,所以涉案提单仅起到结算的作用,而不具有物权凭证。尽管中国法律要求从事无船承运人业务需办理登记,但本案的特殊性在于托运人不是原告,如果是原告,原告是不会选择被告百某公司为承运人的,对收货人指定被告百某公司为承运人,原告无异议。原告转嫁贸易风险,以不具有物权效力的提单主张权利,不应当得到支持。要求驳回原告的诉讼请求。

被告新某公司在庭审时辩称:被告新某公司只在涉案运输中代被告利某公司向原告开具过报关和出口费用的发票,未办理其他相关业务,也未涉及海运费发票,不应承担责任。

【裁判说理】

争议焦点:(1)原告与被告百某公司的法律关系;(2)被告利某公司的法律地位;(3)关于放货的事实;(4)关于被告新某公司的法律地位;(5)关于货物的货值;(6)原告的各项主张是否能成立及各被告应当承担的责任。

青岛海事法院认为：

一、原告与被告百某公司的法律关系

百某公司向原告签发了号码为 T× 和 H× 的提单。《海商法》第71条规定："提单，是指用以证明海上货物运输合同和货物已经由承运人接收或者装船，以及承运人保证据以交付货物的单证。提单中载明的向记名人交付货物，或者按照指示人的指示交付货物，或者向提单持有人交付货物的条款，构成承运人据以交付货物的保证。"根据该条的规定，原告与被告百某公司之间存在海上货物运输合同关系，原告是托运人，被告百某公司是承运人，双方应依提单的约定和法律规定享有权利并履行义务。

二、被告利某公司的法律地位

利某公司主张其仅仅是原告的代办报关手续代为缴纳港杂费的操作代理人，这一主张不能成立。

对于提单号码为 H× 项下的货物，（1）被告利某公司在第一次庭审中承认从原告处获得订舱信息后，直接找现代商船海运公司订舱。如果被告利某公司仅是为原告代办报关手续及代为缴纳港杂费的操作代理人，这一业务不可能由其进行，而应由作为承运人的百某公司来进行。（2）被告利某公司向实际承运人现某商船海运公司订舱，现某商船海运公司签发提单的托运人记载为百某公司，但是地址、电话、传真却与利某公司青岛办事处相同，而百某公司在青岛并无办事机构。上述两点说明，利某公司是以百某公司的名义向现某商船海运公司订舱。

对于提单号码为 T× 项下的货物，尽管百某公司试图证明其直接向韩某海运公司订舱，而非通过利某公司，但是韩某海运公司的提单中对于托运人的记载与现某商船海运公司的提单记载基本一致，即百某公司的地址为利某公司青岛办事处的地址，同样能够表明，该票货物与提单号码为 H× 项下的货物的订舱方式一致，亦是利某公司以百某公司的名义向实际承运人订舱。

上述分析证明了利某公司是百某公司的订舱代理人。但是，利某公司为百某公司从事的代理业务不仅仅是代理订舱。百某公司在青岛并无办事机构，涉案的百某公司提单却在青岛签发并由利某公司青岛办事处转交给原告，利某公司也收取了签单费，由此足以认定，利某公司还为百某公司签发涉案的提单。

三、关于放货的事实

对 H× 提单项下的货物，被告百某公司在庭审中承认已经交付他人，构成自认。对 T× 提单项下的货物，被告百某公司声称不清楚货物的下落。根据《最高人民法院关于民事诉讼证据的若干规定》第5条的规定，在合同纠纷案件中，对合同是否履行发生争议的，由负有履行义务的当事人承担举证责任。百某公司作为提单载明的承运人，负有将货物运至目的港并凭正本提单完成交付的义务，其应当举证证明其是否已经正当履行了运输合同项下的义务。但其不能举证，应承担举证不能的不利后果。而且，原告主张"货物已被他人提取"，但百某公司对此既不承认，也不否认，根据《最高人民法院关于民事诉讼证据的若干规定》第8条的规定"对一方当事人陈述的事实，另一方当事人既未表示承认也未否认，经审判人员充分说明并询问后，其仍不明确表示肯定或者否定的，视为对该项事实的承认"。综合上述分析，可以认定，涉案两票货物均被百某公司无单放货。

四、关于被告新某公司的法律地位

原告根据被告利某公司的指示向被告新某公司支付了运输费用，被告新某公司据此给原告开具了发票。除此之外，没有证据显示被告新某公司接受被告百某公司委托或以被告百某公司名义实际参与过涉案运输。

五、关于货物的货值

涉案两票货物的出口报关单记载的货物品名、件数、重量等与相应的提单记载一致，货物价值分别为 17 228.40 美元、24 117.60 美元，合计 41 346.00 美元。

六、原告的各项主张是否能成立及各被告应当承担的责任

原告与被告百某公司之间是海上货物运输合同关系，货物被运至目的港后，百某公司将货物无单放货。根据《海商法》第71条及第78条的规定，被告百某公司作为承运人，负有凭正本提单放货的义务。在原告持有两票货物全套正本提单的情况下，被告百某公司应承担无正本提单放货的责任。至于原告就 T× 提单签发问题出具的保函，因该保函的内容并不能表明提单仅具有结汇功能而不具有物权凭证的功能，亦并不能构成原告对于电放货物的指示或者追认，所以，被告百某公司所谓出具该保函则视为原告放弃向承运人要求赔偿的权利的主张不成立，法院不予支持。

《国际海运条例》（2002年）第7条规定："经营无船承运业务，应当向国务院交通主管部门办理提单登记，并交纳保证金。……在中国境内经营无船承运业务，应当在中国境内依法设立企业法人。"第26条规定："未依照本条

例的规定办理提单登记并交纳保证金的,不得经营无船承运业务。"被告百某公司不是在中国境内依法设立的企业法人,未按照《国际海运条例》的规定在交通部办理提单登记手续,未按规定缴纳保证金。因此,被告百某公司不具备在中国从事无船承运业务的资质,其从事涉案运输属违法行为。被告利某公司作为从事货运业务的专业公司,应当知道代理没有相应经营资质的百某公司从事订舱、签发提单等行为是违法行为,而仍然进行该代理行为。我国《民法通则》第67条规定"代理人知道被委托代理的事项违法仍然进行代理活动的,或者被代理人知道代理人的代理行为违法不表示反对的,由被代理人和代理人负连带责任",根据该规定,被告利某公司应当与百某公司对原告承担连带责任。

被告新某公司既未从事本案货物的运输,又未从事涉案货物运输的代理业务,尽管其代开发票的行为,违反了《发票管理办法》及其实施细则等部门规章的规定,应当受到行政处罚,但并不因此对原告承担民事责任。因此,对原告要求被告新某公司与其他被告承担连带责任的主张,法院不予支持。

原告主张货款41 346.00美元的损失,法院予以支持;其主张货款的利息损失,被告应予以赔偿。提单记载,两票货物分别于2005年8月29日和2005年9月8日装船,原告主张自2005年10月8日起计算利息,法院认为是适当的,予以支持。

关于原告为本案诉讼支出的律师费20 000元的赔偿请求,法院认为,该费用是合理支出的,对原告的该项主张,法院予以支持。

2007年12月13日,青岛海事法院作出(2006)青海法海商初字第21号民事判决书,判决:一、被告百某公司于本判决生效之日起十日内给付原告佛某公司41 346.00美元、20 000.00元人民币以及上述款项自2005年10月8日起至本判决确定支付之日止的同期银行贷款利息,逾期则加倍支付迟延履行期间的债务利息;二、被告利某公司对上述给付承担连带责任;三、驳回原告佛某公司对新某公司的诉讼请求。

【法官后语】

百某公司虽属无船承运人,但涉案提单T×和H×均是由其签发给原告的,故百某公司与原告之间已经成立海上货物运输合同。根据《最高人民法院关于审理无正本提单交付货物案件适用法律若干问题的规定》(以下简称

《规定》)第 2 条"承运人违反法律规定,无正本提单交付货物,损害正本提单持有人提单权利的,正本提单持有人可以要求承运人承担由此造成损失的民事责任"之规定,被告百某公司因未完成凭单放货的义务,向托运人承担赔偿责任于法有据。

本案中需关注的另一个问题是,被告利某公司作为货运代理人是否应承担承运人无单放货后的赔偿责任。货运代理人本质上系贸易和运输的辅助者,具有服务行业的性质。其一端面对出口商、进口商,另一端连接海上运输另一当事方——承运人。在航运实务中,货运代理企业接受无船承运人的委托代为签发提单的现象时有发生。此时,货运代理企业的法律地位系承运人的代理人。在包含承运人、托运人及货运代理人的情境下,往往会存在海上运输合同关系与货运代理合同关系相互交织的局面。承运人与托运人之间成立海上货物运输关系,货运代理人因代理承运人签发提单,两者之间成立货运代理关系。若发生无单放货事件,根据合同相对性原则,货运代理人似乎无须向正本提单持有人承担货损或者货物灭失的损害赔偿责任,该责任由承运人承担。

然而,在我国法律体系中,无船承运人有特殊的认定标准和管理要求。《国际海运条例》第 7 条规定:"经营无船承运业务,应当自开业之日起 15 日内向省、自治区、直辖市人民政府交通主管部门备案,备案信息包括企业名称、注册地、联系方式。……在中国境内经营无船承运业务,应当在中国境内依法设立企业法人。"基于此,货运代理人须对承运人是否属于无船承运人承担特殊注意义务。《国际海运条例实施细则》第 24 条第 2 款规定:"前款规定的经营者不得接受未办理提单登记并交存保证金或者取得保证金保函、保证金责任保险的无船承运业务经营者的委托,为其代理签发提单。"

良好的市场环境离不开法律的正确引导。基于目前市场中承运人良莠不齐,无船承运人大行其道,若不加以规范必然导致"劣币驱逐良币"的情况发生,从而损害整个行业的良性发展。货运代理企业身为专业代理人,是海运商业板块中最为活跃的一环,若其明知无船承运人不具有资质依然为其代理,则必然推波助澜地引发市场混乱。因此,法律将货运代理企业作为锚点规范市场行为,要求其对承运人的身份进行特殊审查,从而引导承运人依照行政法规进行备案取得相应的资质后开展经营活动,规范行业秩序。根据《最高人民法院关于审理海上货运代理纠纷案件若干问题的规定》第 12 条"货运代理企业接受未在我国交通主管部门办理提单登记的无船承运业务经营者的委托签发提单,当事人主张由货运代理企业和无船承运业务经营者对提单项下的损失承担连带责任的,人民法院应予支持。货运代理企业承担赔偿责任后,有权向无船承运业务经营者追偿"之规定,若货代企业未能尽到审慎义务,则要承担相应的法律后果。

【相关法条】

1.《中华人民共和国海商法》(1993年7月1日施行)

第五十五条 货物灭失的赔偿额,按照货物的实际价值计算;货物损坏的赔偿额,按照货物受损前后实际价值的差额或者货物的修复费用计算。

货物的实际价值,按照货物装船时的价值加保险费加运费计算。

前款规定的货物实际价值,赔偿时应当减去因货物灭失或者损坏而少付或者免付的有关费用。

第七十一条 提单,是指用以证明海上货物运输合同和货物已经由承运人接收或者装船,以及承运人保证据以交付货物的单证。提单中载明的向记名人交付货物,或者按照指示人的指示交付货物,或者向提单持有人交付货物的条款,构成承运人据以交付货物的保证。

2.《中华人民共和国民法通则》(2021年1月1日废止)

第一百一十一条 当事人一方不履行合同义务或者履行合同义务不符合约定条件的,另一方有权要求履行或者采取补救措施,并有权要求赔偿损失。

第一百一十二条第一款 当事人一方违反合同的赔偿责任,应当相当于另一方因此所受到的损失。

对应新法:

《中华人民共和国民法典》(2021年1月1日施行)

第五百七十七条 当事人一方不履行合同义务或者履行合同义务不符合约定的,应当承担继续履行、采取补救措施或者赔偿损失等违约责任。

第五百八十三条 当事人一方不履行合同义务或者履行合同义务不符合约定的,在履行义务或者采取补救措施后,对方还有其他损失的,应当赔偿损失。

第五百八十四条 当事人一方不履行合同义务或者履行合同义务不符合约定,造成对方损失的,损失赔偿额应当相当于因违约所造成的损失,包括合同履行后可以获得的利益;但是,不得超过违约一方订立合同时预见到或者应当预见到的因违约可能造成的损失。

3.《中华人民共和国国际海运条例》(2002年1月1日施行)

第七条 经营无船承运业务,应当向国务院交通主管部门办理提单登记,并交纳保证金。

前款所称无船承运业务,是指无船承运业务经营者以承运人身份接受托运人的货载,签发自己的提单或者其他运输单证,向托运人收取运费,通过国际船舶运输经营者完成国际海上货物运输,承担承运人责任的国际海上运输经营活动。

在中国境内经营无船承运业务,应当在中国境内依法设立企业法人。

第二十六条 未依照本条例的规定办理提单登记并交纳保证金的,不得经营无船承运业务。

对应新法:

《中华人民共和国国际海运条例》(2023年7月20日修订)

第七条 经营无船承运业务,应当自开业之日起15日内向省、自治区、直辖市人民政府交通主管部门备案,备案信息包括企业名称、注册地、联系方式。

前款所称无船承运业务,是指无船承运业务经营者以承运人身份接受托运人的货载,签发自己的提单或者其他运输单证,向托运人收取运费,通过国际船舶运输经营者完成国际海上货物运输,承担承运人责任的国际海上运输经营活动。

在中国境内经营无船承运业务,应当在中国境内依法设立企业法人。

承办人:刘小娜
编写人:刘 昭

17. 烟台新某服饰有限公司诉和某海运有限公司、山东永某世邦国际货运代理有限公司海上货物运输合同纠纷案

——承运人抗辩未无单放货应举证证明货物仍在其控制下

【合规提示】

本案系一起海上货物运输合同纠纷，原告为货主（正本提单持有人），被告一为无船承运人，被告二为原告的运输货物代理人。纠纷因被告一无单放货导致原告提货不着而引起，双方当事人对货物的损害赔偿责任承担主体及金额存在争议。凭提单放货是承运人的基本义务，若发生无单放货，即使货物并非其实际运输，承运人依然要对与托运人之间海上货物运输合同项下的货物承担违约责任，赔偿货物的损失。货运代理人若不存在为无资质的主体提供代理服务或与相对方串通损害被代理人利益等情况，自代理事项完成后，无须对后续事项承担法律责任。因此，作为托运人，应具有证据意识，特别是与其为合法的正本提单持有人、承运人未凭正本提单交付货物以及因此遭受的损失相关的证据，防止因证据不足被法院驳回诉请；作为承运人，应坚守凭正本提单放货原则，谨慎放货。

【案件信息】

1. 裁判文书字号

（2005）青海法海商初字第61号、（2007）鲁民四终字第41号

2. 当事人

原告：烟台新某服饰有限公司

被告：和某海运有限公司、山东永某世邦国际货运代理有限公司

3. 关键词

民事　海上货物运输合同　FOB　无单放货　违约责任　承运人　实际承运人

【裁判要旨】

1. 提单的签发，证明承运人与托运人之间形成了海上运输合同的法律关系。承运人若未履行凭单提货的义务，致使托运人遭受损失，承运人理应向托运人承担违约责任，赔偿托运人的损失。

2. 当因无单放货产生纠纷时，若托运人向法院提交的初步证据显示涉案货物已由实际承运人交付给了承运人，根据我国的证据规则，在承运人未举证证明货物动态的前提下，则认定托运人已经完成了举证义务。此外，作为负有履行货物运输的义务人，承运人若无证据证明其履行了凭单放货的义务，则法院不予支持其以合法履行义务的抗辩。

【基本案情】

2004年4月16日，原告烟台新某服饰有限公司（以下简称服饰公司）作为卖方与韩国买方某株式会社签订羊毛衫销售合同。合同约定，买方指定承运人后，原告（卖方）备货装船，系指定货运输。被告和某海运有限公司（以下简称和某海运）系涉案货物的无船承运人，未在我国交通部登记备案。原告持有和某海运ZH××××××等十二套正本提单，提单托运人为原告。提单签发地点为中国青岛，提单是以和某海运作为承运人的名义签发。涉案提单项下货值582 737.44美元。

涉案货物的实际承运人分别是长某商船（中国）有限公司青岛分公司、C×××，海运提单的收货人为和某海运。涉案货物实际出具了号码为S××××××等八份海运提单。其中六票已在釜山港放给和某海运，另两票货物也已放货并空箱返回场站。原告凭单证结算货款，但被银行于2004年10月9日拒付。原告持有全套正本提单，在韩国向和某海运提货未果。被告山东永某世邦国际货运代理有限公司（以下简称永某世邦）是原告货物运输代理人，代办陆运、报关、报检等事务。永某世邦将货物运至指定场所交给和某海运，并向原告收取拖车、港杂、报关、THC等费用，部分费用是以永某世邦名义收取，部分费用是原告向案外人郑某洛个人账户支付。郑某洛经办涉案货运代理业务。

后原告持正本提单向和某海运提货不着。

原告诉称，永某世邦在办理国际海上运输业务中有明显过错。故请求法院判令和某海运、永某世邦共同赔偿服饰公司经济损失582 276.73美元及自无单放货之日起至法院判决生效之日止的利息并承担本案的诉讼费用。

被告和某海运辩称,其系涉案货物的无船承运人,并非实际承运人,故请求法院驳回服饰公司的诉讼请求。

被告永某世邦辩称,其是服饰公司货运代理人,是受其委托办理货物出运业务的,包括陆运、报关、报验等具体事项,在此过程中没有过错,依法不应对服饰公司承担赔偿责任。

【裁判说理】

争议焦点:(1)服饰公司是否证明了无单放货的事实;(2)永某世邦的法律地位问题;(3)和某海运是否应向服饰公司赔偿货款损失及利息。

青岛海事法院认为:

一、服饰公司是否证明了无单放货的事实

本案中,服饰公司向法院提交的初步证据显示涉案货物已由实际承运人交付给了和某海运,但服饰公司持有全套正本提单却无法成功向承运人和某海运提货。和某海运不论在诉前还是庭审结束后均不能说明涉案货物的最终动态。根据我国的证据规则,服饰公司已有初步证据证明和某海运持有有关货物动态的证据,和某海运没有正当理由拒不提供和说明货物动态,可以推定服饰公司关于被告和某海运无单放货的事实成立。我国的证据规则,同时还对合同是否履行发生的争议,规定了由负有履行义务的当事人承担举证责任。和某海运作为放货义务的履行方,有责任提供其是否凭单放货的证据。和某海运关于服饰公司没有证明其无单放货的抗辩,于法无据,不能成立。

二、永某世邦的法律地位问题

永某世邦是服饰公司的货运代理人,各方均没有异议。就本案现有的证据显示,正本提单具体签发人是以和某海运作为承运人的名义在中国青岛签发,签发栏没有显示永某世邦的任何字样。提单的具体签发人即使是郑某洛,服饰公司也没有充分证据证明郑某洛是否代表永某世邦签发。服饰公司未能证明郑某洛代表永某世邦,则永某世邦就不能被确认为和某海运的签单代理人。永某世邦和郑某洛个人收取港杂费等费用,是货运代理人代理货运事务的证明,不能据此推断其也从事签发提单等船代事务。因此,服饰公司关于被告永某世邦是和某海运代理人的主张,证据不足,不予支持。

三、和某海运是否应向原告赔偿货款损失及利息

本案中，服饰公司通过其货运代理永某世邦将货物交付给和某海运承运，和某海运签发以服饰公司为托运人的正本提单。据提单可以证明服饰公司与和某海运之间缔结了海上货物运输合同。和某海运作为承运人应向正本提单持有人交付货物，否则应承担相应的法律责任。

2006年11月15日，青岛海事法院作出（2005）青海法海商初字第61号民事判决书，判决：一、被告和某海运赔偿原告服饰公司货款损失582 276.73美元及利息（期限自2004年10月9日起至本判决生效之日止，利率以中国人民银行同期贷款利率为准），限于本判决生效后十日内付清。逾期，须加倍支付迟延履行期间的债务利息。二、驳回原告服饰公司对被告永某世邦的诉讼请求。

因服饰公司不服一审判决书，向山东省高级人民法院提起上诉。在山东省高级人民法院审理过程中，服饰公司于2008年9月8日提出撤回上诉的申请。2008年9月10日，山东省高级人民法院作出（2007）鲁民四终字第41号裁定书，准许服饰公司撤回上诉，各方当事人按照原一审判决执行。

【法官后语】

海上货物运输合同，是指承运人或出租人将货物经海道由一港运到另一港而由托运人或承租人支付运费的协议。在海上货物运输合同关系中，提单是海上货物运输乃至整个国际贸易中的核心单据，在实践操作中，承运人收到托收的货物后向托运人签发原始正本提单，在货物到达后提货人可凭提单提取货物。

为了维护交易安全、发挥提单的核心作用，与提单管制相关的国际公约和各国海商立法及司法实践均在不同程度上确立了凭正本提单放货的原则地位。我国《海商法》第71条规定："提单，是指用以证明海上货物运输合同和货物已经由承运人接收或者装船，以及承运人保证据以支付货物的单证……"《最高人民法院关于审理无正本提单交付货物案件适用法律若干问题的规定》（以下简称《规定》）中，第2条规定："承运人违反法律规定，无正本提单交付货物，损害正本提单持有人提单权利的，正本提单持有人可以要求承运人承担由此造成损失的民事责任。"此外，根据最高人民法院发布的《第二次全国涉外商事海事审判工作会议纪要》（法发〔2005〕26号）第99条"无船承运人作为承运人，应当凭其本人签发的正本提单交付货物……"之精

神，承担无正本提单放货损失赔偿责任的主体，包含无船承运人，一、二审法院判决和某海运承担责任的法律依据正在于此。

关于"无正本提单放货"行为的性质，根据《规定》第3条第1款"承运人因无正本提单交付货物造成正本提单持有人损失的，正本提单持有人可以要求承运人承担违约责任，或者承担侵权责任"之规定，其兼具侵权与违约性质，会触发侵权责任与违约责任的竞合。

关于实际承运人责任的问题。海上运输合同具有相对性，对合同以外第三人不产生约束力。本案中，实际承运人与服饰公司之间未建立直接的海上货物运输合同关系，其作为受和某海运委托的实际承运人，仅就其与和某海运之间的海上货物运输合同关系向和某海运承担凭正本提单交货的合同义务，不应向服饰公司承担合同项下的货物赔偿责任。

关于在此类诉讼中，原告承担的举证责任问题。《全国法院涉外商事海事审判工作座谈会会议纪要》第62条正是对该问题的一个回应，"托运人或者提单持有人向承运人主张无单放货损失赔偿的，应当提供初步证据证明其为合法的正本提单持有人、承运人未凭正本提单交付货物以及因此遭受的损失。承运人抗辩货物并未被交付的，应当举证证明货物仍然在其控制之下"的纪要精神明确了此类案件中原告举证责任的范围和边界。

我国作为海运贸易第一大国，存在众多的制造业出口商，FOB贸易术语因对出口企业而言较为高效、便捷，在我国对外贸易中被企业普遍采用。在该贸易术语下，无正本提单放货纠纷频发，给我国外贸出口企业带来较大的利益风险。因此，在此类纠纷发生时，厘清责任主体，对维护海上货物运输合同主体的权益、保证国际贸易的正常运行，有着至关重要的作用，本案的审理及判决，恰能充分发挥出司法维护海上国际贸易的功能。

【相关法条】

《中华人民共和国海商法》（1993年7月1日施行）

第五十五条 货物灭失的赔偿额，按照货物的实际价值计算；货物损坏的赔偿额，按照货物受损前后实际价值的差额或者货物的修复费用计算。

货物的实际价值，按照货物装船时的价值加保险费加运费计算。

前款规定的货物实际价值，赔偿时应当减去因货物灭失或者损坏而少付或者免付的有关费用。

第七十一条 提单,是指用以证明海上货物运输合同和货物已经由承运人接收或者装船,以及承运人保证据以交付货物的单证。提单中载明的向记名人交付货物,或者按照指示人的指示交付货物,或者向提单持有人交付货物的条款,构成承运人据以交付货物的保证。

承办人:王存军
编写人:刘 昭

18. 青岛青某食品厂诉美国蓝某海运有限公司、青岛海某物流有限公司海上货物运输合同纠纷案

——无单放货中货运代理企业是否与承运人承担连带责任的认定

【合规提示】

本案系一起因承运人无正本提单放货而引发的海上货物运输合同纠纷,其中掺杂着货运代理合同纠纷,是一起较为典型的涉无单放货行为的案件。本案原告为货主(正本提单持有人),被告一为被告二的签单代理人,被告二为签发提单的无船承运人,且经营相关业务未向中国交通部办理提单登记。根据我国的法律规定和国际公认的海商事规则,承运人负有向正本提单持有人交付货物的义务,此时,若承运人擅自将提单项下的货物交付他人,其应当依法承担赔偿责任;而对于货运代理人来说,如果接受未在我国交通主管部门办理提单登记的无船承运业务经营者的委托签发提单,其应承担连带责任。因此,作为在中国从事承运业务的主体,应严格按照中国的法律法规完成相关的登记、备案;作为货运代理人,虽签发提单后,其不用承担提单义务,但并非没有任何法律风险。其应当对被代理人的资质与能力进行全面审查,不能为无资质的主体代理相关业务。

【案件信息】

1. 裁判文书字号

（2005）青海法海商初字第 4 号

2. 当事人

原告：青岛青某食品厂

被告：美国蓝某海运有限公司、青岛海某物流有限公司

3. 关键词

民事　海上货物运输合同　无单放货　承运人　签单代理人　连带赔偿责任

【裁判要旨】

1. 在海上货物运输合同关系中，承运人依法负有向正本提单持有人交付货物的义务，在托运人持有全套正本提单的情况下，若承运人擅自将提单项下的货物交付他人，对于正本提单持有人因此而遭受的损失应依法承担赔偿责任。

2. 承运人的签单代理人，若接受未在我国交通主管部门办理提单登记的无船承运业务经营者的委托签发提单，当事人主张由其和无船承运业务经营者对提单项下的损失承担连带责任的，人民法院应予支持。

【基本案情】

2003 年 12 月，原告青岛青某食品厂委托被告青岛海某物流有限公司（以下简称海某公司）办理出口货物托运手续，被告海某公司接受委托后，作为承运人的签单代理，向原告签发了抬头为被告美国蓝某海运有限公司（以下简称美国蓝某公司）的正本提单一式三份。提单的背面条款显示承运人为被告美国蓝某公司。提单签发日期为 2003 年 12 月 6 日。

该批货物的实际承运人为以某综合航运有限公司，在以某综合航运有限公司签发的提单中记载，收货人为被告美国蓝某公司。货到目的港后，以某综合航运有限公司按照托运人的指令，交付货物给被告美国蓝某公司。美国蓝某公司未提供该票货物的去向。

原告持有全套正本提单，未从其收货人处收回货款。

美国蓝某公司经营相关业务未向中国交通部办理提单登记。

原告青岛青某食品厂诉称，其在持有全套正本提单的情况下失去对货物的控制而遭受重大损失，两被告负有不可推卸的责任。故请求法院判令被告赔偿其涉案提单项下的货款损失 106 976 美元，并承担自 2004 年 2 月 6 日起至被告实际支付赔款之日止的同期银行贷款利息，判令被告赔偿其因本案所支出的律师费 30 000 元，并承担本案诉讼费用。

被告美国蓝某公司辩称，原告主张与其无关，原告诉美国蓝某公司属诉讼主体错误；原告诉称的无单放货无证据证明，其诉讼请求不成立；原告要求其支付律师费亦无证据证明，不应当被支持。

被告海某公司辩称，在本案所涉及的货物运输合同中，海某公司是代理人，无不当行为，原告的货物被放掉与其代理行为之间无因果关系。

【裁判说理】

争议焦点：（1）被告美国蓝某公司是否需承担损害赔偿责任；（2）被告海某公司是否需承担连带赔偿责任。

青岛海事法院认为：

一、被告美国蓝某公司是否需承担损害赔偿责任

原告青岛青某食品厂委托被告海某公司代理出运货物，海某公司将货物交给被告美国蓝某公司承运，美国蓝某公司由海某公司代理签发提单给原告。丹麦蓝某中国公司青岛办事处又委托以某综合航运有限公司实际运输，以某综合航运有限公司签发收货人为美国蓝某公司的记名提单，并在目的港将货物交给美国蓝某公司。美国蓝某公司接受货物，但至庭审结束不能提供出货物的去向，而原告未能从其收货人处收回货款。原告作为海上货物运输合同的托运人合法持有提单，其对该提单项下的货物所有权应当受到保护。因被告美国蓝某公司的行为，原告未能收回货款，又失去对货物的控制。根据涉案货物的性质（生鲜食品），交付货物给持有提单的原告已不可能，原告向其索赔货值应予支持。原告索赔的货值为 106 976 美元无证据证明，原告提交的证据证明该票货物货值为 95 662.42 美元，被告美国蓝某公司应向原告支付该货值及相应利息，该利息的起算日可从承运人向收货人交付或应当交付货物的时间计算，而按照通常的船期该日期应在原告主张的利息起算日之前，故原告主张自 2004 年 2 月 6 日起算利息，法院予以支持。

二、被告海某公司是否需承担连带赔偿责任

被告美国蓝某公司否认与被告海某公司间签单代理关系。从法院查明的事实来看,被告美国蓝某公司在目的港接受货物,说明其是本案所涉货物运输合同的一方当事人,但其未提交证据证明自己的相应身份,结合海某公司所签发的提单,法院能认定二者的签单代理关系。被告海某公司作为被告蓝某公司的签单代理,违反《国际海运条例》的相关规定,应对上述支付承担连带责任。

2007年8月31日,青岛海事法院作出(2005)青海法海商初字第4号民事判决书,判决:一、被告美国蓝某公司于本判决生效之日起十日内给付原告青岛青某食品厂95 662.42美元,加自2004年2月6日起至被告实际支付赔款之日止的同期银行贷款利息;二、被告海某公司对上述给付承担连带责任;三、驳回原告青岛青某食品厂的其他诉讼请求。

青岛海事法院以判决结案。

【法官后语】

提单是货物的物权凭证,是海上货物运输合同成立的关键证据。凭正本提单放货是国际海运的基本原则,亦是承运人应当履行的合同义务。当承运人在未收到正本提单的情况下擅自放货致使正本提单持有人提货不着,系未正确履行放货义务、违反运输合同约定的表现,同时侵犯了正本提单持有人对提单项下货物享有的权利,理应向正本提单持有人承担赔偿责任。在《最高人民法院关于审理无正本提单交付货物案件适用法律若干问题的规定》中,第2条明确规定:"承运人违反法律规定,无正本提单交付货物,损害正本提单持有人提单权利的,正本提单持有人可以要求承运人承担由此造成损失的民事责任。"因此,本案被告美国蓝某公司应当向原告赔偿货物损失及利息。

本案中的另一个争议焦点为被告海某公司作为签单代理人是否应与承运人共同承担无单放货后的赔偿责任。在航运实务中,货运代理企业一般从事签单代理的业务,其接受承运人的委托,代替承运人签发提单,根据《海商法》第72条"提单可以由承运人授权的人签发"之规定,承运人和货运代理企业之间属民法中的委托代理关系,根据民事代理的一般原则,代理人在代理权限内,以被代理人名义实施的民事法律行为,产生的法律效果归属于被代理人。因此,一般来说,货运代理企业签发提单后,无须承担与提单相关义务,亦不享有提单项下的权利,这也符合委托代理制度的基本内容。

但是,《最高人民法院关于审理海上货运代理纠纷案件若干问题的规定》(以下简称《规定》)第12条规定:"货运代理企业接受未在我国交通主管部门办理提单登记的无船承运业务经营者的委托签发提单,当事人主张由货运代理企业和无船承运业务经营者对提单项下的损失承担连带责任的,人民法院应予支持。货运代理企业承担赔偿责任后,有权向无船承运业务经营者追偿。"因此,货运代理企业在接受承运人特别是无船承运人委托之时,需承担特殊注意义务,审查无船承运人是否具有从事相关行业的资质与能力,若不审查,一旦出现问题,货运代理企业将会面临极大的法律风险,正如本案的另一被告海某公司一样,得不偿失。

值得一提的是,《规定》是在2012年正式公布并施行的,在此之前,关于货运代理企业的责任问题,并未在任何的法律法规中得到明确。但是青岛海事法院法官在该案的审理过程中,通过诉、辩、举证、质证等流程,准确地抓住了本案的关键问题,并通过对法理的正确理解及丰富的审判经验,作出了双方当事人都认可的判决,从而实现案结事了、服判息诉的良好效果。

【相关法条】

1.《中华人民共和国海商法》(1993年7月1日施行)

第七十一条 提单,是指用以证明海上货物运输合同和货物已经由承运人接收或者装船,以及承运人保证据以交付货物的单证。提单中载明的向记名人交付货物,或者按照指示人的指示交付货物,或者向提单持有人交付货物的条款,构成承运人据以交付货物的保证。

2.《中华人民共和国合同法》(2021年1月1日废止)

第一百零七条 当事人一方不履行合同义务或者履行合同义务不符合约定的,应当承担继续履行、采取补救措施或者赔偿损失等违约责任。

对应新法:

《中华人民共和国民法典》(2021年1月1日施行)

第五百七十七条 当事人一方不履行合同义务或者履行合同义务不符合约定的,应当承担继续履行、采取补救措施或者赔偿损失等违约责任。

承办人:杜建军

编写人:刘 昭

19. 青岛润某家具有限公司诉万某货运有限公司、欧某海运有限公司海上货物运输合同纠纷案
——无单放货纠纷中签单代理人是否需要承担连带责任的认定

【合规提示】

本案系一起海上货物运输合同纠纷，原告为货主（正本提单持有人），被告二为承运人，被告一为被告二的货运代理人，纠纷因承运人无单放货致原告损失而产生，双方当事人对承担原告货损赔偿责任的主体为何存在争议。凭单放货为承运人的义务，若擅自将货物放给非正本提单持有人，自然应当承担违约责任，赔偿托运人损失；实践中，无单放货纠纷常发生货主将承运人与货代一起列为追偿对象。一般来说，货代若无从事法律规定应承担赔偿责任的行为时，不是无单放货责任的直接主体，不承担赔偿责任。因此，作为承运人，应坚持凭单放货的原则，这既是履行义务的表现，也能规避不必要的法律风险。

【案件信息】

1. 裁判文书字号

（2005）青海法海商初字第114号、（2010）鲁民四终字第155号

2. 当事人

原告：青岛润某家具有限公司

被告：万某货运有限公司、欧某海运有限公司

3. 关键词

民事　海上货物运输合同　无单放货　承运人　签单代理人　连带赔偿责任

【裁判要旨】

1. 承运人依法负有向正本提单持有人交付货物的义务，在托运人持有全

套正本提单的情况下，若承运人擅自将提单项下的货物交付他人，对于正本提单持有人因此而遭受的损失应依法承担赔偿责任。

2. 在无正本提单放货纠纷中，承运人的签单代理人未从事法律规定应承担赔偿责任的行为时，一般不承担因无单放货而导致的损害赔偿责任。

【基本案情】

2004年6月17日，原告与丹麦A有限公司签订销售合同，双方约定由卖方原告向买方丹麦A有限公司销售价值25 001美元的家具。

2004年8月21日、9月11日，被告万某货运有限公司（以下简称万某公司）作为承运人欧某海运有限公司（以下简称欧某海运）的代理人分别向原告签发了编号为"ME×××019""ME×××006"的提单。提单中记明，托运人为青岛润某家具有限公司、收货人为MS.L×××、装货港为青岛、卸货港为AARHUS。

2005年4月28日，原告向两被告要求将上述货物退运，未果。后经原告查询，上述货物已交付收货人。此外，上述涉案货物的两套正本提单各一式三份现仍在原告处。

原告青岛润某家具有限公司诉称，两被告上述无单放货的行为严重损害了原告的合法权益并造成了巨大经济损失。为此，依法起诉，请求法院依法判令两被告赔偿原告货物损失25 001美元。

被告万某公司、被告欧某海运均未答辩。

【裁判说理】

争议焦点：（1）被告欧某海运是否需承担损害赔偿责任；（2）被告万某公司是否需承担连带赔偿责任。

青岛海事法院认为：

一、被告欧某海运是否需承担损害赔偿责任

《海商法》第71条规定："提单，是指用以证明海上货物运输合同和货物已经由承运人接收或者装船，以及承运人保证据以交付货物的单证。提单中载明的向记名人交付货物，或者按照指示人的指示交付货物，或者向提单持有人交付货物的条款，构成承运人据以交付货物的保证。"被告欧某海运作为涉案货物的承运人，依法负有向正本提单持有人交付货物的义务，在原告持有全套正本提单的情况下,欧某海运擅自将提单项下的货物交付他人,对于正本提单持有人因此而遭受的损失应依法承担赔偿责任。原告提交的销售合同、报关单和商业发票皆证明涉案货值为 25 001 美元,因此,被告欧某海运应赔偿原告货物损失 25 001 美元。

二、被告万某公司是否需承担连带赔偿责任

被告万某公司作为承运人欧某海运的签单代理人,原告要求其承担连带赔偿责任的诉讼请求证据不足、理由不充分,法院不予支持。

2008 年 12 月 30 日,青岛海事法院作出(2005)青海法海商初字第 114 号民事判决书,判决:一、被告欧某海运赔偿原告青岛润某家具有限公司货物损失 25 001 美元。上述款项,被告应在判决生效后十日内付清,若逾期履行,应当加倍支付迟延履行期间的债务利息;二、驳回原告青岛润某家具有限公司对被告万某公司的诉讼请求。

青岛海事法院以判决结案。被告欧某海运提起上诉,2010 年 11 月 22 日,山东省高级人民法院以(2010)鲁民四终字第 155 号民事判决驳回。

【法官后语】

按照国际航运惯例,承运人有义务按照运输合同的约定在目的港凭正本提单向买受人交付货物。提单是货物的物权凭证,凭正本提单放货是国际海运的基本原则,承运人在未收到正本提单的情况下放货给收货人,系未正确履行放货义务、违反运输合同约定的表现,同时侵犯了正本提单持有人对提单项下货物享有的权利。在《最高人民法院关于审理无正本提单交付货物案件适用法律若干问题的规定》中,第 2 条明确规定:"承运人违反法律规定,无正本提单交付货物,损害正本提单持有人提单权利的,正本提单持有人可以要求承运人承担由此造成损失的民事责任。"据此,本案中作为承运人的欧某海运因未完成凭单放货的义务,向全套正本提单的合法持有人承担赔偿责任是于法有据的。

无单放货的直接责任主体一般为承运人,但由于承运人一般身处海外,要其承担责任所需要的诉讼成本过高且执行难度巨大,所以受害人往往会将货代企业一起列为追偿对象。一般来说,承运人的代理人可分为在装货港的代理人即签单代理人和在卸货港的代理人即交货代理人。其中,签单代理人与托运人既不存在海上货物运输合同关系,亦不涉及目的港交货事宜,且其系因承运人授权而签发提单，该行为本质上为代理，按照代理相关的法律规定，只要签单代理人在行使代理权时以善良管理人的注意义务标准忠实诚信地为承运人利益在代理权限内从事代理活动，签单代理人行为的法律后果即由承运人承担。因此，如本案中万某公司这样的签单代理人一般不会承担因无单放货产生的责任。

需要说明的是，签单代理人并非绝对地不需要承担连带责任，在以下情形中，其可能需与承运人承担连带责任：根据《最高人民法院关于审理海上货运代理纠纷案件若干问题的规定》（以下简称《规定》）第12条之规定："货运代理企业接受未在我国交通主管部门办理提单登记的无船承运业务经营者的委托签发提单，当事人主张由货运代理企业和无船承运业务经营者对提单项下的损失承担连带责任的，人民法院应予支持。货运代理企业承担赔偿责任后，有权向无船承运业务经营者追偿。"此外，根据《规定》第4条之规定："货运代理企业在处理海上货运代理事务过程中以自己的名义签发提单、海运单或者其他运输单证，委托人据此主张货运代理企业承担承运人责任的，人民法院应予支持。货运代理企业以承运人代理人名义签发提单、海运单或者其他运输单证，但不能证明取得承运人授权，委托人据此主张货运代理企业承担承运人责任的，人民法院应予支持。"这也提醒从事签单代理业务的货代企业，在接受承运人业务时，要以更加审慎的态度为之，保证交易安全与效率的平衡。

【相关法条】

《中华人民共和国海商法》（1993年7月1日施行）

第七十一条 提单，是指用以证明海上货物运输合同和货物已经由承运人接收或者装船，以及承运人保证据以交付货物的单证。提单中载明的向记名人交付货物，或者按照指示人的指示交付货物，或者向提单持有人交付货物的条款，构成承运人据以交付货物的保证。

承办人：刘明高

编写人：刘　昭

20. 青岛千某山贸易有限公司诉马某基有限公司海上货物运输合同纠纷案
——无正本提单放货的举证责任分配及赔偿金额认定

【合规提示】

本案系一起海上货物运输合同纠纷，原告为货主（正本提单持有人），被告为承运人，该纠纷因承运人无单放货致使原告受损而引起，双方当事人就损失承担责任主体及金额存在争议。凭单放货系承运人应当承担的重要义务，同样也是对提单持有人的一种保护，若承运人无单放货，则应当赔偿正本提单持有人的相关损失。进而，在因无单放货产生的纠纷中，往往涉及承运人应赔偿的赔偿额确定之问题。根据我国的法律规定及审判经验，法官会按照货物装船时的价值加运费和保险费来确定赔偿金额。因此，作为正本提单持有人，在发生此类事件时，应及时固定承运人无单放货及与确定损失额相关的证据；作为承运人，应履行凭单放货的义务，否则将承担违约责任。

【案件信息】

1. 裁判文书字号

（2005）青海法海商初字第 208 号、（2010）鲁民四终字第 155 号

2. 当事人

原告：青岛千某山贸易有限公司

被告：马某基有限公司

3. 关键词

民事　海上货物运输合同　无单放货　承运人　诉讼时效　举证责任　赔偿金额

【裁判要旨】

1. 承运人依法负有向正本提单持有人交付货物的义务,在托运人持有全套正本提单的情况下,若承运人擅自将提单项下的货物交付他人,对于正本提单持有人因此而遭受的损失应依法承担赔偿责任。

2. 在无正本提单放货纠纷中,承担赔偿责任的承运人对托运人的赔偿额应按照货物的实际价值计算,本案涉案货物的实际价值为货物装船时的价值加运费并扣除已经收到的部分货款。

【基本案情】

2005年1月30日,原告青岛千某山贸易有限公司(以下简称千某山公司)通过被告马某基有限公司(以下简称马某基公司)承运两个货柜的摩托车内外胎,目的港为尼日利亚APAPA港,始发地为青岛。货物于2005年3月14日到达目的港,2005年5月在准备交付时,千某山公司通过网络查询,发现该批货物于2005年5月11日被无单放货。千某山公司与被告马某基公司及其代理人多次交涉未果。

2005年9月21日,千某山公司以马某基(中国)航运有限公司及马某基(中国)航运有限公司青岛分公司为被告,以其无单放货为由诉至法院。

原告千某山公司诉请法院依法判令被告马某基公司赔偿千某山公司货物及海运费损失共计51 910美元,并承担本案诉讼费用。

被告马某基公司辩称:(1)千某山公司不存在损失;(2)千某山公司提起诉讼已超过诉讼时效。

【裁判说理】

争议焦点:(1)马某基公司是否需承担损害赔偿责任及承担赔偿数额;(2)千某山公司的起诉是否超过诉讼时效。

青岛海事法院认为:

一、马某基公司是否需承担损害赔偿责任及赔偿数额

本案原告千某山公司持有的涉案货物的全套正本提单来源合法,依法享有涉案提单项下的全部物权;千某山公司为履行国际货物买卖合同,通过马某基(中国)航运有限公司委托被告马某基公司承运涉案货物,马某基公司

接收了千某山公司所托运货物,并签发了提单,双方的海上货物运输合同关系依法成立。依据《海商法》的规定,提单是指用以证明海上货物运输合同和货物已经由承运人接收或者装船,以及承运人保证据以交付货物的单证,据此,承运人负有在卸货港凭正本提单交付货物的义务。本案中,千某山公司已举证证明马某基公司在未经托运人同意、未凭正本提单的情况下将货物交给非提单持有人,违反了承运人应凭正本提单交付货物的合同义务。使千某山公司失去了收回货款的保障,同时失去了对货物的控制和处分的权利,妨碍了其行使其提单项下的物权,在海上货物运输合同关系中,是造成千某山公司经济损失的直接原因。所以,马某基公司对未凭正本提单交付货物而造成千某山公司的损失应承担违约赔偿责任。马某基公司对千某山公司的赔偿额应按照货物的实际价值计算,本案涉案货物的实际价值为货物装船时的价值加运费并扣除已经收到的部分货款,共计 50 910 美元。

二、千某山公司的起诉是否超过诉讼时效

千某山公司于 2006 年 2 月 21 日追加马某基公司为本案被告,并未超出关于托运人就货物损失起诉承运人的诉讼时效的规定,马某基公司关于千某山公司的起诉已超过诉讼时效的抗辩缺乏事实依据,法院不予采信。

2008 年 12 月 30 日,青岛海事法院作出(2005)青海法海商初字第 208 号民事判决书,判决:一、被告马某基公司应向原告千某山公司偿付货款损失 50 910 美元及利息(自 2005 年 5 月 12 日起至本判决确定的支付之日止;利率按同期银行贷款利率计算)。上述款项,被告马某基公司应在本判决生效之日十日内付清,逾期则按有关法律规定加倍支付迟延履行期间的债务利息。二、驳回原告千某山公司的其他诉讼请求。

马某基公司因不服上述判决,向山东省高级人民法院提起上诉。经审理,山东省高级人民法院于 2010 年 12 月 22 日作出(2010)鲁民四终字第 155 号民事判决书,驳回马某基公司的上诉,维持原判。

【法官后语】

随着我国改革开放的进程加快,我国对外经济贸易事业迅速迸发,同时带动着海上运输业的快速发展,在海域中发生的海事和海商案件日益增多,其中无正本提单放货行为也与日俱增,侵害了外贸企业的利益,在一定程度上影响了外贸事业的发展,因此,在海运中,出口企业既要避免出现承运人无单放货行为，也需要在承运人无单放货后依法要求其承担相应责任。关于责任承担问题，结合本案例及现有的法律法规，有以下几个问题需要厘清：

1. 关于责任主体的问题。在《最高人民法院关于审理无正本提单交付货物案件适用法律若干问题的规定》（以下简称《规定》）中，第2条明确规定："承运人违反法律规定，无正本提单交付货物，损害正本提单持有人提单权利的，正本提单持有人可以要求承运人承担由此造成损失的民事责任。"据此，本案中作为承运人的马某基公司因未完成凭单放货的义务，向托运人承担赔偿责任是于法有据的。

2. 关于无单放货诉讼时效的起算点。诉讼时效的确定能起到敦促权利人积极行使权利的作用，在海商事领域中，无单放货纠纷的诉讼时效已经得到相关法律法规的明确。根据《规定》第14条第1款之规定，"正本提单持有人以承运人无正本提单交付货物为由提起的诉讼，适用海商法第二百五十七条的规定，时效期间为一年，自承运人应当交付货物之日起计算"。此外，《全国法院涉外商事海事审判工作座谈会会议纪要》（以下简称《会议纪要》）第64条对上述诉讼时效的起算点进行了细化，"即从该航次将货物运抵目的港并具备交付条件的合理日期起算"。回归到本案，涉案货物于2005年3月14日到达目的港，并于5月11日由马某基公司交付给收货人。即使不从千某山公司起诉之日计算，而从千某山公司将马某基公司追加为本案被告之日（2006年2月21日）起算，千某山公司的诉讼行为亦没有违反诉讼时效的法定要求。

3. 关于无单放货纠纷的举证责任分配问题。《会议纪要》第62条及第63条对这个问题进行了明确规定："托运人或者提单持有人向承运人主张无单放货损失赔偿的，应当提供初步证据证明其为合法的正本提单持有人、承运人未凭正本提单交付货物以及因此遭受的损失。承运人抗辩货物并未被交付的，应当举证证明货物仍然在其控制之下。""承运人援引《最高人民法院关于审理无正本提单交付货物案件适用法律若干问题的规定》第七条规定，主张不承担无单放货的民事责任的，应当提供该条规定的卸货港所在地法律，并举证证明其按照卸货港所在地法律规定，将承运到港的货物交付给当地海关或者港口当局后已经丧失对货物的控制权。"

4. 关于无单放货中承运人应承担的赔偿责任数额认定问题。根据《规定》

第 6 条，承运人造成正本提单持有人损失的赔偿额，按照货物装船时的价值加运费和保险费计算。

综上，本案案情看似简单，实则涵盖了无单放货纠纷中的诸多审判重点和要点，可以说，无单放货纠纷中需要关注的问题多在该案中得到凸显。为以后的同类案件提供了可资借鉴的经验。

【相关法条】

1.《中华人民共和国海商法》（1993 年 7 月 1 日施行）

第五十五条 货物灭失的赔偿额，按照货物的实际价值计算；货物损坏的赔偿额，按照货物受损前后实际价值的差额或者货物的修复费用计算。

货物的实际价值，按照货物装船时的价值加保险费加运费计算。

前款规定的货物实际价值，赔偿时应当减去因货物灭失或者损坏而少付或者免付的有关费用。

第七十一条 提单，是指用以证明海上货物运输合同和货物已经由承运人接收或者装船，以及承运人保证据以交付货物的单证。提单中载明的向记名人交付货物，或者按照指示人的指示交付货物，或者向提单持有人交付货物的条款，构成承运人据以交付货物的保证。

2.《中华人民共和国民法通则》（2021 年 1 月 1 日废止）

第一百一十一条 当事人一方不履行合同义务或者履行合同义务不符合约定条件的，另一方有权要求履行或者采取补救措施，并有权要求赔偿损失。

第一百一十二条第一款 当事人一方违反合同的赔偿责任，应当相当于另一方因此所受到的损失。

对应新法：

《中华人民共和国民法典》（2021 年 1 月 1 日施行）

第五百七十七条 当事人一方不履行合同义务或者履行合同义务不符合约定的，应当承担继续履行、采取补救措施或者赔偿损失等违约责任。

第五百八十三条 当事人一方不履行合同义务或者履行合同义务不符合约定的，在履行义务或者采取补救措施后，对方还有其他损失的，应当赔偿损失。

第五百八十四条 当事人一方不履行合同义务或者履行合同义务不符合约定，造成对方损失的，损失赔偿额应当相当于因违约所造成的损失，包括合同履行后可以获得的利益；但是，不得超过违约一方订立合同时预见到或者应当预见到的因违约可能造成的损失。

承办人：王永刚
编写人：刘 昭

21. 烟台市进某公司诉金某航运有限公司海上货物运输合同纠纷案
——货物灭失的认定

【合规提示】

本案系一起原告作为记名提单的记名收货人和正本提单持有人诉被告承运人的海上货物运输合同纠纷。双方对货物损失赔偿责任的判定问题产生争议。对承运人而言，应当尽到最基本的管货义务，在货物运输的七个环节中，包括货物从装到卸的全过程，都应当履行"妥善"与"谨慎"的管货义务。承运人履行管货义务应当为其免责的前提，如果承运人未尽到管货义务或违反管货义务，那么其就不能免责。对收货人而言，其法律地位依照提单的规定确定，作为记名收货人和正本提单持有人，其有权要求承运人按照提单的记载向其交付货物，承运人若未在规定时间内交货，收货人可以认为货物已经灭失并有权向承运人索赔货物损失。

【案件信息】

1. 裁判文书字号

（2004）青海法海商初字第 67 号

2. 当事人

原告：烟台市进某公司

被告：金某航运有限公司

3. 关键词

民事　海上货物运输合同　货物损失　赔偿责任

【裁判要旨】

1.《海商法》第78条第1款规定，承运人同收货人、提单持有人之间的权利、义务关系，依据提单的规定确定。本案中，首先需要明确提单载明的权利人，才能正确审理涉案权利义务关系。

2.《海商法》第50条第4款规定，承运人未能在《海商法》第50条第1款规定的时间届满60日内交付货物，有权对货物灭失提出赔偿请求的人可以认为货物已经灭失。本案中时间已经远超60日，可以认为货物已灭失。

【基本案情】

原告诉请：依法判令被告赔偿原告货物价值损失135 233.12美元及相应利息，并判令被告承担本案的诉讼费、保全费以及原告支出的律师费、差旅费等费用。被告在答辩期内未进行答辩。

经审理查明：2002年4月25日，原告与虎林市万某经济贸易中心（以下简称万某中心）签订一份废钢轨买卖合同。万某中心依照合同约定于2002年12月27日与被告签订了一份航次租船合同，合同约定万某中心租用被告所属的"M"轮承运大约950吨钢轨。2003年1月5日，被告依照航次租船合同签发了一式三份正本提单，载明托运人为里某有限责任公司，收货人为原告，通知人为原告。现在原告持有被告签发的一式三份正本提单，但上述货物直至2004年仍未运至目的港中国烟台港，原告凭正本提单无法在卸货港提取货物。万某中心与中国烟台外某代理公司证明，该票货物预计到港时间是2003年1月中旬，但是船舶一直未抵达烟台港。

【裁判说理】

争议焦点：（1）原告是否有权向被告索赔货物损失；（2）原告主张的律师费、差旅费是否应予支持。

青岛海事法院认为：

1.本案原告是被告签发的记名提单的记名收货人和正本提单持有人，被告是提单中记载货物的承运人。原告、被告的法律地位应依本案提单确定为记名收货人和正本提单持有人，原告有权要求被告按照提单的记载向其交付货物。被告于 2003 年 1 月 5 日签发了已装船提单，按照通常的航行速度，该船舶至迟在 2003 年 1 月底前应当到达卸货港烟台港，但在签发提单后，被告的船舶在长达一年的时间里并且直到现在仍未到达烟台港，更没有向收货人交付货物，参照《海商法》第 50 条的规定，可以认为该批货物已经灭失，原告有权向被告索赔货物损失。

2. 原告主张的律师费、差旅费，因没有法律依据，法院不予支持。

【法官后语】

我国《海商法》第 48 条和第 51 条分别规定了承运人的管货义务和免责权，但是对于管货义务与免责权之间的关系并未作出明确规定。管货义务作为承运人的一项基本义务，承运人对管货义务的履行应当是其免责的前提和基础。管货义务，是指承运人在海上货物运输中对货物应当履行的保管和照料的责任。在我国海商法学界，通说认为承运人的管货义务的法律依据是《海商法》第 48 条，即"承运人应当妥善地、谨慎地装载、搬移、积载、运输、保管、照料和卸载所运货物"。这里规定了货物运输的七个环节，包含了货物从装到卸的全过程，并且在每一个环节都要求承运人履行"妥善"与"谨慎"的管货义务。承运人的免责权，顾名思义，是指承运人对货物的灭失或损坏负有责任时，可以享受免责而不用承担赔偿责任的权利。在我国海商法学说中，承运人的免责权通常指《海商法》第 51 条所包含的 12 项免责权利，但不容忽视的是，承运人的免责权还包括《海商法》第 52 条和第 53 条所规定的活动物和舱面货免责。

承运人履行管货义务应当为其享受免责权的前提，如果承运人未尽到管货义务或违反管货义务，那么其就丧失了免责的机会。在我国的司法实践中，虽然上海海事法院曾在判决中表示赞同"现代首要义务原则"，认为适航义务是承运人的首要义务，而管货义务不是首要义务，须受制于免责的规定，但是该案的案件事实和判决内容并未实质性地涉及管货义务和免责之间的关系，仅涉及承运人在对于货损免责前须证明其履行了适航义务的问题。我国司法实践中也没有承运人在违反管货义务的条件下仍可以免责的案例。

本案中被告作为承运人，在签发提单后其船舶在长达一年的时间里仍未到达烟台港,更没有向收货人交付货物,显然没有尽到承运人的义务,应当对原告的损失负赔偿责任。

【相关法条】

《中华人民共和国海商法》(1993年7月1日施行)

第五十条　货物未能在明确约定的时间内,在约定的卸货港交付的,为迟延交付。

除依照本章规定承运人不负赔偿责任的情形外,由于承运人的过失,致使货物因迟延交付而灭失或者损坏的,承运人应当负赔偿责任。

除依照本章规定承运人不负赔偿责任的情形外,由于承运人的过失,致使货物因迟延交付而遭受经济损失的,即使货物没有灭失或者损坏,承运人仍然应当负赔偿责任。

承运人未能在本条第一款规定的时间届满六十日内交付货物,有权对货物灭失提出赔偿请求的人可以认为货物已经灭失。

第七十一条　提单,是指用以证明海上货物运输合同和货物已经由承运人接收或者装船,以及承运人保证据以交付货物的单证。提单中载明的向记名人交付货物,或者按照指示人的指示交付货物,或者向提单持有人交付货物的条款,构成承运人据以交付货物的保证。

第七十八条　承运人同收货人、提单持有人之间的权利、义务关系,依据提单的规定确定。

收货人、提单持有人不承担在装货港发生的滞期费、亏舱费和其他与装货有关的费用,但是提单中明确载明上述费用由收货人、提单持有人承担的除外。

承办人:王爱玲
编写人:王爱玲　原浩洋

22. 吉某莎企业私人有限公司诉山东省海某货运代理有限公司海上货物运输合同纠纷案
——无船承运人无单放货的违约责任认定

📚【合规提示】

本案系无船承运人承运的货物在目的港的其代理无单放货，买家在银行赎单后前往目的港提货不能，故持全套正本提单向无船承运人主张违约赔偿责任的案件。本案给提单持有人、贸易卖家、无船承运人的合规提示：（1）对提单持有人而言，有权就无单放货权益受损主张权利的，必须是全套正本提单的合法持有人。（2）对出口贸易的卖家而言，应当据实向海关申报货物的价值，避免发生纠纷时，据报关单申报的价值认定出口货物的实际价值。（3）对无船承运人而言，要求其目的港代理严格把握好对货物的管控，避免因在没有收回提单的情况下将货物放行，而导致对提单合法持有人承担提货不能的违约赔偿责任。（4）提单条款对诉讼时效的约定期限短于《海商法》规定的期限的，当属减轻承运人法定责任的无效条款。

📚【案件信息】

1. 裁判文书字号

（2003）青海法海商初字第271号

2. 当事人

原告：吉某莎企业私人有限公司

被告：山东省海某货运代理有限公司

3. 关键词

民事　无单放货　无船承运人　国际海运条例　提单备案　目的港控货　减轻承运人法定责任条款无效　货物价值报关

【裁判要旨】

1. 提单持有人在目的港未能提取到货物的情况下，有权持全套正本无船承运人提单向无船承运人主张提货不能的赔偿责任。

2. 提单背面的格式条款中对诉讼时效进行约定时，该约定显属减轻承运人的法定责任，当属无效条款。

【基本案情】

原告是在新加坡当局注册登记的私营企业。

被告系依法成立的货运代理企业。2002年在交通部备案并交纳保证金，取得了无船承运人资质，其提单业经备案登记，并在交通部网站上进行了公示。

2002年11月6日，原告作为买方、德某进出口作为卖方签订由德某进出口向原告提供总额为69 000.00美元约定规格的府绸的购销合同，约定C&F巴拿马科隆自由区。

2002年11月27日，德某进出口将合同要求的货物装至2只20英尺集装箱，两箱货物出口报关申报价值均为32 247.14美元。德某进出口委托被告办理相关货物出口运输事宜，货物在中国天津港报关出运。

2002年11月29日，两箱货物装至长某海运股份有限公司经营的"阿某"轮。应德某进出口的要求，被告以无船承运人的身份分别签发了装船日期为2002年11月26日的运费预付已装船清洁指示提单两套（各一式三份），提单号分别为A055×××509、A055×××510。提单均记载：托运人为山东德某集团德州进出口公司，收货人凭指示；装港为中国天津、卸港为巴拿马科隆自由区；承运船舶"阿某"轮，0055东（0055E）航次；责任区间场到场（CY/CY）。两提单均记载着承运人在巴拿马的代理某航运巴拿马有限公司及其联络方式。

原告分两笔各向银行付款32 247.14美元，并赎得被告签署的A055×××509、A055×××510号全套正本提单。2003年1月31日，德某进出口收到了原告支付的货款。

货物运至目的港后，2002年12月底，被承运人在巴拿马的代理放货，被告签署的正本提单未被收回。现该两套正本提单仍由原告持有。

原告诉至法院，请求依法判令被告赔偿提单项下货物价值64 494.28美元及利息，承担报关费、港杂费等费用2230元人民币，并承担本案的诉讼费用及其他费用。

被告辩称：（1）原告在庭审前未提供充分证据证明其支付货款取得涉案提单，则不能证明其为善意的提单持有人，无单放货的诉讼请求应予驳回。（2）原告提出的报关费、港杂费等费用的发生无相应证据，且与原告无关，应予驳回。（3）因被告在托运人指定的目的港没有代理，转托案外人华某国际运输总公司天津公司（以下简称华某公司）代理目的港的业务，并向华某公司支付了两票提单的操作费用。应依法追加华某公司作为本案第三人，查明事实、并被判令其承担目的港无单放货的赔偿责任。（4）涉案提单第4条第2项（中译文）规定："由此次联运引发的一切索赔都应在货物交付或应当交付之日起9个月内向承运人提出，否则，承运人将不承担与货物有关的任何责任。"本案涉案提单项下货物于2002年年底运抵目的港并完成交付，原告于2003年9月下旬起诉，未能在提单约定的索赔时效内主张权利，根据提单的约定，被告已不再承担任何责任。故请求依法判令驳回原告诉讼请求。

【裁判说理】

争议焦点：（1）原被告之间的法律关系的认定；（2）无船承运人目的港控货的法律责任；（3）提单约定时效的效力；（4）有权对装港港杂费主张权利的适格主体；（5）合同约定货值与报关货值不符的价值认定。

青岛海事法院认为：

1. 本案被告作为国际货物运输代理人，按照《国际海运条例》的规定，依法取得了《无船承运人的经营资格》，其在经营过程中所使用的提单业经交通部备案且公示，是有效的运输单证。

2. 被告所签发的该提单背面条款第24条，明确约定：发生争议适用中华人民共和国法律。且原、被告对适用中国法律均无争议，本案适用中华人民共和国法律作为准据法。

3.《海商法》第71条明确规定，提单是指用以证明海上货物运输合同和货物已经由承运人接收或者装船，以及承运人保证据以交付货物的证明。提单中载明的向提单持有人交付货物的条款，构成承运人据以交付货物的保证。本案中，被告以无船承运人的身份向德某进出口签发了A055×××509、A055×××510号两份全套指示正本提单，则被告与托运人（德某进出口）、收货人（指示提单的持有人）之间的海上货物运输关系即告成立。

本案中，根据原告提交德某进出口的财务凭证可以证明，原告是按照国际贸易的结算规定支付了货款后，赎得 A055×××509、A055×××510 号两份全套正本提单。该提单的取得是善意取得。被告提出的原告不能证明善意取得提单的主张不能成立。

因此，作为承运人的被告有义务按照提单载明的事项向善意的提单持有人交付货物。否则，应承担其相应的违约责任。

4. 被告提单背面的格式条款第 4 条第 2 款约定："由此联运引发的一切索赔都应在货物交付后应当交付之日起 9 个月内向承运人提出，否则，承运人将不承担与货物有关的任何责任。"该约定与《海商法》第 257 条"就海上货物运输向承运人要求赔偿的请求权，时效为一年，自承运人交付或者应当交付货物之日起起算"的规定显然不符。该提单的此项约定显属减轻承运人的法定责任。因此，该条款当属无效条款。原告于 2003 年 9 月 27 日在本院提起诉讼，向被告主张权利时，显然在诉讼时效的期间内。被告提出的原告起诉超过诉讼时效的主张，不能成立。

5. 关于出口货物的价值与合同约定价值不符的问题，应以实际出口货物的价值为依据。本案中，根据购销合同与报关单相比较，贸易合同的货物价值显然高于实际出口货物的价值，则应以报关单记载的实际出口货物的价值为计算货物价值的依据。

6. 关于报关费、港杂费的支付主体当属德某进出口，且原告已明确表示放弃就该费用的诉讼请求，法院对该诉讼请求不予审查。

7. 原告提出的由被告承担其诉讼及其他费用的主张，因在举证时限内未提交相关证明，法院不予支持。

依据《海商法》第 71 条、第 257 条、第 269 条以及有关法律的规定，判决如下：被告山东省海某货运代理有限公司于本判决生效后十日内向原告吉某莎企业私人有限公司偿付货款 64 494.28 美元及利息（自 2003 年 1 月 1 日至应付款之日止，按中国人民银行规定的美元贷款利率计算），逾期加倍支付迟延履行期间的债务利息。案件受理费 10 390.00 元，原告吉某莎企业私人有限公司负担 43.26 元、被告山东省海某货运代理有限公司负担 10 346.74 元。

青岛海事法院以民事判决结案，双方均未上诉，案件一审民事判决书生效。

【法官后语】

本案系涉外民商事案件集中管辖后，山东省法院系统第一次组织全省涉外民商事审判人员,在青岛市中级人民法院、济南市中级人民法院、青岛海事法院开展的涉外民商事案件公开审判的巡回观摩示范庭审。只有完整展示庭审全过程及裁判结果,才能对全省涉外民商事审判能力的规范与提升有一定的示范与指导意义。因此,本案经一次庭审,要完成对提单真实性、提单持有人合法性、货物在目的港被提走的事实、无船承运人违约责任、货物损失价值、提单条款效力等相关审查与认定,经合议庭合议后,当庭进行宣判。这是对海事法官审判能力与综合素质的考量。因本案是唯一完整完成从开庭准备到开庭审理再到当庭口头宣判全部庭审程序的示范庭,且对管辖权的审查、准据法的选择、事实的查明、适用法律的规范等各方面,均受到各方肯定,为涉外民商事案件的审理起到示范庭的作用。

【相关法条】

《**中华人民共和国海商法**》(1993年7月1日施行)

第七十一条　提单,是指用以证明海上货物运输合同和货物已经由承运人接收或者装船,以及承运人保证据以交付货物的单证。提单中载明的向记名人交付货物,或者按照指示人的指示交付货物,或者向提单持有人交付货物的条款,构成承运人据以交付货物的保证。

第二百五十七条　就海上货物运输向承运人要求赔偿的请求权,时效期间为一年,自承运人交付或者应当交付货物之日起计算;在时效期间内或者时效期间届满后,被认定为负有责任的人向第三人提起追偿请求的,时效期间为九十日,自追偿请求人解决原赔偿请求之日起或者收到受理对其本人提起诉讼的法院的起诉状副本之日起计算。

有关航次租船合同的请求权,时效期间为二年,自知道或者应当知道权利被侵害之日起计算。

第二百六十九条　合同当事人可以选择合同适用的法律,法律另有规定的除外。合同当事人没有选择的,适用与合同有最密切联系的国家的法律。

承办人:郭彦滨
编写人:郭彦滨

23. 中外合资淄博万某皮革制品有限公司诉格某漫公司、鸿某国际有限公司、江苏环某国际货运公司、博某特公司海上货物运输合同纠纷案

——海上货物运输纠纷的特别诉讼时效

【合规提示】

本案系海上货物运输合同纠纷案件。本案给货方以下合规提示：（1）我国《海商法》第257条规定："就海上货物运输向承运人要求赔偿的请求权，时效期间为一年，自承运人交付或者应当交付货物之日起计算……"第267条规定："时效因请求人提起诉讼、提交仲裁或者被请求人同意履行义务而中断。但是，请求人撤回起诉、撤回仲裁或者起诉被裁定驳回的，时效不中断。"因此，权利人应高度关注向承运人主张权利的诉讼时效。（2）海事请求权诉讼属于海事法院管辖范围，地方法院没有管辖权，即使发现地方法院审理属于海事法院管辖案件的裁判文书已生效，上级法院仍可以按照相应程序对裁判文书予以撤销并移送有管辖权的海事法院进行审理。因此，权利人应甄别请求权的属性，对属于海事请求权范畴的，直接到有管辖权的海事法院主张权利。（3）国际贸易业务中多是由海运相关业务去完成运输，主张权利时一定要首先甄别国际贸易、国际贸易结算、运输合同、国际货运代理等法律关系，再选择对自己最有利、最有效、最便捷的救济途径，对自己的合法权益予以保护。

【案件信息】

1. 裁判文书字号

（2003）青海法海商初字第336号

2. 当事人

原告：中外合资淄博万某皮革制品有限公司

被告：格某漫公司、鸿某国际有限公司、江苏环某国际货运公司、博某特公司

3. 关键词

民事　无单放货　承运人　货运代理人　侵权责任　诉讼时效

【裁判要旨】

1. 提单持有人可以向提单所证明海上货物运输合同的承运人主张违约或侵权行为责任。共同侵权责任应就围绕构成侵权的要件完成故意或过失共同或各自侵权进行举证。

2. 时效因请求人提起诉讼、提交仲裁或者被请求人同意履行义务而中断。但是，请求人撤回起诉、撤回仲裁或者起诉被裁定驳回的，时效不中断。故申请诉前财产保全后又撤诉的行为不能导致诉讼时效的中断。

【基本案情】

1998年11月16日，原告与格某漫公司签订了《售货确认书》，约定由原告出售给格某漫公司一批男式猪皮夹克4000件，价格为CIF纽约，装运港为中国青岛港，货物总价值为132 280.00美元，付款方式为D/P即期付款交单。由买方格某漫公司指定船运公司，承运方式为海运。

1999年1月11日，原告通过案外人程某发联系鸿某国际有限公司（以下简称鸿某公司）杨某，将货物的出口运输事宜交予鸿某公司。鸿某公司接受委托后，向江苏环某国际货运公司（以下简称环某公司）订舱，环某公司又将该批货物向青岛中某国际货运有限公司订舱。青岛中某国际货运有限公司将货物安排于"东某"轮0×航次于1999年1月17日出运，并根据环某公司的要求签发了提单抬头为中某集装箱运输有限公司，托运人、收货人均为博某特公司的记名提单，并由环某公司将该正本提单快递给博某特公司。1999年1月17日，鸿某公司杨某以"为鸿某公司杨某"签单名义，向原告签发了一式三份提单抬头为博某特公司的正本已装船海运指示提单。该提单载明：托运人为原告，收货人一栏"凭指示"，通知人为格某漫公司；交付申请人博某特公司。

1999年1月18日，原告依约将海运费、港杂费及拖车费支付给鸿某公司。2月3日，环某公司向青岛中某国际货运有限公司支付海运费。2月9日，鸿某公司将海运费、港杂费及装箱费等费用支付给环某公司。

本案诉争货物由中某集装箱运输有限公司于1999年3月运抵目的港纽约，并于3月25日交付给博某特公司。

1999年3月22日，格某漫公司通过案外人程某发传真给被告鸿某公司，该传真称："程某要求我司（格某漫公司）开具银行担保并用正本交于您美国的代理，敬请将这份担保通知您美国的代理，我们将尽快与您的代理联系提货。"该传真附一份某投资集团有限公司出具的保函。鸿某公司杨某陈述，该传真所谓美国代理即为博某特公司。同日，鸿某公司将收到的两页传真转发环某公司，并在第二页即某投资集团有限公司出具的保函上注明：此单为美国收货人传过来的银行保函样，请代为查询贵司代理（指被告博某特公司），此单是否有效？如果贵司代理同意的话，请安排凭银行保函提货。后环某公司将鸿某公司转发的以上传真转给了博某特公司。

1999年1月10日，原告开具的商业发票记载的总值为109 627.05美元。1月20日，原告开出了汇票，金额为109 627.05美元。原告经中国建设银行淄博分行多次托收未果。

1999年7月23日，就原告争讼的无正本提单放货事项，应青岛海事法院下达了（1999）青海法保字第22号准许原告诉前申请冻结鸿某公司青岛办事处银行存款750 000.00元或查封、扣押相应价值的财产的诉前财产保全民事裁定。原告未在法定期间内向提起诉讼。

2001年6月21日，原告向山东省沂源县人民法院针对鸿某公司青岛办事处、环某公司提起诉讼。6月26日原告申请追加格某漫公司作为被告参加诉讼。鸿某公司青岛办事处、环某公司提出管辖权异议申请，被山东省沂源县人民法院以（2001）源经初字第256号民事裁定驳回。在管辖权异议上诉期间，2002年1月15日，山东省高级人民法院立案庭下发（2002）鲁民辖字第3号便签函，以该案系涉外案件且涉案标的超过受诉法院级别管辖范围为由，该案交由山东省淄博市中级人民法院作一审审理。

2002年6月26日，原告追加格某漫公司作为被告参加诉讼。2002年9月27日，山东省淄博市中级人民法院作出（2002）淄中法民二初字第23号民事判决。

鸿某公司青岛办事处、环某公司提出上诉。2003年8月7日，山东省高级人民法院下达（2003）鲁民四终字第61号民事裁定，该案移交本院审理。

2004年6月16日，原告追加博某特公司为被告参加诉讼。主张四被告对无正本提单放货承担连带侵权赔偿责任。

被告鸿某公司辩称：（1）原告诉因不明，如果原告以侵权为由起诉，鸿某公司因没有实施侵权行为不应承担任何侵权责任；（2）原告的起诉已过诉讼时效；（3）鸿某公司非诉争货物的无船承运人，博某特公司作为无船承运人应承担无正本提单放货的违约责任；（4）原告未提供证明货值的证据报关单。

被告环某公司辩称：（1）被告环某公司没有实施无单放货行为；（2）本案签发两套提单符合航运惯例和海运法律，原告对环某公司和鸿某公司两被告有误解；（3）原告的起诉已经远远超过海商法规定的诉讼时效；（4）原告于格某漫公司改变买卖合同约定的付款事项的事实，是造成原告货款不能收回的重要原因，原告自己在收款行为中有过错，应当自食其果；（5）博某特公司应承担无单放货的责任，格某漫公司应承担无单提货的责任。

被告格某漫公司未提交书面的答辩意见。

被告博某特公司未提交书面的答辩意见。

【裁判说理】

争议焦点：（1）本案各方当事人间的法律关系；（2）侵权损害赔偿诉因下，无正本提单放货赔偿责任承担者；（3）诉讼时效的认定。

青岛海事法院认为：原告明确选择侵权损害赔偿为由向四被告主张权利。本案原告的住所地、货物起运港均在中国，且原、被告均适用中国法为准据法，本案适用中国法。

一、关于本案各方当事人间的法律关系

原告与格某漫公司间为国际货物买卖合同关系，原告与鸿某公司间为海上货物运输合同关系，鸿某公司与环某公司间的国际货运代理合同关系，鸿某公司与博某特公司间的目的港交付代理关系，原告与博某特公司间、原告与环某公司间、环某公司与博某特公司间没有直接的法律关系。（1）原告与格某漫公司间为国际货物买卖合同关系。依1998年11月16日原告与格某漫公司签订的《售货确认书》，原告为卖方，格某漫公司为买方的国际货物买卖合同关系。（2）原告与鸿某公司间为海上货物运输合同关系。鸿某公司通过案外人程某的介绍接受了原告的订舱,这里,谁介绍并不是案件的关键因素。鸿某公司向原告签发了提单号为COSU334××××××抬头为博某特公司的提单。根据我国《海商法》的规定,提单应为海上货物运输合同的证明。(3)鸿某公司与环某公司间的国际货运代理合同关系。提单签发"为鸿某公司杨某"的表述,即为杨某代表鸿某公司签发了该提单,而非鸿某公司代表博某特公司签发提单;鸿某公司未提供博某特公司授权代其签发提单证据材料的情况下,当认定鸿某公司系借用博某特公司提单签发自己为承运人的提单。原告接受鸿某公司交予的该正本提单,则原告为该提单证明的海上运输合同的托运人,鸿某公司应为抬头为博某特公司提单项下的契约承运人,其与原告间的关系为该提单证明的国际海上货物运输合同关系。(4)鸿某公司接受原告的订舱后通过环某公司向实际承运人中某集装箱运输有限公司订舱将诉争货物出运,而不是鸿某公司直接向实际承运人订舱。该种操作无可厚非,决定于鸿某公司自己的选择。环某公司在代鸿某公司向实际承运人订舱过程中将相关的提单确认件传真给鸿某公司,以及实际承运人提单的签署、交单、按指示放货的行为均符合海运实务操作要求,并无不妥,不影响双方间的国际货运代理合同关系的成立。(5)鸿某公司与博某特公司间的目的港交付代理关系。鸿某公司签发的提单载明了"交付申请(FOR DELIVERY APPLY TO)博某特公司"。在目的港货物交付场合,由博某特公司负责完成。根据我国《海商法》的规定,货物交付义务也是承运人必须履行的义务之一,则博某特公司在目的港交付货物应为代鸿某公司完成,博某特公司为鸿某公司在目的港的货物交付代理。

二、原告主张无单放货侵权损害赔偿的责任承担者

鉴于原告与各被告间不同的法律关系,在货物到达目的港被无正本提单放货的情况下,原告享有对不同被告不同的诉因。原告与格某漫公司间存在国际货物买卖合同关系,原告有权基于该买卖合同就未获支付的货款向格某漫公司提出违约索赔之诉。格某漫公司又系在目的港无正本提单提货的提货人,原告有权以其所持有的正本提单向格某漫公司提出侵权之诉;原告与鸿某公司间存在国际海上货物运输合同,在货物被无正本提单放货的情况下,原告有权基于鸿某公司的提单向其提出违约之诉;因为原告与环某公司间、原告与博某特公司间并没有直接的法律关系存在,原告无权基于合同向该两被告提起诉讼。

三、关于诉讼时效

（1）原告享有的不同诉因的诉讼时效是不同的。原告享有的基于国际货物买卖合同针对格某漫公司的违约索赔之诉，诉讼时效为四年，自原告知道或应当知道其权利受到侵害之日起计算；原告享有的基于无正本提单提货针对格某漫公司的侵权索赔之诉，诉讼时效为两年，自原告知道或应当知道货物被提取之日起计算；原告享有的基于无正本提单放货针对鸿某公司的违约之诉，诉讼时效为一年，自鸿某公司应当交付货物之日起计算原告于1999年5月知道货物被无正本提单放货。（2）原告于1999年7月23日针对鸿某公司青岛办事处向青岛海事法院提出诉前财产保全申请被法院裁定准许后，原告未依照法律规定在15日内提起诉讼。依照我国《海商法》第267条的规定，该诉前保全行为并不引起时效的中断。（3）原告于2001年6月21日向山东省沂源县人民法院针对鸿某公司青岛办事处、环某公司提起诉讼。原告针对鸿某公司的起诉已过法定的诉讼时效，依法丧失胜诉的权利。原告主张自1999年8月至2001年3月，山东省沂源县公安局曾就本案争议事项立案侦查，但同样依照我国《海商法》第267条的规定，该侦查行为并不引起诉讼时效的中断。（4）原告于2001年6月26日向山东省沂源县人民法院针对被告格某漫公司提起诉讼，而其在1999年5月即知道货物被无正本提单放货，其间也没有向该被告主张权利，依据我国《民法通则》第135条、第140条的规定，原告享有的基于无正本提单提货针对格某漫公司的侵权之诉，已过法定追诉时效，依法丧失胜诉的权利。但原告基于国际货物买卖合同针对格某漫公司的违约索赔之诉的诉讼时效为四年，自原告知道或应当知道其权利受到侵害之日起计算，该违约索赔之诉在法律规定的诉讼时效之内。

四、关于原告主张的四被告共同侵权

（1）原告认为：鸿某公司、环某公司在向实际承运人订舱的时候擅自将货物的托运人变更为博某特公司，侵犯了原告的货物所有权；直接导致货物买方格某漫公司不必向原告付款赎单，直接通过博某特公司提货，格某漫公司提货后拒付货款，造成原告受损。该侵权主张不成立：作为契约承运人或无船承运人的鸿某公司向实际承运人订舱的时候，其有权以自己的名义或其认为适当的其代理的名义向实际承运人订舱，在契约承运人与实际承运人间建立由实际承运人签发的提单所证明的海上货物运输合同。该行为并不侵犯原告的货物所有权。其直接后果也并不如原告所述导致买方格某漫公司不必向原告付款赎单。货物的买方格某漫公司仍然应该依照国际货物买卖合同的约定付款以赎取提单，并持所赎取的提单向博某特公司提取货物。(2) 原告提出鸿某公司未经原告同意，擅自同意格某漫公司凭保函提货，具有明显过错，其侵权行为给原告造成了严重的经济损失，应承担赔偿责任。该主张不成立：鸿某公司作为契约承运人依法负有凭正本提单交付货物的义务，无论其是否同意货物在目的港无正本提单放货，其均应承担违约赔偿责任。

综上，法院认为，原告的四被告共同侵权的主张不能成立，在原告坚持以侵权损害赔偿提起诉讼的情况下，依照《海商法》第267条，《民法通则》第135条、第140条，《民事诉讼法》第130条的规定，判决驳回原告的诉讼请求。案件受理费14 910.00元，由原告负担。

青岛海事法院以判决形式结案，各方当事人均未上诉，一审判决生效。

【法官后语】

本案国际贸易的卖家，就无正本提单放货的损失索赔，历经诉前海事保全后的未起诉，到地方法院再起诉，地方中级人民法院的一审审理，上诉期间省高级人民法院对地方中级人民法院作出一审判决的撤销，案件再回到曾经作出诉前海事保全的海事法院。一圈的诉讼过程，形成了一个诉讼之路的闭环，但诉前海事保全之后，再到地方法院提起诉讼的期间，使其诉讼超过可受到法律保护的诉讼时效，值得各方深思。我国设置海事法院的目的在于更好地处理海事海商类的专业案件，各涉海、涉港、涉航政、涉船、涉贸易、涉物流等相关主体都要有效利用海事司法的工具，切实保障自己的合法权益。

【相关法条】

1.《中华人民共和国海商法》(1993年7月1日施行)

第二百六十七条　时效因请求人提起诉讼、提交仲裁或者被请求人同意履行义务而中断。但是，请求人撤回起诉、撤回仲裁或者起诉被裁定驳回的，时效不中断。

请求人申请扣船的，时效自申请扣船之日起中断。

自中断时起，时效期间重新计算。

2.《中华人民共和国民法通则》(2021年1月1日废止)

第一百三十五条 向人民法院请求保护民事权利的诉讼时效期间为二年，法律另有规定的除外。

第一百四十条 诉讼时效因提起诉讼、当事人一方提出要求或者同意履行义务而中断。从中断时起，诉讼时效期间重新计算。

对应新法：

《中华人民共和国民法典》(2021年1月1日施行)

第一百八十八条 向人民法院请求保护民事权利的诉讼时效期间为三年。法律另有规定的，依照其规定。

诉讼时效期间自权利人知道或者应当知道权利受到损害以及义务人之日起计算。法律另有规定的，依照其规定。但是，自权利受到损害之日起超过二十年的，人民法院不予保护，有特殊情况的，人民法院可以根据权利人的申请决定延长。

第一百九十七条 诉讼时效的期间、计算方法以及中止、中断的事由由法律规定，当事人约定无效。

当事人对诉讼时效利益的预先放弃无效。

3.《中华人民共和国民事诉讼法》(1991年4月9日施行)

第一百三十条 被告经传票传唤，无正当理由拒不到庭的，或者未经法庭许可中途退庭的，可以缺席判决。

对应新法：

《中华人民共和国民事诉讼法》(2023年9月1日修正)

第一百四十七条 被告经传票传唤，无正当理由拒不到庭的，或者未经法庭许可中途退庭的，可以缺席判决。

承办人：郭彦滨
编写人：郭彦滨

24. 威海同某进出口有限公司诉太某洋物流株式会社、青岛新某星船务代理有限公司海上货物运输合同纠纷案
——签单代理不承担无正本提单放货的违约责任

【合规提示】

本案系出口贸易货物在目的港无正本提单放货之后,单证在议付过程中被银行退单,发货人持全套正本提单起诉提单承运人、签单代理人,并要求其连带承担违约赔偿责任的案件。本案给提单持有人、提单承运人、签单代理人以下合规提示:(1)提单持有人主张无正本提单放货责任,要持有全套正本提单,并要证明提单的合法持有,以及在目的港提货不能的情况。(2)提单承运人要把握住目的港的控货权,做到凭单放货,避免无单放货情况的发生。(3)签单代理人在签发提单时一定要明确是代表本人还是代理他人签单的身份。

【案件信息】

1. 裁判文书字号

(2002)青海法海商初字第 102 号

2. 当事人

原告:威海同某进出口有限公司

被告:太某洋物流株式会社、青岛新某星船务代理有限公司

3. 关键词

民事　无单放货　契约承运人　签单代理　违约责任

【裁判要旨】

1. 提单中载明的向记名人交付货物,或者按照指示人的指示交付货物,或者向提单持有人交付货物的条款,构成承运人据以交付货物的保证。提单

所证明的承运人是承担海上货物运输合同责任的相对人。

2. 在凭签单代理的签单述明能够判明被代理人的情况下，应适用关于代理的民事法律规定作为判定责任的法律依据。

【基本案情】

太某洋物流是在韩国注册的从事国际货运代理企业，其从事经营的多式联运提单（FBL）已在FIATA备案，是可流通的单证。

新某星船务是经青岛市市南区工商行政管理局登记，从事"船舶代理，水路货运服务"等业务的企业。

2000年1月1日，新某星船务与太某洋物流签署了一份《代理协议》，约定新某星船务作为太某洋物流的业务总代理，代理货运及相关事宜。

2001年4月13日，原告作为卖方、萨某运动服公司作为买方签订了贸易合同，约定：萨某运动服购买原告双面绒上衣20 940件，价格方式CIF韩国釜山，总货值为98 072.00美元，货物于2001年6月20日前和8月20日前分两批交货，运输方式为海运，信用证结算。

2001年9月5日，原告将合同的第二批16 417件货物装箱，并在青岛交付承运人。该货物的报关单记载：双面绒上衣16 400件，货值为76 899.80美元。

当日，新某星船务作为太某洋物流的代理签发了一套（一式三份）太某洋物流的已装船清洁指示提单。该多式联运提单（FBL）的编号为QDXD21××××××，记载：托运人为原告，收货人凭WSBC指示，通知人为萨某运动服公司；装港为中国青岛，卸港为釜山；承运船舶为S×××× V.135E航次。

货物到达目的港后，货物被提走。

提单在议付过程中被银行退单，现该全套正本提单仍由原告持有。

原告诉至法院，请求依法判令被告赔偿原告的货物损失76 984.80美元及利息，并承担诉讼费用。

被告太某洋物流未提交答辩状。

被告新某星船务辩称：（1）本案太某洋物流是承运人，新某星船务是承运人在装货港即青岛港的代理，为承运人办理有关货运代理的事宜。货物装船后，其仅以被代理人的名义签发全套正本提单，不应承担被代理人的责任。

（2）凭正本提单交货是承运人的义务，货物交承运人后即由承运人控制，装港签单代理对目的港放货与否不能也不可能知道、预见和控制。（3）无单放货不是信用证拒付和退单的原因，而系原告自己的原因造成的，与新某星船务无关。故依法应驳回原告对新某星船务的起诉。

【裁判说理】

争议焦点：（1）涉案提单的有效性；（2）提单持有的合法性；（3）提单承运人的识别；（4）承运人对无单放货的责任承担。

青岛海事法院认为：

1. 太某洋物流在经营过程中所使用的多式联运提单（FBL）已在FIATA备案，是可流通的单证。在《国际海运条例实施细则》生效之前，中国的法律对该类多式联运提单在中国境内流通并未附加强制性的限制规范。因此，该提单签发时，太某洋物流的多式联运提单是有效的运输单证。

2. 原告所持有是在议付过程中被退回的全套正本提单，该提单的取得属依法取得，该提单项下的物权依法应予保护。

3. 提单显示新某星船务作为提单抬头的承运人（太某洋物流）的代理签发的该提单，这表明该提单载明的契约承运人为太某洋物流，新某星船务仅为太某洋物流的签单代理人。该提单证明，原告与太某洋物流之间的海上货物运输关系成立。

4. 太某洋物流作为提单的承运人，应当按照指示人的指示或者向提单持有人交付货物，履行其法定或约定的义务。太某洋物流没有出具放货的合法性证据，则该放货行为构成了违约，当对原告的货物损失承担其违约赔偿责任。

依据《民法通则》第63条第2款、第111条、《海商法》第71条以及有关法律的规定，判令：太某洋物流于本判决生效后十日内向原告偿付货款76 984.80美元及利息（自2001年9月23日至应付款之日止，按中国人民银行规定的美元贷款利率计算）；驳回原告对新某星船务的诉讼请求。案件受理费、财产保全费，由太某洋物流负担。

青岛海事法院以判决方式结案。原告提起上诉，在二审审理期间因其提出撤回上诉被山东省高级人民法院裁定准许，一审判决生效。

【法官后语】

（1）关于主张无正本提单权利的提单。权利人应持有全套正本提单，并须证明所持有提单的合法性。（2）关于提单承运人的识别，航运实践中，提单签发人可以用自己名义签发提单；也可以是以代理人名义签发提单，而被代理人常有空白、明示的情形。对签单代理以自己名义签发提单的，应认定为签单人为提单承运人；对签发的被代理人空白的提单，通常认定所使用的提单所有人为提单承运人；对被代理人明确的，要识别被代理人身份进一步确定提单承运人。

【相关法条】

1.《中华人民共和国民法通则》（2021年1月1日废止）

第六十三条 公民、法人可以通过代理人实施民事法律行为。

代理人在代理权限内，以被代理人的名义实施民事法律行为。被代理人对代理人的代理行为，承担民事责任。

依照法律规定或者按照双方当事人约定，应当由本人实施的民事法律行为，不得代理。

第一百一十一条 当事人一方不履行合同义务或者履行合同义务不符合约定条件的，另一方有权要求履行或者采取补救措施，并有权要求赔偿损失。

对应新法：

《中华人民共和国民法典》（2021年1月1日施行）

第一百六十二条 代理人在代理权限内，以被代理人名义实施的民事法律行为，对被代理人发生效力。

第五百零九条 当事人应当按照约定全面履行自己的义务。

当事人应当遵循诚信原则，根据合同的性质、目的和交易习惯履行通知、协助、保密等义务。

当事人在履行合同过程中，应当避免浪费资源、污染环境和破坏生态。

2.《中华人民共和国海商法》（1993年7月1日施行）

第七十一条 提单，是指用以证明海上货物运输合同和货物已经由承运人接收或者装船，以及承运人保证据以交付货物的单证。提单中载明的向记名人交付货物,或者按照指示人的指示交付货物,或者向提单持有人交付货物的条款,构成承运人据以交付货物的保证。

承办人:郭彦滨

编写人:郭彦滨

25. 胶州市某公司诉
青岛怡某货运咨询有限公司海上货物运输合同纠纷案
——无正本提单放货项下诉讼时效应
从托收行通知托运人取单之日起算

【合规提示】

本案系一起因承运人无单放货致使正本提单持有人权益受损,正本提单持有人诉承运人要求赔偿其损失的海上货物运输合同纠纷案件。本案中原被告争议的焦点为原告的起诉是否超过诉讼时效。在无单放货情形下,因无明确符合《海商法》所规定的"交付"情形,故一般以正本提单持有人知道或者应当知道权利被侵害时作为诉讼时效的起算点。对于正本提单持有人来说,《海商法》第257条规定的"就海上货物运输向承运人要求赔偿的请求权,时效期间为一年,自承运人交付或者应当交付货物之日起计算;……"有别于一般民事法律中所规定的诉讼时效,在协商不成的情形下及时通过诉讼或仲裁途径解决争议。对于承运人来说,正本提单是海上货物运输的物权凭证,承运人应当规范其提单的签发流程,避免出现签发多份提单及出现未见单放货的情形,避免自身损失。

【案件信息】

1. 裁判文书字号

(2001)青海法海商初字第168号、(2002)鲁民四终字第69号

2. 当事人

原告：胶州市某公司

被告：青岛怡某货运咨询有限公司

3. 关键词

民事　海上货物运输合同　无单放货　诉讼时效　交付时点

【裁判要旨】

1.《海商法》为海事海商案件的特别法，适用"特别法优于一般法"之原则。其确切规定海上运输过程中发生的海事海商纠纷的诉讼时效期间为一年，则不论行为人的行为系侵权行为还是违约行为，只要发生在海上运输过程中，就应适用《海商法》关于诉讼时效期间一年的规定，不应适用《民法通则》关于诉讼时效期间为二年的规定。

2. 无单放货项下，因承运人未见正本提单放货，提单持有人往往难以准确知道货物交付时间，在该情况下以"交付"时间为起算点，必然有害于受害人的利益。从公平角度出发，对于诉讼时效的起算点应依照《民法通则》（现为《民法典》）的规定，以知道或应当知道权利被侵害时作为时效的起算点。因货物已在无正本提单情形下由承运人所放走，故"交付"时间应理解为托收行通知货主取单之日为"交付"日期，诉讼时效应以此起算。

【基本案情】

原告胶州市某公司诉称，2000年1月，原告作为卖方与买方美国W××××公司签订中国花生购货合同后，原告委托被告青岛怡某货运咨询有限公司承运该批货物。被告收取原告运费后，向原告签发了正本提单三份，被告租用的货轮抵达目的港后，未经原告授权或告知，擅自无单放货，致使银行退单，原告不能收回货款。故原告胶州市某公司提出诉讼请求：要求被告赔偿货款损失21 472.00美元及利息、运杂费3883.20美元及利息。在庭审过程中，原告胶州市某公司变更诉讼请求与诉因，要求被告赔偿货款损失25 272.00美元，折合人民币208 873.68元，运费人民币61 080.37元，合计人民币269 954.05元，并认为被告无单放货行为构成了对其货物所有权的侵权，要求被告交付提单项下的货物，或者赔偿其全部损失。

被告青岛怡某货运咨询有限公司辩称，其不应对原告的损失负责。主要根据与理由是：（1）原告的诉讼请求已超过诉讼时效，其权利不应再受法律保护。根据我国《海商法》第 257 条规定，就海上货物运输向承运人要求赔偿的请求权，时效为一年，自承运人交付或应当交付货物之日起计算。既然原告明确表示其与被告海上货物运输合同合法有效，应按我国《海商法》的规定来确定向承运人索赔的时效，即应从被告在目的港放货的时间 2000 年 4 月 7 日起开始计算，原告于 2001 年 6 月 26 日才向法院提起诉讼，早已超过一年的诉讼时效，因此被告请求法院驳回原告的诉讼请求。（2）原告系 W×××× 公司的代理人，不是本运输合同的托运人，同时也不是购货合同的卖方，仅是 W×××× 公司的代理，其没有权利要求被告赔偿其损失。（3）本票货物的最终收货人已经付款给了美国 W×××× 公司。因此不存在货款的损失，至于原告所称未收回货款，是其与 W×××× 公司之间的事情，与被告及本案无关。

经审理查明，2000 年 1 月 13 日，原告作为卖方与买方美国 W×××× 公司签订 T 2069 号中国花生购货合同，合同约定标的物为中国花生，单价成本每公吨 720 美元，含保险到岸价格 4% 佣金，货物净成本 25 920.00 美元，付款条件 D/P，依正本提单传真件支付 15%，85% 凭单据通过 H 银行国际业务部支付现金，并约定植物检疫证明及提单中须写明胶州某公司作为托运人/出口商代理 W×××× 公司，收货人为墨西哥 C×××。之后原告委托被告青岛怡某货运咨询有限公司以集装箱运输方式承运该批货物，被告向原告签发了提单号为 YCQD×××××× 的正本提单三份，提单上载明：胶州市某公司作为托运人，出口商代理为 W×××× 公司；收货人为墨西哥 C×××；通知方为 A××××××，船名为 J×××××；装运港：中国青岛；卸货港：墨西哥 MANZANILLO 港；交货地：墨西哥 MANZANILLO；货物：中国花生；数量：1170 箱；集装箱号：CRXU×××911/B×××051，CRXU×××900/B×××062。运费预付。

头船（一程船）于 3 月 9 日从青岛港出发，将该票货物运到韩国釜山港，由被告怡某货运咨询有限公司租用的 CSAV 公司所属的 IWAKI 号船转运往墨西哥 MANZANILLO 港，航次 0471S，二程船 CSAV 签发的提单号为 VHE××××××，集装箱号码为 CRXU×××911/CRXU×××900；提单上记载：托运人 Y×××；收货人 A×××；货物品名，中国花生；数量 1170 箱，重 35 160 KGS。运费预付。IWAKI 号于 2000 年 4 月 6 日到达目的港墨西哥曼萨尼略港，放货给收货人A×××的时间是2000年4月7日，4月18日空集装箱返回CSAV在曼萨尼略港的堆场。2000年3月4日，原告委托华夏银行某支行出口托收货款，付款人W××××公司，代收行H银行。

2000年10月18日，代收行将全套单据退回原告托收行华夏银行某支行，该行于2000年10月31日通知原告胶州市某公司取单。2001年7月24日该公司将全套单据从银行取回。

另查明，原告与美国W××××公司之间的购货合同约定该货物价格为CIF价，包括成本、运费及保险费，货款总额为25 272.00美元。

【裁判说理】

争议焦点：原告胶州市某公司的请求是否已经超过诉讼时效，其权利是否应受法律保护。

青岛海事法院认为：被告主张依据《海商法》第257条的规定，"就海上货物运输向承运人要求赔偿的请求权，时效期间为一年，自承运人交付或者应当交付货物之日起计算"。本案时效起算应从实际承运人CSAV在目的港把货物实际放给收货人的日期2000年4月7日起算，原告于2000年6月26日才向法院提起诉讼，显然时效已过。原告认为无单放货系侵权纠纷，应适用《民法通则》规定的二年时效，从权利人知道或应当知道权利被侵害时起计算。法院认为，基于本案的实际情况，依据《民法通则》《合同法》及《海商法》的有关规定，本案应适用《海商法》的一年时效规定，时效期间从权利人"知道或应当知道权利被侵害之日"或承运人"应当交付之日"起计算，理由如下：

1. 本案的诉讼时效期间应是一年。本案所涉及的无单放货纠纷虽然是侵权行为，然而其仍属于在海上运输中发生的纠纷之一，《海商法》第257条的规定表明，不论纠纷的性质是违约还是侵权，只要发生在海上运输过程中，向承运人索赔均应适用一年时效。从《民法通则》与《海商法》的关系来看，《民法通则》是普通法，《海商法》是特别法，依特别法优于普通法适用的原则，因无单放货引发的向承运人的索赔时效期间应当适用《海商法》第257条一年时效期间，不适用《民法通则》的二年时效期间。

2. 就时效起算点来看，本案的时效起算点应以《民法通则》规定的从"知道或应当知道权利被侵害时起"计算。本案原告选择侵权之诉主张权利，依照《民法通则》的规定，侵权之诉的时效起算应以原告"知道或应当知道权利被侵害时起"计算。《海商法》第257条关于时效起算的规定不区分违约与侵权，一概照搬国际公约（指《海牙规则》——《海牙规则》的时效仅适用于因提单运输引起的合同纠纷，不适用于侵权纠纷）的规定，适用于无单放货、倒签提单等具有侵权性质的纠纷，会造成对受害人权益的重大损害，因为以被告主张的"交付时间"起算时效的话，往往由于承运人对事实的故意隐瞒和有意拖延，一年的短暂时效很快错过，对权利人来说极为不公平。再者，对无单放货情形，正因为承运人未见正本提单放货，所以提单持有人往往难以准确知道货物交付时间，在该情况下以"交付"时间为起算点，必然有害于受害人的利益。而从公平角度出发，依《民法通则》的规定，以知道或应当知道权利被侵害时做时效的起算点，符合时效制度的本质，也与最高人民法院于1997年作出的《关于承运人就海上货物运输向托运人、收货人或提单持有人要求赔偿的请求权时效期间的批复》相吻合。因而法院认为，本案应以托收行通知原告取单之日2000年10月31日起为时效起算点，对被告主张应从货物交付之日2000年4月7日起计算时效的主张不予支持。

3. 退一步讲，即使以《海商法》第257条的规定以"交付或应当交付货物之日起"计算，得出的结论与上面也是一致的。应当明确的重要问题是何为"交付"？我国《海商法》对货物的交付有专节进行规定，除在卸货港无人提取货物或收货人拒绝提取货物等例外情况外，《海商法》相关条文的精神是承运人应在提单约定的卸货港向持正本提单的收货人交付货物，才构成《海商法》上的"交付"。本案中承运人未凭正本提单放货给收货人这一行为不构成恰当适法的"交付"，因此时效起算不应当从其无单放货的实际日期2000年4月7日起算；由于货物已放走不可收回，时效只能从"应当交付"之日起计算，所谓的"应当交付"是法律上的一种拟制，货物已经放掉，只能以法律逻辑来推论，以假如货物尚在承运人掌握之中，合法提单持有人得向其提示提单，主张被告交付货物的最早日期为被告"应当交付"的日期。本案中托收行于2000年10月18日要求代收行退回全套单据，代收行于当日将全套单据退回，10月31日托收行通知原告胶州某公司取单，2001年7月24日原告将全套单据取回；其中，2000年10月31日银行通知原告取单之日为原告得以取得提单、向被告要求交付货物的最早日期。因此，按"应当交付"

之日起算时效的话，亦应当从 2000 年 10 月 31 日起计算，原告的请求并未超过一年的时效期间，依法应予保护。

2002 年 4 月 8 日，青岛海事法院作出（2001）青海法海商初字第 168 号民事判决书，判决：被告青岛怡某货运咨询有限公司赔付原告胶州市某公司 25 272.80 美元，加自 2001 年 6 月 26 日起至判决生效之日止的银行同期存款利息，于判决生效之日起十日内一次付清。

被告青岛怡某货运咨询有限公司不服一审判决，向山东省高级人民法院提起上诉。二审中，经山东省高级人民法院主持调解，双方当事人达成调解协议。2002 年 12 月 26 日，山东省高级人民法院作出（2002）鲁民四终字第 69 号民事调解书，确认了双方当事人达成的被告支付原告损失 5 万元，并分担一半二审上诉费的调解协议。

【法官后语】

在海上运输中，提单为承运人确定向何主体卸运、交付货物的通常凭证。其货物交付流程一般为海运承运人收到所需运送的货物后，根据货物清点、称重等情况进行如实记载并向托运人签发海运提单。货物在海上运输过程中，托运人会根据买卖合同的约定情况将承运人签发的海运提单转移至其他主体。货物完成运输到达目的地后，承运人具有向提单持有人交付货物的法定义务。随着运输效率的不断发展与在途货物买卖等影响，海上船舶运输效率较之以往具有显著提升，致使原有提单流转速度快于货物运输速度的情况得以扭转，也经常出现提单流转速度慢于海上货物运送速度的情况。在前述情形下，承运人由于货物滞期、港口滞留等原因在未核实、验证提单真伪或未见正本提单的情况下向他人交付货物，即所谓无单放货。海事司法实践中，无单放货所引起的海事海商纠纷案件占据相当比例。据统计，中国每年审理的无单放货案件约占其他国家审理同类案件的总和，此类案件的审理对国外亦有一定程度的影响。[①]

对于无单放货下"交付"行为的认定标准，在本案审理当时并无确切的法律指引。对此，有实务界人士提出并非特别情形下的集装箱拆箱、货物清

---

① 参见刘寿杰：《解读〈最高人民法院关于审理无正本提单交付货物案件适用法律若干问题的规定〉》，载《中国海商法年刊》2009 年第 3 期。

关、提货不着等均可作为无单放货项下"交付"的认定考量因素。[①]2009年最高人民法院发布的《关于审理无正本提单交付货物案件适用法律若干问题的规定》第14条也明确了海上运输合同纠纷案件中诉讼时效应当依照《海商法》第257条的特别规定确定。但其对于诉讼时效起算点仍作出"自承运人应当交付货物之日起计算"的表述，也并未明确"交付"应当采何标准予以认定。

国际海上货物运输合同作为国际性合同，在法律适用上所遵循的原则为当事人意思自治原则以及最密切联系原则；凭正本提单交货是国际海运的基本原则，对于记名提单，亦须如此。对海上货物的交付，我国《海商法》在第四章第五节专节规定了货物交付，其中包含货物检验、无人提取货物等规定，但无单放货项下，货物实际已经交付完毕，若要以货物实际交付日期认定为诉讼时效起算点，则可能面临托运人权益将受实际减损之情形。前述情形即货物已经交付完毕的情况下，托运人对货物的实际到港时间和货物的实际交付时间均不知情，碍于托运人、承运人之间的信息掌握差距，承运人可通过各种方式向托运人隐瞒真实到港及放货时间，使得托运人得知的货物交付时间极大可能晚于货物的实际交付时间，托运人的诉讼权利将受极大压缩。故在货物已经实际交付，人民法院审查"应当交付"时间以确定诉讼时效起算点时，更应从维护托运人权利的角度予以考量。在综合考量托运人信息获取能力、调查取证难度并结合当事人在前手买卖合同及后手海上货物运输合同中的约定及流程，以法律逻辑进行适当推理，总结"应当交付"的最早时间，以此确定诉讼时效的起算点。

【相关法条】

1.《中华人民共和国海商法》（1993年7月1日施行）

第七十一条 提单，是指用以证明海上货物运输合同和货物已经由承运人接收或者装船，以及承运人保证据以交付货物的单证。提单中载明的向记名人交付货物，或者按照指示人的指示交付货物，或者向提单持有人交付货物的条款，构成承运人据以交付货物的保证。

[①] 参见方懿：《无单放货审判实务中货物交付的认定标准》，载《中国海商法研究》2014年第3期。

第二百五十七条　就海上货物运输向承运人要求赔偿的请求权，时效期间为一年，自承运人交付或者应当交付货物之日起计算；在时效期间内或者时效期间届满后，被认定为负有责任的人向第三人提起追偿请求的，时效期间为九十日，自追偿请求人解决原赔偿请求之日起或者收到受理对其本人提起诉讼的法院的起诉状副本之日起计算。

有关航次租船合同的请求权，时效期间为二年，自知道或者应当知道权利被侵害之日起计算。

2.《中华人民共和国民法通则》(2021年1月1日废止)

第一百零六条　公民、法人违反合同或者不履行其他义务的，应当承担民事责任。

公民、法人由于过错侵害国家的、集体的财产，侵害他人财产、人身的，应当承担民事责任。

没有过错，但法律规定应当承担民事责任的，应当承担民事责任。

第一百三十七条　诉讼时效期间从知道或者应当知道权利被侵害时起计算。但是，从权利被侵害之日起超过二十年的，人民法院不予保护。有特殊情况的，人民法院可以延长诉讼时效期间。

对应新法：

《中华人民共和国民法典》(2021年1月1日施行)

第一百七十六条　民事主体依照法律规定或者按照当事人约定，履行民事义务，承担民事责任。

第一百八十八条　向人民法院请求保护民事权利的诉讼时效期间为三年。法律另有规定的，依照其规定。

诉讼时效期间自权利人知道或者应当知道权利受到损害以及义务人之日起计算。法律另有规定的，依照其规定。但是，自权利受到损害之日起超过二十年的，人民法院不予保护，有特殊情况的，人民法院可以根据权利人的申请决定延长。

承办人：杨俊杰

编写人：郭郑超　赵忆雪　杨紫琼

26. 山东省莱某染织厂诉华某运输有限公司海上货物运输合同纠纷案
——无船承运人是否接收货物的审查

【合规提示】

本案系无船承运人签署的中国青岛至孟加拉国吉大港的全程提单后，所承运货物实际在香港中转，无船承运人收回一程船海运提单后，对经二程换单并抵达目的港的货物没有尽到控货义务，导致货物被无正本提单放行。结汇过程中贸易买家分别以货物不对、客检证不符之由，信用证被拒付，两份全套正本提单均被退回。卖家持全套正本提单向无船承运人主张无正本提单放货的违约赔偿责任。本案给各方以下合规提示：（1）客检证问题系跟单信用证结算方式中"软条款"，很容易据此被拒付导致货款无法收取，贸易实务中要认真识别，拒绝接受"软条款"。（2）无船承运人对全程运输负责的义务，要求无船承运人必须履行好中转港的货物与实际承运单证的交接与管控，以及货物在目的港的管控。（3）必须加强对公司人员及单证的规范管理。

【案件信息】

1. 裁判文书字号

（2000）青海法商初字第63号、（2001）鲁民四终字第297号、（2003）鲁民四监字第7号

2. 当事人

原告：山东省莱某染织厂

被告：华某运输有限公司

3. 关键词

民事　无单放货　双重代理　货物交付　提单规定解读　违约责任

📚【裁判要旨】

提单中载明的向记名人交付货物，或者按照指示人的指示交付货物，或者向提单持有人交付货物的条款，构成承运人据以交付货物的保证。贸易卖家发货后，持结算中被退回的全套正本提单，可以向无船承运人主张无正本提单放货的违约责任。

📚【基本案情】

本案系山东省莱某染织厂（以下简称莱某染织厂）诉被告华某运输有限公司（以下简称华某公司）海上货物运输合同纠纷案件，经过青岛海事法院一审判决莱某染织厂胜诉；华某公司上诉，经山东省高级人民法院二审撤销一审判决并判令莱某染织厂败诉；莱某染织厂申诉，山东省高级人民法院裁定对本案再审；山东省高级人民法院再审，撤销二审判决、维持一审判决的案件。

法院审理查明的事实如下：1999年10月，莱某染织厂与（香港）嘉某实业公司签订售货确认书，约定嘉某实业公司购买莱某染织厂的全棉靛蓝牛仔布，数量为272 950码，贸易条款为FOB中国青岛；信用证结算，总货值为361 761.75美元；装船期限：信用证到厂确认后12月10日前全部交清；双方指定装运口岸（代理）为熙某（香港）有限公司青岛办事处（以下简称熙某青岛办）；付款条件：买方须于1999年11月1日开立保兑、不可撤销、无追索权、可转让及可分割、以卖方为抬头、见票即付的信用证，其有效期应为装船期后35天。

售货确认书签订后，莱某染织厂便与自称为熙某青岛办负责人的王某联系，双方商定熙某青岛办为莱某染织厂的货方代理。之后，莱某染织厂为向（香港）嘉某实业公司出口货物数量为4000码的货样，向熙某青岛办发出委托书，委托其办理租船订舱及报关业务。

12月6日，熙某青岛办向莱某染织厂发出"送货通知"，告知船期为12月10日，船名"普·哈某尼"，9907航次，提单号为GMQD××××××，送货时间为12月9日10时前，送货及交货地址为青岛胜狮货柜。

12月10日，熙某青岛办向莱某染织厂传真了华某公司的GMQD×××××号提单副本，莱某染织厂予以确认。熙某青岛办随将华某公司青岛分公司签发的GMQD×××××号全套正本提单一式三份寄给了莱某染织厂。该提单记载托运人为莱某染织厂，收货人凭指示，"普·哈某尼"轮9907航次，装港为中国青岛，卸港为孟加拉吉大港。50包4000码纯棉靛蓝牛仔布，毛重为2330千克，运费到付等。

同日，王某就上述货物安排自环某海运公司（以下简称环某公司）订舱出运，该公司签发了GMQD×××××号海运提单。该提单载明：托运人为熙某青岛办，收货人为伟某船务代理公司（以下简称伟某公司），"普·哈某尼"轮9907航次，装港为中国青岛，卸港为香港。该提单由王某交给了伟某公司。该货样已在香港被提取，环某公司收回了其签发的GMQD×××××号海运提单正本。

莱某染织厂1999年12月7日开具的99LW×××号发票，显示该货样的总价值为5280.00美元。

12月29日，莱某染织厂就贸易合同项下的272 950码货物，再次向熙某青岛办发出委托书，委托熙某青岛办租船订舱、出口报关。

12月30日，熙某青岛办发传真告知莱某染织厂：船名为"吉某"，V001航次，提单号JX××××××，船期2000年1月6日，货物堆场：汽运场站。

2000年1月3日，熙某青岛办派车将货物从莱某染织厂处运至装港。

1月6日，熙某青岛办向莱某染织厂传真了华某公司的JX××××××号提单副本，要求莱某染织厂确认。该副本提单记载：托运人为莱某染织厂，收货人凭指示，"吉某"轮001航次，装港为中国青岛、卸港为孟加拉吉大港，3336包纯棉靛蓝牛仔布，毛重159 100公斤，信用证号W×××××，运费到付等。莱某染织厂予以确认。

同日，王某就该货物向船公司青岛海某实业公司订舱出运，该公司签发了JX××××××号海运提单。该提单载明：托运人为熙某青岛办，收货人为伟某公司，"吉某"轮001航次，装港为青岛港，卸港为香港。该提单由王某交给了伟某公司。

1月7日，熙某青岛办王某将华某公司青岛分公司签发的JX××××××号全套正本提单一式三份交给莱某染织厂。提单记载的内容与1月6日熙某青岛办向莱某染织厂传真的副本提单内容一致。

莱某染织厂2000年1月3日开具的99LW×××号发票，显示该货物的总价值为 361 761.75 美元。

1月10日，伟某公司在香港出具了青岛海某实业公司签发的 JX××××××号海运提单，换取了提货单后，将货物提走。

在莱某染织厂持华某公司签发的 GM××××××号全套正本提单与 JX××××××号全套正本提单结汇过程中，分别因货物不对、客检证不符之由，两套提单均被退回。现两套正本提单仍由莱某染织厂持有。莱某染织厂凭提单向华某公司主张其权利。

另查明，青岛熙某青岛办为（香港）熙某有限公司在青岛设立的办事处，该办事处于1996年4月2日经青岛市对外经济贸易委员会批准设立，于1998年4月16日经青岛市工商局核准登记，登记证有效期限为1996年4月2日至1999年4月1日，业务范围为与公司的货运代理业务有关的咨询，联络和服务，中间经过一次变更，变更后登记的驻在期限为1998年4月2日至1999年4月1日。到期后该办事处未再办理工商的续展手续。王某自称熙某青岛办负责人，但其未有熙某公司或熙某青岛办的任何委任或委任手续，同时王某任华某公司的海运部负责人职务。莱某染织厂在本次业务操作前便知晓王某的熙某青岛办负责人和华某公司海运部负责人的身份。

在熙某青岛办就上述出口货样与出口货物在青岛海关办理报关的相关海关报关单中显示报关员为王某，华某公司青岛办事处加盖了报关专用章。

莱某染织厂持上述全套正本提单要求被告交付其承运的货物或赔偿相应的损失，并承担诉讼费用。

华某公司辩称：其与莱某染织厂之间不存在运输合同关系，由于莱某染织厂与其客户的贸易条款是 FOB 青岛，只需要将贸易合同项下的货物交给买方或其代理指定的船公司即可。事实上莱某染织厂与华某公司从未签订过任何形式的运输合同。同时，莱某染织厂也未向华某公司交付过货物，莱某染织厂手中持有的华某公司提单是华某公司职工王某利用职务之便私自对外出具的，该行为是王某的个人行为，应由其个人而非华某公司承担责任。综上，华某公司不承担向原告交货或赔偿责任，依法应驳回莱某染织厂的诉讼请求。

【裁判说理】

争议焦点：（1）本案作为华某公司海运部负责人王某签发提单的行为是职务行为还是盗用行为；（2）具有双重身份的王某向实际承运人交付货物的

行为代表谁;(3)无船承运人对无单放货行为是否要担责。

青岛海事法院认为:

1. 莱某染织厂委托熙某青岛办作为货运代理办理货物托运及租船订舱业务,王某向莱某染织厂交付了华某公司签发的货物已装船海运提单。莱某染织厂、华某公司之间的海上货物运输合同关系成立。

2. 莱某染织厂作为提单的合法持有人,有权要求华某公司依提单记载交付货物;华某公司作为承运人负有据提单交付货物的义务,否则应当承担交货不能导致的莱某染织厂的损失。

3. 华某公司关于提单被王某盗窃的主张,证据不足,依法不予支持。

依照《民法通则》第106条、《海商法》第71条及有关法律之规定,判令:华某公司应于判决生效后十日内赔偿莱某染织厂货款损失367 041.75美元及利息(利率按中国人民银行同期美元存款利率计算),逾期加倍支付迟延履行期间的债务利息。案件受理费25 243.00元,财产保全申请费16 520.00元由华某公司负担。

山东省高级人民法院二审审理认为:莱某染织厂将待运的货物委托熙某青岛办为其装运港的代理人,但熙某青岛办在1999年4月1日工商登记手续到期后,未再办理续展或变更手续,故自上述日期后对其作为熙某公司在青岛设立的分支机构的地位不予认定。王某在未取得熙某公司或熙某青岛办授权的情况下对外自称熙某青岛办负责人,并以熙某青岛办的名义与莱某染织厂达成的货物委代关系应视为王某个人与莱某染织厂达成了上述货物委代关系。在本次业务中,王某以熙某青岛办名义从事的行为均应为王某个人的行为。

王某在接受莱某染织厂的委托后,又代表华某公司向莱某染织厂签发了已装船提单,由于王某时任华某公司海运部负责人,其业务权限中包括代表华某公司对外签署运输单证,故其向莱某染织厂签发的提单是其职务行为的结果。该提单证明的海上运输关系成立、有效。华某公司抗辩的王某利用职务之便盗用华某公司提单,擅自向莱某染织厂签发提单,从而该提单关系无效的理由不成立。

在认定华某公司向莱某染织厂签发的提单成立、有效的前提下,莱某染织厂是否向华某公司交付了运输货物是本案当事人双方争辩的主要问题,也是本案中决定华某公司应否依据提单向莱某染织厂返还货物的关键。在本案形成诉讼时，莱某染织厂虽然持有提单，但莱某染织厂为该提单证明的运输关系中的托运人而非提单的善意受让人，因此，按照《海商法》第77条的规定，本案诉争所涉及的提单不能成为承运人华某公司按提单表面记载接收货物的绝对证据，该提单仅为华某公司接收货物的初步证据。华某公司是否真实地接收了货物，应以本案中当事人双方提供的证据所证明的法律事实予以认定。

从莱某染织厂货物的运输过程来看，莱某染织厂在与嘉某实业公司签订售货确认书后，在知道王某为华某公司海运部负责人以及王某自称的熙某青岛办负责人双重身份的情况下，未核实王某是否有权代表熙某青岛办，便与王某协商由莱某染织厂委托熙某青岛办作为其货运代理。王某在以熙某青岛办的名义接受莱某染织厂的委托后，又以熙某青岛办的名义先后向莱某染织厂发出"送货通知书"，莱某染织厂按照上述指令或将大货样送到装运港，或由王某将货物自提到装运港。货物到港后，王某虽以华某公司的名义分别就上述大货样及货物签发了提单，但同时又以熙某青岛办作为托运人申请环某公司和海某公司签发了提单。上述大货样及货物实际按照环某公司、海某公司签发的以熙某青岛办为托运人，以伟某公司为记名收货人的提单得以装船运输，随后，王某将上述记名提单交付给伟某公司，伟某公司依据上述记名提单在香港将大货样及货物提走。

在上述过程中，王某除代表华某公司签发了以莱某染织厂为托运人的两份提单外，未再以华某公司的名义从事过任何活动，从通知发货、接收货物及向环某公司、海某公司交付货物以及申请环某公司、海某公司签发提单的过程看，王某均是以熙某青岛办的名义从事的行为，环某公司、海某公司作为承运人接收的是熙某青岛办的货物而非接收的华某公司的货物，由莱某染织厂按照王某（熙某青岛办）指示送货到港，王某以熙某青岛办的名义向承运人环某公司、海某公司交付货物，环某公司、海某公司签发出以熙某青岛办为托运人的提单的全过程自然地排斥了华某公司接收了莱某染织厂货物的行为。因而，依据上述认定，虽然莱某染织厂持有华某公司签发的货物已装船提单，但莱某染织厂的货物并没有实际交付于华某公司，故莱某染织厂请求华某公司返还货物的请求缺乏事实依据，其请求不能得以支持。

综上所述，华某公司上诉有理，其上诉请求应予以支持，原审判决认定事实不清，适用法律不当，应予以纠正。依据《民事诉讼法》第153条第1款第3项之规定，判决：一、撤销青岛海事法院（2000）青海法海商初字第63号民事判决。二、驳回莱某染织厂对华某公司的诉讼请求。一审案件受理费25 243元，财产保全申请费16 520元，二审案件受理费25 243元，均由莱某染织厂承担。

山东省高级人民法院再审审理认为：本案是因运输合同而产生的无正本提单放货纠纷，双方当事人争议的标的在中华人民共和国境外，因此本案为涉外案件。双方当事人对处理本案纠纷应适用的法律未作约定，在诉讼中双方均以中华人民共和国法律为依据陈述各自的理由，应视为双方选择中华人民共和国法律作为处理纠纷的依据，该选择符合法律规定，因此，中华人民共和国法律为审理本案的准据法。

根据申诉人的申诉和被申诉人的答辩，双方当事人争议的焦点问题是二审判决适用法律和认定事实是否错误，华某公司应否对莱某染织厂的货物损失承担赔偿责任。

关于二审法院是否适用法律错误问题，主要是如何理解我国《海商法》中关于提单的性质。《海商法》第71条规定："提单，是指用以证明海上货物运输合同和货物已经由承运人接收或者装船，以及承运人保证据以交付货物的单证。提单中载明的向记名人交付货物，或者按照指示人的指示交付货物，或者向提单持有人交付货物的条款，构成承运人据以交付货物的保证。"据此，提单是承运人已经接收货物的证明。《海商法》第77条规定："除依照本法第七十五条的规定作出保留外，承运人或者代其签发提单的人签发的提单，是承运人已经按照提单所载状况收到货物或者货物已经装船的初步证据；承运人向善意受让提单的包括收货人在内的第三人提出的与提单所载状况不同的证据，不予承认。"对于该条的理解涉及"提单是否承运人收到货物的初步证据"问题，是双方当事人争议的焦点。对法律条文的理解应当结合整个法律，不能孤立地对待某个条文。《海商法》第75条规定："承运人或者代其签发提单的人，知道或者有合理的根据怀疑提单记载的货物的品名、标志、包数或者件数、重量或者体积与实际接收的货物不符，在签发已装船提单的情况下怀疑与已装船的货物不符，或者没有适当的方法核对提单记载的，可以在提单上批注，说明不符之处、怀疑的根据或者说明无法核对。"第76条规定："承运人或者代其签发提单的人未在提单上批注货物表面状况的，视为货物的表面状况良好。"将第 71 条、第 75 条、第 76 条、第 77 条这几个条款结合来看，第 71 条首先明确了提单是承运人接收货物的证明，第 77 条的前提是除了依照第 75 条规定作出的保留，提单是承运人已经按照提单所载状况收到货物或者货物已经装船的初步证据，而第 75 条指向的也是货物是否与提单记载一致的问题。因此，第 75 条、第 76 条、第 77 条的内在逻辑关系表明，提单是承运人已经按照提单所载状况收到货物的初步证明，强调的是承运人收到的货物是否与提单一致，而非承运人收到货物的初步证明。因此，二审判决理解法律不当。

根据我国《海商法》的规定，提单是证明海上货物运输合同和货物已经由承运人接收或者装船的单证。本案中华某公司签发的以莱某染织厂为托运人的提单真实，王某是华某公司海运部负责人，其在业务权限内签发提单的行为是职务行为，莱某染织厂主张王某利用职务之便盗用提单证据不足，二审判决认定该提单证明的海上运输关系成立、有效正确。华某公司的提单表明双方之间建立了海上货物运输合同关系、华某公司收到莱某染织厂交付的货物。

关于二审法院是否认定事实错误问题。在无船承运业务中无船承运人未必实际接收货物，而是可以指示托运人将货物交给实际承运人，由无船承运人向托运人签发提单，该提单即是其收到货物的证明，托运人向实际承运人交付货物的行为则同时代表了无船承运人向实际承运人交付货物。本案中，华某公司作为无船承运人向莱某染织厂签发了提单，莱某染织厂的货物也由王某实际交到了华某公司提单中载明的船上，双方当事人争议的焦点是具有双重身份的王某向实际承运人交付货物的行为代表谁。王某是华某公司的海运部经理并自称熙某青岛办的负责人，其具体从事了签发提单并交付莱某染织厂，以及将莱某染织厂的货物安排由华某公司提单中载明的船舶运输的行为，王某对于应如何向实际承运人交付货物是明知的。在本案的无船承运人运输业务中，王某向实际承运人交货的行为若以熙某青岛办的名义，则符合按无船承运人指示交付的做法，若以华某公司的名义则更表明华某公司实际收到货物并予以交付。因此，无论王某在本案中以熙某青岛办的名义还是以华某公司的名义向船方交付货物均不能推翻华某公司已经收到货物的事实，二审判决认定华某公司没有收到提单项下的货物不当。

关于华某公司应否承担责任问题。华某公司作为海上运输合同关系中的承运人负有凭正本提单交付货物的义务。华某公司的职员王某将华某公司的提单交付莱某染织厂后，华某公司即应承担提单项下的交货义务。本案中王某作为华某公司的职员在以华某公司名义向莱某染织厂签发提单后，应以华某公司的名义并作为托运人申请相关船公司签发提单，且实际控制该提单。但是王某却以熙某青岛办作为托运人申请船公司签发提单，并将该提单交付伟某公司，导致货物被伟某公司提走，因而莱某染织厂在银行退单后，虽持有华某公司的正本提单，却无法实现提单权利。该行为是王某作为华某公司职员对其职责的违反，华某公司应对王某的行为给莱某染织厂造成的损失承担责任，即在无法交付提单项下货物的情况下应赔偿莱某染织厂的货款损失。二审判决驳回莱某染织厂的诉讼请求不当，原一审判决认定事实清楚、适用法律正确，但判决中未明确华某公司承担莱某染织厂货款损失的利息起算时间不当。根据《民法通则》第106条第1款、第112条第1款，《海商法》第55条、第71条，《民事诉讼法》第153条第3项，判决：一、撤销山东省高级人民法院（2001）鲁民四终字第297号民事判决；二、维持青岛海事法院（2000）青海法商初字第63号民事判决；三、华某公司应支付莱某染织厂的利息自2000年1月10日起计算。一、二审案件受理费各25 243元、财产保全费16 520元由华某公司负担。

【法官后语】

基于对法律条文理解的不同，产生了本案一、二审截然相反的裁判结果，本案再审判决对我国《海商法》相关法条的逻辑关系进行了剖析，对如何理解我国《海商法》中关于提单的性质进行了全面系统的解读。认为：

《海商法》第71条规定："提单，是指用以证明海上货物运输合同和货物已经由承运人接收或者装船，以及承运人保证据以交付货物的单证。提单中载明的向记名人交付货物，或者按照指示人的指示交付货物，或者向提单持有人交付货物的条款，构成承运人据以交付货物的保证。"据此，提单构成承运人已经接收货物的证明。

《海商法》第75条规定："承运人或者代其签发提单的人，知道或者有合理的根据怀疑提单记载的货物的品名、标志、包数或者件数、重量或者体积与实际接收的货物不符，在签发已装船提单的情况下怀疑与已装船的货物不符，或者没有适当的方法核对提单记载的，可以在提单上批注，说明不符之处、怀疑的根据或者说明无法核对。"第 76 条规定："承运人或者代其签发提单的人未在提单上批注货物表面状况的，视为货物的表面状况良好。"第 75 条规定赋予承运人或其签单代理人在知道或怀疑已装船货物与提单记载不符的情况下，有据实作出合理批注或说明的权利。第 76 条进一步明确了"未在提单上批注货物表面状况的，视为货物的表面状况良好"的法律后果。

《海商法》第 77 条规定："除依照本法第七十五条的规定作出保留外，承运人或者代其签发提单的人签发的提单，是承运人已经按照提单所载状况收到货物或者货物已经装船的初步证据；承运人向善意受让提单的包括收货人在内的第三人提出的与提单所载状况不同的证据，不予承认。"

将第 71 条、第 75 条、第 76 条、第 77 条这几个条款结合来看，第 71 条首先明确了提单是承运人接收货物的证明，第 75 条指向的是货物是否与提单记载一致的问题，第 77 条明确在"除依照本法第七十五条的规定作出保留外"的前提下，提单是承运人已经按照提单所载状况收到货物或者货物已经装船的初步证据。因此，第 75 条、第 76 条、第 77 条的内在逻辑关系表明，提单是承运人已经按照提单所载状况收到货物的初步证据，强调的是承运人收到的货物是否与提单一致，而非承运人收到货物的证明。

本案的再审结果，对海事审判实务中承运人、无船承运人等责任的判定一锤定音，统一了海事司法的认知。

【相关法条】

1.《中华人民共和国民法通则》（2021 年 1 月 1 日废止）

第一百零六条 公民、法人违反合同或者不履行其他义务的，应当承担民事责任。

公民、法人由于过错侵害国家的、集体的财产，侵害他人财产、人身的，应当承担民事责任。

没有过错，但法律规定应当承担民事责任的，应当承担民事责任。

第一百一十二条 当事人一方违反合同的赔偿责任，应当相当于另一方因此所受到的损失。

当事人可以在合同中约定，一方违反合同时，向另一方支付一定数额的违约金；也可以在合同中约定对于违反合同而产生的损失赔偿额的计算方法。

对应新法：

《中华人民共和国民法典》（2021年1月1日施行）

第五百七十七条 当事人一方不履行合同义务或者履行合同义务不符合约定的，应当承担继续履行、采取补救措施或者赔偿损失等违约责任。

2.《中华人民共和国海商法》（1993年7月1日施行）

第五十五条 货物灭失的赔偿额，按照货物的实际价值计算；货物损坏的赔偿额，按照货物受损前后实际价值的差额或者货物的修复费用计算。

货物的实际价值，按照货物装船时的价值加保险费加运费计算。

前款规定的货物实际价值，赔偿时应当减去因货物灭失或者损坏而少付或者免付的有关费用。

第七十一条 提单，是指用以证明海上货物运输合同和货物已经由承运人接收或者装船，以及承运人保证据以交付货物的单证。提单中载明的向记名人交付货物，或者按照指示人的指示交付货物，或者向提单持有人交付货物的条款，构成承运人据以交付货物的保证。

承办人：郭彦滨

编写人：郭彦滨

27. 山东省东某国际贸易股份有限公司诉达某轮船有限公司海上货物运输合同纠纷案
—— 记名提单无单放货的责任分析

【合规提示】

本案系提单持有人诉承运人无正本提单放货纠纷案件。双方就承运人在目的港交货时所收回的正本提单能否对抗提单持有人合法持有的全套正本提单等发生争执。法院基于承运人在目的港放货时对所收回的正本提单未尽到谨慎审查义务，导致所收回的正本提单与提单持有人合法持有的全套正本提单的版本不一致，判定承运人构成了无正本提单放货，应承担相应的法律责任。故承运人据单放货时，应对提单尽其谨慎审查的义务。

【案件信息】

1. 裁判文书字号

（2000）青海法海商初字第289号、（2002）鲁民四终字第20号

2. 当事人

原告：山东省东某国际贸易股份有限公司

被告：达某轮船有限公司

3. 关键词

民事　无单放货　记名提单　违约责任

【裁判要旨】

1. 我国《海商法》第71条规定："提单，是指用以证明海上货物运输合同和货物已经由承运人接收或者装船，以及承运人保证据以交付货物的单证。提单中载明的向记名人交付货物，或者按照指示人的指示交付货物，或者向提单持有人交付货物的条款，构成承运人据以交付货物的保证。"因此，按照我国法律规定，记名提单亦需凭正本提单交付货物。

2. 本案承运人在交货时对所收回的正本提单未尽谨慎审查义务，导致其在目的港收回的记名正本提单与托运人（原告）持有的被银行退回的全套记名正本提单不一致，应对正本提单的合法持有人承担相应的违约责任。

【基本案情】

2000年6月29日，山东省东某国际贸易股份有限公司（以下简称东某贸易）与远某船务代理有限公司（以下简称远某船代）签订货运协议，由远某船代代为办理一批药品到俄罗斯的运输事宜，后远某船代联系被告达某轮船有限公司（以下简称达某公司）承担实际运输。

7月3日，达某公司将货物装船，并签发了一套QD×××98号正本提单（一式三份）。提单载明：托运人为东某贸易；收货人为K××××；装货港为青岛；卸货港ST PETERSBURG；承运船舶CMA CGM MONET轮；航次E02W。8月31日，达某公司在目的港代理收回了一份以达某公司名义签发

的（印有"OR××××040"编号）QD××××98号正本提单（以下简称被告收回的××××040提单）后将货物交付给记名收货人。截至起诉时，东某贸易持有达某公司签发的QD××××98号全套正本提单。东某贸易就该批货物的报关价值为317 000.00美元。

比较两套正本提单可以发现，两正本提单均有被告达某公司的名称、地址；均有达某公司的英文缩写"C××"，均有"THE FRENCH LINE ××××"的签单印文，提单的签发日期均为"03 JUL 2000"；签发地均为青岛。

但可以发现以下不同之处：（1）两提单的版本不同，无论是被告名称、地址、公司标识的位置，还是提单格式条款的字体、形式、提单背面条款字样的颜色，均不相同。（2）两提单正面的条款：一份是用手工以印章的形式加盖上去的，另一份是打印的。（3）两提单的承运人签单印文不同：一份是"THE FRENCH LINE×××2"的式样，另一份是"THE FRENCH LINE ××××"的式样。（4）第一套提单没有"东某贸易"的背书印文，第二套提单有"东某贸易"的背书印文。

经委托山东省高级人民法院司法科学技术鉴定中心对"东某贸易"的背书印文进行鉴定，鉴定中心出具了《文件检验鉴定书》，认定被告收回的××××040提单上的原告印文与原告提供的印文相比对，"两者在印文的大小、印文搭配位置及单字特征等方面反映出不同印章盖印印文的特点"。则被告收回的××××040提单上的"原告背书印文"与东某贸易的真实印文不是同一印章盖印。

本案涉及两套提单，第一套是承运人达某公司签发给托运人东某贸易的，该套提单合法有效；第二套提单的签发人原被告各执一词，原告认为系被告签发，被告认为系收货人伪造，但是双方均未提供可信证据，无法予以认定。

原告东某贸易诉称，被告在目的港未凭正本提单将货物让提货人提走，给原告造成巨大的经济损失，故诉至法院，要求判令被告赔偿经济损失317 000.00美元。

被告达某公司辩称：（1）达某公司在本案中没有过错，更无故意和重大过失，被告在目的港的代理在交付货物时收回的正本提单上的原告印章系伪造，而被告并不知情，是受收货人的欺骗才向其交付货物。事实上，达某公司在本案中没有过错。首先，伪造的提单在内容上与达某公司实际签发的提单内容完全相同,虽然使用的提单版本不同,但是该版本也是达某公司在业务中经常使用的;而且其上面的印章也与真实印章极为相似,尤其是该提单上东某贸易的印章对于不懂中文的目的港代理来说,通常情况下很难分清真伪。而在实际操作中,由于航运科技的飞速发展和集装箱货物运输的特殊性,达某公司在目的港代理只能通过电子信息传输的方式收到装货港代理发送的有关提单基本内容信息,根本不可能看到装货港代理签发的提单的副本,更不可能在交付货物时将收到的正本提单与提单副本一一对照。因此,达某公司目的港代理在正常操作的情况下,不可能辨别出伪造得如此逼真的提单的真伪。其次,达某公司签发的正本提单是记名提单,记名提单有别于"指示提单"和"不记名提单",后两种提单是可以转让的,并且,受让人取得该提单就可以凭提单向承运人提取货物;而记名提单禁止转让,只有提单上载明的收货人才能向承运人提取货物。可见,记名提单并不具有物权凭证功能。在记名提单情况下,承运人交付货物时的审查义务在于审查收货人的身份,而对提单本身只是限于对其内容、表面形式等方面进行初步审查。对于本案所涉货物,达某公司代理人已经核对了收货人的身份准确无误,并收回了内容符合装货港传来的信息、表面形式具备的"正本提单"后,才交付给提单记名收货人,达某公司已经履行了交货时应尽的审查义务。(2)即使达某公司有过失,也有权依照我国《海商法》的规定享受单位责任限制。

【裁判说理】

争议焦点:(1)原、被告之间是否成立海上货物运输合同;(2)被告签发提单行为的法律后果;(3)被告是否应享受责任限制;(4)原告主张的退税损失是否应被支持。

青岛海事法院认为:

一、原、被告之间是否成立海上货物运输合同

被告接受原告的委托承运货物,并为原告签发了装船提单,原、被告之间依法建立了海上国际货物运输合同,是当事人的真实意思表示,应当受到法律保护。

二、被告签发提单行为的法律后果

凭正本提单交付货物既是承运人的权利也是其应尽义务。一票货物只能签发一套正本提单,承运人仅凭自己签发的提单交付货物,这是航运业务中

的常识。如果承运人一票货物签发了两套提单，或凭伪造的提单交付了货物，承运人对持有其全套正本提单的合法持有人仍负有交付货物或赔偿损失的义务。对此，被告应当知道。本案原告持有被告的提单，被告应负有向其交付货物的义务。至于收货人所持提单是否为其签发的提单，及收货人身份是否合法，则是被告方审查的义务，与原告无关。被告以受收货人欺骗为由，主张免责的理由不能成立。

三、被告是否应受责任限制

被告应当知道，谁持有正本提单谁就有权提取货物。被告明知同一货物签发两套提单，可能会损害正当提单持有人的合法权益，却仍然这样做，其主观上存在明显过错。因此，对原告货物的灭失，被告依法不应享受责任限制。

四、原告主张的退税损失是否应被支持

原告主张的退税损失，属于国家对货物出口人的税收优惠，与被告的无单放货行为没有直接因果关系，所以法院不予支持。依据《民法通则》第106条第1款，《海商法》第59条、第71条的规定，判令：达某公司赔偿东某贸易公司经济损失317 000.00美元及利息。

该案青岛海事法院作出判决后，被告上诉至山东省高级人民法院。

山东省高级人民法院认为：关于本案的法律适用问题。达某公司是法国法人，本案是一起涉外海上国际货物运输合同纠纷，法院在审理本案时，应当按照《民法通则》第八章的规定确定适用的准据法。达某公司与东某贸易在提单中未约定法律适用条款，在本案的审理过程中，双方对本案法律适用亦未达成一致意见。达某公司认为：提单上没有约定法律适用条款，应首先适用国际公约即《海牙规则》，因海牙规则在提单交付方面没有规定，本案应适用货物交付地法律，即俄罗斯法律。东某贸易认为：托运人、货物起运地及争议的发生地都在中国，应适用中国法律。从法律适用的连接点分析：本案当事人达某公司是法国法人，东某贸易是中国法人；提单签发地在中国，履行地在俄罗斯；提单项下的货物起运地在中国，交付地在俄罗斯。中华人民共和国法院依法对本案取得管辖权，本案应在中华人民共和国法院进行审理。因此，中国是与本案有最密切联系的国家，根据《民法通则》第145条第2款的规定，本案应适用中华人民共和国法律。

关于达某公司是否应承担无单放货的违约损害赔偿责任。《海商法》第

71条规定：提单，是指用以证明海上货物运输合同和货物已经由承运人接受或者装船，以及承运人保证据以交付货物的单证。提单中载明的向记名人交付货物，或者按照指示人的指示交付货物，或者向提单持有人交付货物的条款，构成承运人据以交付货物的保证。以上法律规定：提单是承运人据以交付货物的凭证，承运人向记名收货人或按照指示人的指示或向提单持有人交货，是其一项法定义务。即使记名提单，承运人也必须凭正本提单交货。达某公司接收东某贸易的货物后，向东某贸易签发一套QD×××98号的记名提单，即第一套提单。该份提单的签发，说明承运人达某公司与托运人东某贸易之间已经形成海上国际货物运输合同关系。达某公司应该根据法律规定收回其向托运人东某贸易签发的正本提单后，将货物交付给记名收货人。而本案货物运抵目的港后，达某公司目的港的代理人在未收回正本提单的情况下，将货物交付给了记名收货人，违反了其凭单交货的法定义务，是一种违约行为。

本案货物运输涉及两套提单。第一套提单是承运人达某公司签发给托运人东某贸易，是合法有效的。关于第二套提单的签发问题。东某贸易表示：第二套提单是承运人达某公司签发的，但不是达某公司签发给托运人东某贸易的。并称达某公司在一审庭审时当庭认可第二套提单是达某公司签发的，推断出达某公司一票货物签发两套提单的事实。经查阅一审法院庭审笔录，没有达某公司当庭认可其签发第二套提单的陈述。并且，从第二套提单的表面状况辨别，无法确认是达某公司签发的。所以，达某公司一票货物签发两套提单的事实本院不予认定。达某公司表示：两套版本提单在其业务中均在使用，带有"2"的签单印文是达某公司在青岛地区签单时使用的唯一真实印文，第二套提单是收货人伪造的，不是达某公司签发的。达某公司没有向法庭提交带有"2"的签单印文是其公司在青岛地区唯一使用的证据，也未提交收货人伪造第二套提单的其他证据。所以，达某公司主张收货人伪造的第二套提单，本院亦不能认定。不论第二套提单是谁签发的，达某公司对其公司在装运港签发给托运人的提单应具有充分的识别能力，达某公司在目的港交货时，应尽到谨慎的审单义务，因达某公司审单不严，导致未收回其签发给托运人的正本提单即第一套提单而放货的行为，是一种无单放货的违约行为，达某公司收回第二套提单放货不具有合法性。

达某公司无单放货的行为实质上是货物错交收货人的行为。本案承运人达某公司签发的是记名提单,根据《海商法》第 42 条第 4 项及第 71 条规定:记名提单项下的收货人应满足两个条件:一是收货人为记名提单记载的收货人,二是该收货人须持有提单。只有同时满足这两个条件,才是海商法意义上的真正收货人,是有权提取货物的人。达某公司将货物交付给提单记载的收货人,但该收货人未持有提单,因此,该提取货物的人不应认定为海商法意义上的收货人。记名提单记载的收货人未持有正本提单到目的港提货,承运人应依法不履行向其交货义务,而应将货物卸在仓库或其他适当场所,以保证提单持有人对货物享有权利。达某公司将货物交付给未持有提单的记名收货人,其交货行为不适当,使托运人东某贸易持有提单,但丧失了提单项下货物的占有权、处分权和控制权,造成托运人的货款损失,达某公司无单放货的违约行为与东某贸易的货款损失之间存在因果关系,达某公司应对其无单放货的违约行为造成的货款损失承担赔偿责任。本案东某贸易的货款损失可以通过销售合同法律关系获得补偿的可能性,不能免除承运人达某公司无单放货应对托运人东某贸易所造成的货款损失承担责任,因为运输合同的托运人(即销售合同的卖方)可选择任何一个法律关系寻求法律救济。因此,达某公司关于记名提单情况下,承运人交付货物的审查义务主要在于审查收货人的身份,达某公司核对了收货人的身份确认无误,并收回了内容符合装货港传递信息的正本提单放货给记名收货人,已经履行了应尽的交付货物时的审查义务,其没有过错,不应承担无单放货责任的主张,没有法律依据,本院不予支持。

关于达某公司是否应享受单位责任限制。根据《海商法》第 59 条第 1 款的规定:经证明,货物的灭失损坏或者迟延交付是由于承运人故意或者明知可能造成损失而轻率地作为或者不作为造成的,承运人不得援用本法第 56 条或者第 57 条限制赔偿责任的规定。承运人达某公司交付货物时未尽到合理谨慎的正本提单审查义务,导致未收回其签发给托运人的正本提单放货,应当认为达某公司明知其审单不严而未收回正本提单放货可能给托运人造成损失,而轻率地将货物交付给记名收货人,未收回其签发的正本提单,货物的损失是由达某公司明知可能造成损失而轻率作为造成的,达某公司依法不享有限制赔偿责任。

综上,原审法院认定事实清楚,适用法律正确,故依法判决驳回上诉,维持原判。

【法官后语】

本案是一宗记名提单无单放货纠纷案件。有三个问题需要解决：

1. 记名提单是否需要凭单放货。被告认为记名提单不可以转让，不具有物权凭证的功能，因此承运人只需将货物交给提单上载明的记名收货人就算完成了交付。记名提单下承运人是否必须凭正本提单交货各国的法律规定不同，在英美等国其判例认为记名提单系不可以转让的单证，不具有物权凭证的功能，因此承运人将货物交给提单上载明的记名收货人便完成了交付义务，不必必须凭正本提单放货。而我国《海商法》规定提单是承运人据以交付货物的凭证，因此无论指示提单还是记名提单，承运人都必须凭正本提单交货，否则承运人构成违约，应当承担因此造成损失的赔偿责任。本案适用的法律是中国法律，因此，被告应当遵照中国《海商法》的规定，凭正本提单放货。达某公司以记名提单不是物权凭证、不需凭正本提单放货的抗辩，两审法院均未采信。

2. 承运人在目的港交货对提单真实性的审查义务。承运人在目的港交货是否有义务检查和确认提单的真实性？按照国际海运界的惯例，承运人在目的港交货时需要尽适当的谨慎审查提单真实性的义务，这一义务属于承运人履行运输合同时应尽的"注意"的合同附随义务。然而，适当的谨慎审查义务有多大？这需要法官根据各案的情况来判断。就本案而言，记名提单下货物的交付，被告作为承运人对其提单凭肉眼就能够而且应当识别出的问题，是能够而且必须得发现和注意。如本案中两套提单的版本存在显著差异，承运人的签章也明显不一致，承运人及其代理人对此明显差异应当凭肉眼就能发现，并不是只有专家和鉴定权威人士才能辨识出的问题，作为一个通常的、谨慎的承运人在一般情况下不应当忽略这些明显的不同。因此，承运人应当对将货物交给明显为虚假的提单持有人的行为而负责。

3. 承运人应否享受单位责任限制。在本案中确定承运人是否享受责任限制，取决于承运人无单放货行为的主观上是否构成《海商法》第59条第1款规定的"故意或者明知可能造成损失而轻率地作为或者不作为"。如上所述，承运人交货时未尽到合理谨慎的审查义务，导致未收回正本提单放货，应当认为达某公司明知其审单不严而未收回正本提单放货可能给托运人造成损失，而轻率地将货物交付给记名收货人，原告的货物损失是由达某公司明知可能造成损失而轻率作为造成的,因此,达某公司依法不享有责任限制。

【相关法条】

《中华人民共和国海商法》(1993年7月1日施行)

第七十一条 提单,是指用以证明海上货物运输合同和货物已经由承运人接收或者装船,以及承运人保证据以交付货物的单证。提单中载明的向记名人交付货物,或者按照指示人的指示交付货物,或者向提单持有人交付货物的条款,构成承运人据以交付货物的保证。

第五十九条第一款 经证明,货物的灭失、损坏或者迟延交付是由于承运人的故意或者明知可能造成损失而轻率地作为或者不作为造成的,承运人不得援用本法第五十六条或者第五十七条限制赔偿责任的规定。

承办人:郭彦滨

编写人:郭彦滨

28. 山东省临朐县某公司诉(韩国)某航空株式会社海上货物运输合同纠纷案

——海上货物运输合同关系的认定及
承运人签发提单义务合理期限的认定

【合规提示】

本案系一起托运人诉承运人的海上货物运输合同纠纷案件,双方对海上货物运输合同关系是否成立及托运人要求承运人签发提单有无时间限制产生争议。对于托运人而言,集装箱运输鲜少有签订书面运输合同的,这就要求注意保存可证明与承运人存在货物运输合同的相关证据;除此之外,托运人应及时请求承运人签发提单避免因失去对运输货物的控制而招致经济损失,该期限最好在货物装船后、船舶离港前,至迟也应在船舶离港后、到达目的港之前。对承运人而言，货物由其接收或装船后，可及时询问托运人是否有签发提单要求，若托运人未有签发提单要求，应妥善保管托运人有无签发提单要求或者提单已过签发合理期限的证据。

【案件信息】

1. 裁判文书字号

（2000）青海法商初字第345号

2. 当事人

原告：山东省临朐县某公司

被告：（韩国）某航空株式会社

3. 关键词

民事　海上货物运输合同　签发提单

【裁判要旨】

1. 运输合同关系的成立在无书面合同和提单的情况下，可以结合订舱委托书、入货通知等书面证据及货物实际承运等情况进行综合认定。

2. 承运人的签发提单义务应有合理期限，托运人因未及时要求签发提单而遭受损失的，相关损失应由托运人自行承担。

【基本案情】

在山东省临朐县某公司诉（韩国）某航空株式会社一案中，青岛海事法院查明案件事实如下：2000年8月22日，原告与韩国H公司签订了一份来料加工合同，由原告为其加工一批服装，加工费（工缴费）总额为64 647.40美元，产品出口价值为201 698.83美元。2000年9月27日，原告向被告订舱，并出具委托书，要求被告为其运输一个20英尺集装箱至韩国釜山。委托书注明：托运人为"山东省临朐县某公司"，收货人为"H公司"，通知方为"收货人（SAME AS CONSIGNEE）"，货物名称为"夹克衫、汗衫和裤子"，件数213箱；运费到付。货物现已交付收货人H公司。被告接受委托后，于2000年10月2日将货物装上船，当时原告未索要正本提单。10月6日货到目的港，并将货物交付收货人。2000年10月8日，原告业务员向被告落实货物上船情况，并索要提单。被告未予书面答复。因未收到韩国收货人的加工费，原告于 2000 年 10 月 11 日书面要求被告退运，被告通知原告该票货物已按惯例放给了指定的收货人，至于有关费用，应由原告与收货人协商解决。应原告业务人员的要求，被告业务人员于 2000 年 10 月 13 日将加有 "FAX RELEASE"（电放）的提单副本传真给原告。

原告提出诉讼请求：被告赔偿原告来料加工费 10 478.90 美元及利息。

被告辩称：（1）原告托运的是一个集装箱而非两个。（2）原告从未向被告索要过正本提单。（3）被告在本案中不存在任何过错，对原告损失不承担责任。（4）该批货物的运输合同主体是被告与韩国 H 公司。托运人为韩国 H 公司。被告在完成运输后，将货物交给托运人或原告指定的收货人，没有任何过错。要求驳回原告的诉讼请求。

【裁判说理】

争议焦点：（1）原、被告之间是否存在运输合同关系；（2）托运人要求签发提单的合理期限。

青岛海事法院认为：被告未提供证据证明被告与韩国 H 公司存在运输合同，即使存在这样的运输关系也不影响原、被告之间存在运输合同关系。在国际海上货物运输中，一票货物存在两个运输合同关系是完全正常的。关键是原、被告之间是否存在运输合同关系。从本案的事实来看，原告于 2000 年 9 月 27 日将订舱委托书传真给被告，并在委托书注明了托运人、收货人、装卸港、目的港，且注明了货物的数量和装船日期，已构成了要约。被告于 2000 年 9 月 28 日在"入货通知"中书面通知了原告该批货物的提单号码、承运船舶的船名、预计装港日期和抵目的港日期，并通知原告入货。实际上，该批货物也已由被告承运。由此可见，被告已经接受了原告的要约。依照我国《合同法》第 25 条、第 26 条的规定，承诺通知到达要约人时生效，承诺生效时合同成立。因此，原、被告双方存在运输合同关系。

本案中，原告在委托被告运输货物的委托书中，明确记载货物的收货人为韩国"H 公司"，在货物装船之后卸货之前，原告未要求被告签发提单，被告将货物运到目的港后，将货物交给委托书指定的收货人，已履行了双方运输合同约定的义务。

海上运输合同履行完毕后，原告无权要求承运人补签提单。尽管我国《海商法》对托运人要求签发提单的期限没有规定，但从公平合理、保护承运人的正当利益及提单由船长签发的历史来看,托运人要求签发提单应当在货物装船之后、船舶离港之前提出。托运人在船舶离港之后未提出,承运人有合理理由的,可以拒绝签发。由于托运人未及时要求签发提单而遭受损失的,应由托运人自己承担。

综上所述,被告已经按照原告委托书约定的条件将货物交给了指定的收货人,履行了其应尽的义务。原告未在合理的时间内要求被告签发提单,被告有权拒绝签发,由此造成原告的损失,原告应自行承担。

本案以判决方式结案,双方当事人均未上诉。

【法官后语】

本案中,原告因未及时要求承运人签发提单,导致其失去对货物的控制而无法收回来料加工费,被告则认为其与原告之间不存在运输合同关系且原告未要求签发提单,不应对原告的损失负责。因此,本案涉及两个问题:一是原、被告之间海上货物运输合同是否成立;二是承运人签发提单义务合理期限如何确定。

就原、被告双方之间是否成立海上货物运输合同关系。原告传真给被告的订舱委托书,内容具体确定、有明确的缔约意思表示,是有约束力的要约,而被告给原告的"入货通知"是同意要约的意思表示,构成承诺,加之被告已经实际上承运了要约所列货物,足以认定原、被告之间以要约承诺方式订立了海上货物运输合同。且自实际履行的行为进一步佐证了原被告之间的海上货物运输合同关系。

就承运人签发提单义务的合理期限。就承运人签发提单的法定义务,从原则上讲,应当说在合同履行期间内,承运人应托运人要求,有义务签发提单。我国《海商法》第72条第1款规定:"货物由承运人接收或者装船后,应托运人的要求,承运人应当签发提单。"由此可知:首先,承运人签发提单的义务是以托运人有此要求为前提。其次,在合同履行过程中,应推定托运人有权要求承运人签发提单。但我国《海商法》对合同履行中托运人要求签发提单的明确期限没有限制。在这种情况下,应当根据合同双方之间权利义务关系的平衡及海运惯例来确定承运人有无义务签发提单:(1)在货物装船后、船舶离港前,根据海运惯例,应托运人的要求,承运人有义务签发提单。(2)在船舶离港后,到达目的港之前,应视具体情况来认定承运人有无义务签发提单：在不影响船期、对承运人合同义务履行不造成重大妨碍的情况下，承运人可以应要求签发提单，但若根据实际情况，承运人认为签发提单会严重影响其利益（如船即将到达目的港，此时签发提单会导致提单的流转延误交货，影响船期），可以拒绝签发提单，当然如果托运人提供担保，愿意承担由此给承运人造成的损失，承运人也不妨签发。如果承运人签发了提单，依照我国的法律规定，承运人应凭正本提单将货物交给提单指定的收货人（记名提单）或提单的合法持有人（指示提单）。如果承运人未签发提单，承运人应将货物交给委托书指定的收货人或依托运人的指示交有关收货人。承运人将货物交付给指定的收货人后，承运人即完成了其运输和交货的合同义务。

在合同已经履行完毕后，托运人有无权利要求承运人补签提单？承运人签发提单的法定义务是否以合同履行期间为限？对此，应从两个方面来看：一方面从海上运输中承运人与托运人的关系看，二者之间为海上货物运输合同关系，因此，对于当事人权利、义务而言，应当以合同履行期间为界限。在合同履行期间，托运人有权要求承运人补签发提单；在运输合同已经履行完毕的情况下，承运人的合同义务也解除，托运人无权要求承运人签发提单。另一方面，正如本案判决中指出的，从提单的功能及历史来看，国际通行的惯例是托运人应当在货物装船后，船舶离港前提出签发提单的要求。在承运人已经交付货物后，托运人若再要求签发提单将置承运人于不利地位，对承运人来说也是不公平的。因此，依照合同履行及终止的原理及提单本身的功能来看，合同履行完毕承运人可以拒绝签发提单，由于未及时要求承运人签发提单所造成的损失，应当由托运人自己承担。

【相关法条】

1.《中华人民共和国合同法》（2021年1月1日废止）

第二十五条　承诺生效时合同成立。

第二十六条　承诺通知到达要约人时生效。承诺不需要通知的，根据交易习惯或者要约的要求作出承诺的行为时生效。

采用数据电文形式订立合同的，承诺到达的时间适用本法第十六条第二款的规定。

对应新法：

《中华人民共和国民法典》（2021年1月1日施行）

第四百八十三条 承诺生效时合同成立，但是法律另有规定或者当事人另有约定的除外。

第四百八十四条 以通知方式作出的承诺，生效的时间适用本法第一百三十七条的规定。

承诺不需要通知的，根据交易习惯或者要约的要求作出承诺的行为时生效。

2.《中华人民共和国海商法》（1993年7月1日施行）

第七十二条 货物由承运人接收或者装船后，应托运人的要求，承运人应当签发提单。

提单可以由承运人授权的人签发。提单由载货船舶的船长签发的，视为代表承运人签发。

承办人：黄永申

编写人：刘文文 段琪祺

29.日某贸易有限公司诉东某轮船有限公司海上货物运输合同纠纷案
——无正本提单放货责任认定暨正本提单交货凭证性质的运用

【合规提示】

本案系一起收货人诉船东无单放货赔偿案件，双方就无单放货行为并非船东本人实施的情况下船东是否承担赔偿责任问题产生争议。本案认定：（1）签发正本提单后，作为承运人的船公司或作为无船承运人的货运代理公司应当依法凭正本提单交付货物。（2）收货人持有正本提单向签发提单的承运人或无船承运人主张提货而提货不着且产生损失的，承运人或无船承运人应当向收货人承担无单放货的赔偿责任。(3)即使事实上系港口、代理等控货方实施的放货行为,承运人或无船承运人仍然应当对收货人的损失予以赔偿;对因放货行为造成的损失,承运人或无船承运人可以依法追究放货方的责任。因此,对于船东而言,需与可以控货的港口、代理等各方事先签订协议或作出约定,货物的处置全部凭船东指示,以达到控货目的。

【案件信息】

1. 裁判文书字号

(1999)青海法海商初字第 9 号、(2000)鲁经终字第 395 号

2. 当事人

原告:日某贸易有限公司

被告:东某轮船有限公司

3. 关键词

民事　无单放货　损害赔偿判定

【裁判要旨】

1. 收货人在所持有的正本提单未转让的情况下,提单签发人负有向收货人交付货物的合同义务。

2. 收货人的货款损失是因提单签发人不能交付货物的违约行为所致,提单签发人对此应承担赔偿责任。

【基本案情】

1997 年 11 月至 12 月,原告日某贸易有限公司与连云港程某光先生协商购买五台挖掘机,商定货物总价款为 162 202 美元,其中 22 202 美元由买方汇至香港指定账户,另外 140 000 美元以信用证结算。交易确定后,程某光以中国某建设青海公司连云港分公司名义向连云港当地银行申请开立信用证,并将开证申请传真给原告。在信用证尚未开出的情况下,原告于 1997 年 12 月委托被告承运该批货物。12 月 22 日,被告接受货物装船后,向原告(托运人)签发了全套三份正本提单。提单正面载明,承运船舶"CIEL×××L",装货港日本横滨,卸货港连云港,通知方为连云港华某机械化工程有限公司(以下简称华某公司)。12 月 27 日,货物运抵目的港,

卸入连云港港务局港某公司（以下简称港某公司）仓库。该批货物由中国外某连云港公司以副本提单办理相关放行手续，并于1998年1月1日由中国外某连云港公司港口贸易公司自港某公司仓库提走。原告持有全套正本提单，货物被提走未经被告在卸港的代理连云港外代办理提货手续。

该批货物被放走后，中国某建设青海公司连云港分公司再未开信用证，原告仍有42 314.20美元的货款未收回。原告起诉要求被告赔偿上述货款损失及利息。原告起诉后曾分别申请追加连云港外某代理公司（以下简称连云港外代）、华某公司、港某公司为共同被告参加诉讼，后又撤诉，只向被告东某轮船有限公司（以下简称东某公司）主张权利。

被告东某公司在被原告以无单放货为由起诉后，于1999年3月18日以港某公司、某港务局、华某公司、中国外某连云港公司为共同被告向上海海事法院提起诉讼，要求四被告赔偿因货物被擅自交付及非法占有而可能遭受的损失。

被告东某公司辩称，1997年12月，东某公司接受原告委托承运一批二手挖掘机从日本横滨至中国连云港，东某公司作为承运人向原告签发了全套正本指示提单，载运船为"CIEL×××L"轮，华某公司为提单通知方。1997年12月27日，该轮停靠于港某公司5号泊位，上述货物被卸入港某公司仓库。东某公司在卸港的代理为连云港外代。货物入库后，一直无人凭正本提单办理提货手续，东某公司也一直未指示代理签发提货单，也没有通知放货。港某公司却于1998年1月1日将货物擅自交付给中国外某连云港公司，随后由其转交给华某公司，对于该放货情况，东某公司及其代理在原告起诉前并不知晓。被告东某公司认为，根据《海商法》第46条之规定，本案货物被港某公司擅自交付，已在海上承运人的责任期间以外，承运人不能控制，因此，其不应承担责任，请求驳回原告起诉。

【裁判说理】

争议焦点：（1）承运人是否仍负有交货义务；（2）承运人与港某公司的关系。

青岛海事法院认为：提单是海上货物运输合同的证明，且系承运人保证据以交付货物的单证。被告作为承运人接受原告委托承运货物并出具了已装船正本提单，则原告系托运人，在其所持有的正本提单未转让的情况下，被告仍负有向原告交付货物的合同义务。原告的货款损失是因原告不能交付货物的违约行为所致，被告对此应承担赔偿责任。原告的诉讼请求事实清楚，证据充分，青岛海事法院予以支持。

《海商法》第46条关于承运人对非集装箱装运的货物自装上船时起，卸下船时止的责任期间，仅适用于货物发生灭失或损坏时的情形，被告据此提出货物卸货后被他人擅自交付发生的损失不应承担责任的抗辩理由不能成立，青岛海事法院不予采纳。

东某公司不服青岛海事法院第一审判决上诉至山东省高级人民法院，山东省高级人民法院驳回上诉，维持原判。

【法官后语】

在海上货物运输合同特别是跨国海上货物运输合同履行过程中，货物能否顺利交付以及交付完成后的法律效果是基础性的法律问题。作为货物的承运人，有义务按照合同约定将货物交付给托运人或者其他有权接收货物的一方。相应地，托运人或者其他有权接收货物的一方，也就有权要求承运人按照合同约定将货物顺利交付完成。在这个问题上，关键的一点是如何认定承运人交付是否符合规定、是否完成预定交付任务。本案的裁判明确了海上货物运输合同履行中交付货物的重要规则，即货物承运人负有将货物交由持有正本提单的托运人的义务，如果货物承运人在无正本提单情况下放货造成持有正本提单的托运人损失的，应当由货物承运人承担违约赔偿责任。

在国际海商活动中，经常出现因无正本提单放货而引起的争议与诉讼。本案即是一起较典型的无正本提单放货案。本案所涉及的以及从事海上实务活动中需明确的问题，主要有以下两点。

一、承运人的交货义务

国际海商惯例及我国《海商法》均对承运人的交货义务作了规定。《海牙规则》第3条第3款规定：在将货物收归其（承运人）照管后，应托运人要求，承运人或船长或承运人的代理人必须给托运人签发提单。《海商法》第71条规定，提单，是指用以证明海上货物运输合同和货物已经由承运人接收或者装船，以及承运人保证据以交付货物的单证。提单中载明的向记名人交付货物，或者按照指示人的指示交付货物，或者向提单持有人交付货物的条款，构成承运人据以交付货物的保证。依海商法的理论，交付货物的人应当是承运人或其代理人，接收交付的必须是正本提单持有人或其授权的人。只有在承运人或其代理人将货物交付给正本提单持有人或其授权的人，并收回正本提单，才能视为有效交付。《海商法》第 42 条也规定，"收货人"，是指有权提取货物的人。在这里，应指正本提单持有人。

基于承运人的交货义务，承运人不应在未见到正本提单时将货放掉。所以只要出现无单放货，承运人均应承担责任。

本案被告（二审上诉人）在上诉时，对《海商法》第 46 条进行"解释"，认为承运人承担责任只应在其责任期间，即"从货物装上船时起至卸下船时止"的期间内。然而，这一期间是承运人对货物发生灭失或损坏的责任期间，其中"灭失或损坏"只能是物理性的"灭失或损坏"，不应也不能作任意性扩大解释，此期间的规定，并不解除承运人将货物运到目的港后对货物的妥善保管义务，更不能免除其交货义务。故其所作"解释"不能成立。

但是无人提货时，货物怎么处理呢？一般而言，承运人可采取以下的适当措施：（1）据《海商法》第 86 条规定，在卸货港无人提取货物或者收货人迟延、拒绝提取货物的，船长可以将货物卸在仓库或者其他适当场所。在这期间仓库人员有妥善保管义务，而货物处分权属托运人。（2）如果一段合理期间后仍无人提取货物，承运人可以将货物向法院提存，以结束承运人在本合同项下的义务。

二、承运人与港某公司的关系

本案中，被告在一审中抗辩，货系港某公司擅自放出，对此情况被告及其代理在原告起诉前并不知晓，然而，一般情况下，承运人将货物运到港口，收货方未及时提货时，承运人会将货物存放到港某公司仓库，此时，港某公司为承运人所存货物的管理人，应尽善良管理人的义务，对货物无处分权。如有人向港某公司要求提货，港某公司需通知承运人，在得到承运人的指示后，港某公司方可放货。故一般来讲，放货事宜承运人不会不知。所以只要无单放货，承运人均应承担责任。即使真的出现港某公司擅自行事的情形，承运人对托运人仍应承担赔偿责任；事后可再向港某公司进行追偿。

由此被告的抗辩理由不能成立，本案中被告只能对托运人承担责任。

【相关法条】

1.《中华人民共和国海商法》(1993年7月1日施行)

第四十六条第一款 承运人对集装箱装运的货物的责任期间,是指从装货港接收货物时起至卸货港交付货物时止,货物处于承运人掌管之下的全部期间。承运人对非集装箱装运的货物的责任期间,是指从货物装上船时起至卸下船时止,货物处于承运人掌管之下的全部期间。在承运人的责任期间,货物发生灭失或者损坏,除本节另有规定外,承运人应当负赔偿责任。

第七十一条 提单,是指用以证明海上货物运输合同和货物已经由承运人接收或者装船,以及承运人保证据以交付货物的单证。提单中载明的向记名人交付货物,或者按照指示人的指示交付货物,或者向提单持有人交付货物的条款,构成承运人据以交付货物的保证。

2.《中华人民共和国民法通则》(2021年1月1日废止)

第一百零六条第一款 公民、法人违反合同或者不履行其他义务的,应当承担民事责任。

对应新法:

《中华人民共和国民法典》(2021年1月1日施行)

第五百七十七条 当事人一方不履行合同义务或者履行合同义务不符合约定的,应当承担继续履行、采取补救措施或者赔偿损失等违约责任。

承办人:宋俊文
编写人:宋俊文 郭俊莉 佘晓龙

30. 中国某工业青岛公司诉马某基（中国）航运有限公司海上货物运输合同纠纷案
——提单签发人未证明其有承运人的签单授权时应识别为承运人

【合规提示】

本案系一起货主起诉提单签发人无单放货损害赔偿案件，双方就承运人的识别以及提单签发人是否应承担赔偿责任产生争议。对于货代公司或船公司而言，应当在取得提单载明承运人明确的签单授权后再签发提单。在没有取得授权签发提单时，将以其实施了接受托运人托运货物、签发提单、收取运费等由承运人实施的典型行为，被认定为承运人，承担由承运人承担的相应责任。

【案件信息】

1. 裁判文书字号

（1999）青海法海商初字第77号、（2000）鲁经终字第140号

2. 当事人

原告：中国某工业青岛公司

被告：马某基（中国）航运有限公司

3. 关键词

民事　承运人识别　无单放货　签发提单授权

【裁判要旨】

提单签发人仅提供了其与案外人的代理协议，不能证明该案外人与提单中载明的承运人为何种法律关系，亦没有证明其签发提单的行为有提单中载明的承运人的授权，故提单签发人签发提单的行为是无代理权的行为。该提单签发人接受托运人托运货物，签发提单，并收取运费，应识别为承运人。

【基本案情】

1998年1月12日,原告(作为卖方)与澳门A×××A公司(作为买方)签订50 000条针织女式短裤的销售合同。双方合同约定:价格条件为C&F Libreville,单价USD1.18/PC,总价款为USD 59 000元。最迟装船期为1998年3月15日,装港为中国青岛,目的港为加蓬Libreville港。付款条件为T/T。

1998年3月,原告通过青岛中某国际货运有限公司向被告青岛分公司租船订舱。3月3日,被告将原告货物配载于"W×"轮7××航次,同日被告青岛分公司签发号码为TSTME××62、TSTME××63、TSTME××64提单。该三套提单均载明,托运人为中国某工业青岛公司,承运人为D×××,被告青岛分公司作为承运人的代理签发提单。

1998年4月8日,TSTME××62、TSTME××63、TSTME××64号提单项下货物到达目的港加蓬LIBRE VILLE港。因原告客户澳门A×××公司未付款赎单,故该TSTME××62、TSTME××63、TSWE××64号全套正本提单仍在原告手中。随后,原告即凭全套正本提单要求被告将该三票货物回运,未果。

1998年12月14日、17日,原告向中国驻加蓬使馆发传真查询该三票货物下落。12月18日,中国驻加蓬使馆经商处回复传真告知该三票货物下落称,"据了解,加蓬海关对进口货物滞港期限规定为一个月,如过期不提,海关有权拍卖。贵司货物自3月初起运,货船抵达利伯维尔港(LIBREVILLE)日期为1998年4月8日,客户I×××。在一个月内并未付款赎单,据马某基船代理称,该货物从1998年5月8日起被加蓬海关监管,到了1998年5月26日,实际买主COG×××A(一个小超市)经理通过不正当手段,仅付了17 500非郎的过户费和450 000非郎的仓储费,就把全部货物提走了。目前马某基船代理正在与COG×××A公司的诈骗行为打官司,估计需时2~6个月"。之后,原告继续要求被告退回货物,但被告称,货物已被加蓬海关没收。让原告自行与加蓬海关联系。

原告中国某工业青岛公司诉称,1998年3月3日,原告委托被告承运一批货物自青岛港至加蓬利勃维尔港,货物总价值USD 59 000元,被告签发了号码分别为TSTME××62、TSTME××63、TSTME××64三套提单。后因买方客户未能依合同约定付款,原告即未向其交付提单。原告即持正本提单要求被告回运货物,但被告告知原告:货物在目的港已被人提走,因此无法回运。原告认为，被告马某基（中国）航运有限公司无正本提单放货，违反了中国《海商法》及国际航运惯例的规定，依法应赔偿原告的经济损失，为此原告诉请法院依法判令被告赔偿原告货款 USD 59 000 元及利息，并承担本案全部诉讼费用。

被告马某基（中国）航运有限公司辩称，本案中原告是根据提单所证明的运输合同来起诉被告的，而从本案所涉及的提单来看，提单的正面和背面都写明承运人是"D×××"，原告作为托运人只与该承运人之间存在货物运输合同关系。被告只是接受本案承运人的委托，作为本案承运人的代理来签发提单，提单项下的所有权利和义务仍然由承运人来承担，因此原、被告之间不存在运输合同关系。另外，在本案中，原告因其客户未能依合同约定付款而没有将提单转让给当地买方，导致货物在到港后无人及时提取，因此承运人只能将货物卸下。根据提单背面条款第 22 条第 2 款、第 3 款以及中国《海商法》第 86 条的规定，承运人完全可以这样做，并且由此产生的费用和风险由收货人承担，同时承运人对该批货物的一切责任就此终结。原告主张被告无单放货，我们提出异议：贸易合同双方发生纠纷，导致货物到达目的地后，过了很长时间后贸易双方仍没有人出面向当地海关申报并提走货物。这样，当地海关根据有关法律，在货物到达目的港后一个月之内没有人出面申报并提走货物，就没收了该批货物，原告托运货物的时间是 1998 年 3 月 3 日，据查货物是在 1998 年 4 月 8 日到达目的港，而原告书面要求有关方回运货物的时间最早是 1998 年 10 月 15 日，也就是说，原告是在货物到达目的港近半年以后才提出回运货物的，而这时货物早已被海关没收，因此承运人根本不可能按原告的要求将货物回运；有关方面告知原告的是，货物在目的港已被当地海关没收了，因此无法回运，而并不是如原告所称货物已被他人提走，即使最后真有人提走货物，那也是在货物被海关没收后，某当事方从海关手中提走的，与承运人没有关系，也非承运人所能控制的。根据中国《海商法》的规定，承运人对由于政府或主管部门的行为，检疫限制或司法扣押造成的货物灭失或损失不负赔偿责任。如上所述，原告的货物损失完全是因为海关依法没收并拍卖了货物，属贸易合同项下的风险，理应由原告根据贸易合同通过合适途径寻找妥善解决办法。

总而言之，原告选择的被告是错误的，而且主张的无单放货又完全不能成立，请求贵院驳回原告的全部诉讼请求。

【裁判说理】

争议焦点：(1) 承运人的识别；(2) 承运人的交货义务。

被告所属青岛分公司不具备独立法人资格，其进行的民事行为所产生的权利义务应由其开办人被告承担。海运提单是托运人与承运人签订海上货物运输合同的证明。本案所涉提单背面条款中载明适用美国法律，但原、被告均未主张适用美国法律。由于合同的履行地及被告所在地在中国，根据最密切联系原则，应适用中国法律。

本案中，被告虽然在提单上载明其是承运人的代理人，被告仅提供了其与A×××集团的代理协议，A×××并非提单载明的承运人，被告没有提供证据证明A×××集团与提单中载明的承运人是何关系。同时被告没有提供证据证明其签发提单的行为有提单中载明的承运人的授权，所以被告签发提单的行为是无代理权的行为，因此被告接受原告托运货物，签发提单，并收取运费的行为应由行为人自己承担，也就是在原、被告之间形成了海上承托运输关系，即应将被告视为承运人对待。作为承运人，对原告托运的货物应妥善、谨慎地运输、保管、照料，在目的港，被告应凭正本提单向收货人交付货物。被告未能举证证明货物已被目的港海关没收，被告提供的有关加蓬海关的证明未经公证认证，其证明力不及中国驻加蓬使馆的证明，因此应认定，被告作为承运人未凭正本提单将货物释放给非提单持有人，未尽到承运人基本义务，违反了法律的规定和国际惯例。原告作为全套正本提单持有人，是该提单项下货物的所有人，被告无正本提单放货的行为，给原告造成了经济损失，被告应承担赔偿责任。原告的诉讼请求理由正当，证据充分，法院应予支持。被告应赔偿原告经济损失 59 000 美元及利息，利息应自货物被提走之次日（1998 年 5 月 27 日）起计算。

一审宣判后，被告不服提出上诉。山东省高级人民法院审理后判决：驳回上诉，维持原判。

【法官后语】

本案是一起无正本提单放货案，其主要焦点在以下三点。

一、承运人的识别

本案中被告辩称，本案中原告是据提单所证明的运输合同来起诉被告的，而从本案所涉及的提单来看，其正面和背面都写明承运人是 D×××。被告只是承运人的代理人代为签发提单，原告是与承运人形成的合同关系，而与被告无关。所以其不能作为被告。但被告只提供了其与 A××× 的代理协议书，而又无法证明 A××× 与承运人的关系，故其为承运人的代理人的理由不能成立，其应为自己签发提单的行为负责。

由于本案被告无法证明其为提单上载明承运人的代理人，而其又实际承运了货物并且收取运费，被告即为原告货物的承运人。可见，原告基于此货物运输合同关系起诉，并无不当。

二、对被告放货的责任分析

1. 被告提出，"加蓬海关对进口货物滞港规定为一个月。如过期不提，海关有权拍卖"。而原告以正本提单提出将货物回运时，已超出一个月的期限。故其货物已被海关没收，被告已不能回运货物。但在本案中，被告未举出海关没收货物的证据，故本案中未被认定；但撇开本案，若承运人证据充分，货物确被海关没收并拍卖，承运人在海关没收货物时，其货物运输合同义务即告结束。此时原告只能向海关索要在扣除必要费用之后的货款。

2. 据中国驻加蓬使馆经商处查询货物的回复："据马某基船代理称，该货物从 1998 年 5 月 8 日起被加蓬海关监管，到了 1998 年 5 月 26 日，实际买主……通过不正当手段……把全部货物提走了。"这一放货过程发生在被告作为承运人对货物的保管期间，故可以认定，被告作为承运人未凭正本提单将货物放给了非提单持有人，未尽到承运人的交货义务。

三、承运人的交货义务

国际航运惯例及我国《海商法》均对承运人的交货义务作了规定。《海牙规则》第 3 条第 3 款规定：在将货物收归其（承运人）照管后，应托运人要求，承运人或船长或承运人的代理人必须给托运人签发提单。提单，是指用以证明海上货物运输合同和货物已经由承运人接收或者装船，以及承运人保证据已交付货物的单证。提单中载明的向记名人交付货物，或者按照指示人的指示交付货物，或者向提单持有人交付货物的条款，构成承运人据以交付货物的凭证。依海商法的理论，交付货物的人应当是承运人或其代理人，接受交付的必须是正本提单持有人或其授权的人。只有在承运人或其代理人将货物交付给正本提单持有人或其授权的人收回正本提单，才能视为有效交付。《海商法》第 42 条也规定，"收货人"，是指有权提取货物的人。

基于承运人的交货义务，在任何情况下，承运人均不应在未见到正本提单时将货放掉。所以只要出现无单放货，承运人均应承担对因无单放货给提单持有人造成的损失负赔偿责任。

【相关法条】

《中华人民共和国民法通则》(2021年1月1日废止)

第一百零六条 公民、法人违反合同或者不履行其他义务的，应当承担民事责任。

公民、法人由于过错侵害国家的、集体的财产，侵害他人财产、人身的，应当承担民事责任。

没有过错，但法律规定应当承担民事责任的，应当承担民事责任。

第一百一十一条 当事人一方不履行合同义务或者履行合同义务不符合约定条件的，另一方有权要求履行或者采取补救措施，并有权要求赔偿损失。

第一百一十二条 当事人一方违反合同的赔偿责任，应当相当于另一方因此所受到的损失。

当事人可以在合同中约定，一方违反合同时，向另一方支付一定数额的违约金；也可以在合同中约定对于违反合同而产生的损失赔偿额的计算方法。

对应新法：

《中华人民共和国民法典》(2021年1月1日施行)

第一百七十六条 民事主体依照法律规定或者按照当事人约定，履行民事义务，承担民事责任。

第五百七十七条 当事人一方不履行合同义务或者履行合同义务不符合约定的，应当承担继续履行、采取补救措施或者赔偿损失等违约责任。

第五百八十四条 当事人一方不履行合同义务或者履行合同义务不符合约定，造成对方损失的，损失赔偿额应当相当于因违约所造成的损失，包括合同履行后可以获得的利益；但是，不得超过违约一方订立合同时预见到或者应当预见到的因违约可能造成的损失。

承办人：孙立国
编写人：郭俊莉

31. 山东省丝某进出口公司诉青岛嘉某航运服务有限公司海上货物运输合同纠纷案
——无权代理签单情形下责任人的认定

【合规提示】

本案系一起托运人（正本提单持有人）诉国际货运代理人因其无正本提单放货而造成损失的海上货物运输合同纠纷案件。在提单管理不严密的情况下，单纯依靠提单的抬头有时无法辨认承运人。从提单签单章分析，要看签单者是作为本人还是作为代理人签名，如果作为代理人，要看他是否有授权，如无，签单者应自负承运人的责任。对托运人（正本提单持有人）而言，应谨慎选择国际货运代理人，尽量不接受其签发的不符合标准格式的正本提单。而作为国际货运代理人，要注意留存其与承运人之间关系的相关证据，否则，其要承担承运人的相关责任。

【案件信息】

1. 裁判文书字号

（1999）青海法海商初字第312号、（2000）鲁经终字第143号

2. 当事人

原告：山东省丝某进出口公司

被告：青岛嘉某航运服务有限公司

3. 关键词

民事　提单　代理人　承运人

【裁判要旨】

在提单管理不严密的情况下，单纯依靠提单的抬头有时无法辨认承运人。从提单签单章分析，要看签单者是作为本人还是作为代理人签名，如果作为

代理人，要看他是否有授权，如无，签单者应自负承运人的责任。

📚【基本案情】

1999年4月和7月，原告与丝某（香港）有限公司（以下简称香港丝某）分别签订了两份厂丝（RAWSILK）的买卖合同。两票货物均由香港丝某转售韩国客户，韩国客户委托W×××公司承运，指定被告办理订舱事宜，原告将货物交予被告后，由被告定舱托运，并向原告签发了抬头为F×××的提单。两票提单分别由被告法定代表人贾某代表香港嘉某航运有限公司青岛办事处（以下简称香港嘉某青岛办事处）签署和被告法定代表人贾某代表F×××签署。

上述两票货物抵达目的港后，在货物买方香港丝某未付货款，提单仍由原告所持有的情况下，大部分货物均被无单交付。法院应原告的请求曾依法裁定要求被告交予原告指定的收货人，但被告称货物已在W×××公司掌管之下其无力控制未果。被告在本案审理过程中，曾以W×××公司系承运人为由，申请追加其为共同被告，但经查被告无W×××公司签发提单的授权，亦无相关证据佐证，兹申请未予准允。

另查明，被告青岛嘉某航运服务有限公司成立于1998年8月27日，经营范围为航运信息咨询服务，法定代表人是贾某。此前，贾某系香港嘉某办事处负责人。现该办事处全部业务转由天津振某国际货运有限公司青岛分公司代理，贾某脱离该办事处，并将办事处公章及刻有贾某英文名字的签单章交回香港嘉某公司。本案JMC××××××号提单中加盖的刻有贾某英文名字的签单章系贾某自行变造而为，与香港嘉某公司青岛办事处无关。原告在起诉时曾依提单正面的记载将香港嘉某公司青岛办事处列为共同被告，鉴于已查明的上述事实，原告已与香港嘉某青岛办事处达成谅解，并退出诉讼。

还查明，前述两票提单项下货物CIF价值共计32 159 037美元，原告已自其买方断续收到货款114 800美元（最后一笔付款系1999年11月12日），货物损失为206 790.37美元，对此，被告亦无异议。

原告诉称，原告与香港丝某签订了两份厂丝（RAWSILK）买卖合同。买方香港丝某指定由被告安排货物的海运，原告按照被告的指令交付了货物，后从被告处取得两票货物的全套正本提单，提单抬头的公司名称均为

F×××。两票货物运抵韩国釜山港后，由于买方迟迟未付清货款，原告仍持有全套正本提单，原告多次与被告交涉，要求其退还全部货物，但被告以种种借口推托，后经原告了解，被告在原告仍持有正本提单的情况下已将520箱货物中的450箱非法交付予他人。为免遭更大损失，原告又多次要求被告将剩余的70箱货物交付予原告指定客户中韩某有限公司，但其一再推托，拒不办理。被告实际上对本案货物的运输负有责任，其交付予原告的提单抬头虽为F×××，但其实质是借用他人提单，事实上货物运输是由被告安排和控制的，且被告在原告部分货物被非法交付后向原告隐瞒实情，对原告要求安排剩余的70箱货物交付予指定客户也拒不办理，其行为已侵害了原告的合法权益。原告起诉要求被告立即向原告指定客户交付70箱厂丝，向原告交付其余货物。如被告拒不交付上列货物，则要求被告赔偿经济损失。

被告辩称，原告与韩国W×××公司成立了海上运输合同关系，被告只是W×××公司的签单代理人，原告起诉被告主体错误；原告所主张的损失是买卖双方的贸易纠纷，不是因海运过程中产生的；另外，原告与香港有过三次交易，放货方式均相同，如原告认为放货方式不妥完全可以避免后来损失的发生。事实证明原告对放货方式是默认的，造成货款收不回的责任应由原告自负。

【裁判说理】

争议焦点：被告是否系承运人。

青岛海事法院认为：本案系基于提单运输所发生的纠纷，表面上看被告出具给原告的两票正本提单，被告只是承运人的签单代理人，但被告既不能证明W×××公司是承运人，也未能表明与其提单所显示的香港嘉某青岛办事处及F×××存在任何法律上的利害关系，事实上，被告所为系借用他人提单，未经他人授权擅自从事的民事违法行为，根据《民法通则》第66条第1款的规定，被告应对其行为承担承运人所负有的责任。提单是承运人保证据以交付货物的单证，被告违反《海商法》规定及国际航运惯例，未凭正本提单释放货物，侵犯了原告作为正本提单持有人所享有的对提单项下货物的权利，对造成原告的损失应承担赔偿责任。原告的诉讼请求事实清楚，证据充分，应予支持。被告提出原告收不回货款系贸易上的纠纷所致的观点，不能构成其支持无正本提单放货违法行为的抗辩理由。

青岛海事法院于 1999 年 12 月 24 日作出（1999）青海法海商初字第 312 号民事判决书，判决被告赔偿原告损失及利息。

一审法院宣判后，被告向山东省高级人民法院提起上诉。

山东省高级人民法院经过审理认为：上诉人签发使用了 W×××公司的格式提单，没有经过该公司授权，且提单的签发加盖的是上诉人自己刻制的印章。即使有一份提单的签名是由上诉人的经办人模仿上诉人的法定代表人签字，但因上诉人加盖了印章，且上诉人也是按照该提单的约定进行了履行，上诉人在二审之前也未提出任何异议。故应认定签发该两份提单是上诉人的真实意思表示。上诉人同样也是依据这两份提单收取了运费。上诉人主张其不是承运人，只是 W×××公司的签单代理人的证据不足。原审法院确认上诉人是借用他人提单并无不当。上诉人作为承运人在没有收回正本提单的情况下，将货物释放，违反了海商法的有关规定及国际航运惯例，侵犯了作为提单持有人的被上诉人的合法权利。被上诉人作为提单持有人，在国际货物买卖合同中又是卖方，根据有关法律规定，被上诉人既可以依据提单运输法律关系向上诉人主张权利，也可以根据国际货物买卖法律关系向收货人主张权利。也就是说，被上诉人具有选择权。被上诉人依据提单运输法律关系向上诉人主张权利符合法律规定。上诉人主张本案是贸易纠纷不是海运纠纷的理由不当，不予支持。上诉人主张被上诉人与收货人共有三次贸易关系，来推定被上诉人对无单放货是默认，没有法律依据，本院不予采纳。

最终，山东省高级人民法院判决：驳回上诉，维持原判。

【法官后语】

本案关键在于承运人也就是责任人的确定。

被告青岛嘉某航运服务有限公司主张其身份只是承运人的签单代理人，不应承担承运人无单放货的责任。本案的事实是原告将货物交给被告后，由被告订舱安排货物运输，被告向原告签发了提单。实际磋商此次海上货物运输合同的双方当事人是原告和被告，尽管原、被告没有订立书面的海上货物运输合同，但被告签发给原告的提单为该海上货物运输合同的证明：提单抬头为 F×××，签发提单的是被告的法定代表人贾某，承运人的识别是确定法律关系的关键。

提单上关于承运人身份的记载一般有三处：一是提单正面抬头印制的运

输公司名称、标志；二是提单正面右下角的签名；三是提单背面的"承运人识别条款""光船租船条款"这类的条款。对于提单背面的承运人识别条款，如果允许用合同约定承运人，就有可能使法定的承运人逃脱法定义务。参考美国和欧洲一些国家的相关法律，否认其效力已是大势所趋；有的学者认为提单上印制的公司名称是判断承运人的最佳标准，但事实上在提单管理并不严密的今天，借用提单并不罕见，单纯依靠提单的抬头有时无法辨认承运人；从提单签单章分析，要看签单者是作为本人还是作为代理人签名，如果作为代理人，应看他有没有签单的授权，如果没有被代理人的授权，签单者应自负承运人的责任。

【相关法条】

1.《中华人民共和国民法通则》（2021年1月1日废止）

第六十六条　没有代理权、超越代理权或者代理权终止后的行为，只有经过被代理人的追认，被代理人才承担民事责任。未经追认的行为，由行为人承担民事责任。本人知道他人以本人名义实施民事行为而不作否认表示的，视为同意。

代理人不履行职责而给被代理人造成损害的，应当承担民事责任。代理人和第三人串通，损害被代理人的利益的，由代理人和第三人负连带责任。

第三人知道行为人没有代理权、超越代理权或者代理权已终止还与行为人实施民事行为给他人造成损害的，由第三人和行为人负连带责任。

第一百零六条　公民、法人违反合同或者不履行其他义务的，应当承担民事责任。

公民、法人由于过错侵害国家的、集体的财产，侵害他人财产、人身的，应当承担民事责任。

没有过错，但法律规定应当承担民事责任的，应当承担民事责任。

对应新法：

《中华人民共和国民法典》（2021年1月1日施行）

第一百七十一条　行为人没有代理权、超越代理权或者代理权终止后，仍然实施代理行为，未经被代理人追认的，对被代理人不发生效力。

相对人可以催告被代理人自收到通知之日起三十日内予以追认。被代理人未作表示的，视为拒绝追认。行为人实施的行为被追认前，善意相对人有撤销的权利。撤销应当以通知的方式作出。

行为人实施的行为未被追认的,善意相对人有权请求行为人履行债务或者就其受到的损害请求行为人赔偿。但是,赔偿的范围不得超过被代理人追认时相对人所能获得的利益。

相对人知道或者应当知道行为人无权代理的,相对人和行为人按照各自的过错承担责任。

第一百七十六条 民事主体依照法律规定或者按照当事人约定,履行民事义务,承担民事责任。

2.《中华人民共和国海商法》(1993年7月1日施行)

第七十一条 提单,是指用以证明海上货物运输合同和货物已经由承运人接收或者装船,以及承运人保证据以交付货物的单证。提单中载明的向记名人交付货物,或者按照指示人的指示交付货物,或者向提单持有人交付货物的条款,构成承运人据以交付货物的保证。

承办人:宋俊文
编写人:庄雪莉

32. 纳某航运有限公司诉中国冶金进出口某公司海上货物运输合同纠纷案
——无单放货保函效力认定及当事人约定适用外国法的判定

【合规提示】

本案系一起作为承运人的船东诉收货人凭保函提货损害赔偿纠纷案件,双方就无单放货保函的效力及收货人应否赔偿船东因接受保函造成的损失问题产生争议。对于作为承运人的船公司或作为无船承运人的货运代理公司而言,应当谨慎接受收货人出具的无正本提单放货保函;同时应当预见到,一旦接受则可能卷入因收货人不履行保函而引发的诉讼,还可能面对对保函不能涵盖的损失承担赔偿责任等不利局面和后果。对于收货人而言，首先应当依法凭正本提单提货，如情况紧急须先行提货，承运人接受了无单放货保函的，收货人应诚实守信，主动履行保函约定内容，以免产生不必要的诉讼和损失。

【案件信息】

1. 裁判文书字号

（1997）青海法海商初字第 51 号、（2001）鲁经终字第 357 号

2. 当事人

原告：纳某航运有限公司

被告：中国冶金进出口某公司

3. 关键词

民事　保函提货　保函效力认定　外国法适用

【裁判要旨】

1. 当收货人在正本提单未到而又急需提货的情况下，以出具保函保证承担因无正本提单提货可能产生损失的责任，承运人亦接受保函交付货物，双方均出于诚心善意时，不具有对第三人的欺诈性质，保函应视为有效，对当事人具有约束力。但是承运人不能以保函来对抗善意的正本提单持有人。

2. 当事人约定保函适用外国法，并提交相应法律及判例，该外国法可以查明时，应当适用该外国法的相关规定；争议的诉讼时效亦应适用该外国法律。

【基本案情】

原告纳某航运有限公司（以下简称纳某公司）诉称，原告所属"S×"轮 1995 年 6 月于澳大利亚黑德兰港装载 60 500 公吨散装铁矿砂驶往青岛港，装港签发了指示提单一套三份，通知方为被告中国冶金进出口某公司（以下简称冶金公司）。该轮载运以上货物于 1995 年 7 月 10 日驶抵青岛港，7 月 14 日卸货结束，卸港取得了装卸时间事实记录。由于收货人冶金公司在卸货时尚未通过银行取得以上货物的正本提单，于是请求原告纳某公司向其放货，

并向原告出具了保函。为不影响卸货及交付货物，原告接收了保函，将该批货物交给被告冶金公司。该批货物交付后，原告接到澳大利亚西太平洋银行（以下简称西太银行）的通知，称该行向该批货物卖方议付全部货款后，凭全套正本提单及其他货物单证向中国交通银行议付货款，但遭到交通银行的拒付，经向该批货物的收货人即被告冶金公司催要，该公司只支付了 70 万美元的部分货款，对于余款却以种种理由至今拒绝支付，该公司曾致函西太银行请求延长付款时间。由于不能取得全部货款，西太银行以无单放货为由向本案原告纳某公司索赔，并于 1996 年 10 月 15 日向澳大利亚联邦法院提出扣押原告所属的"S×"轮的申请，要求本案原告提供 150 万美元的担保。本案原告在提供担保后，又被西太银行诉至澳大利亚法院，该法院于 1999 年 7 月 16 日判决本案原告纳某公司赔偿西太银行损失、利息及诉讼费用共计 1 447 964 美元。此款项已于 2000 年 1 月 18 日由本案原告支付给西太银行。之后，纳某公司曾数次向冶金公司追偿以上所遭受的损失，但冶金公司以种种理由拒付，故诉至法院，要求判令冶金公司支付纳某公司赔付给西太银行 1 447 964 美元的损失、利息及诉讼费。因原告纳某公司所属"S×"轮被澳大利亚法院扣押产生的租金、燃油及担保费用 274 971.07 美元的损失，在本案中提供反担保费用 128.15 美元，在澳大利亚法院诉讼所支付的律师费 225 107.83 美元以及上述款项的利息损失 91 474.27 美元，共计 2 042 267.17 美元。

被告冶金公司在答辩期内未提交书面答辩状，但在庭审时辩称：（1）在通常情况下，承运人应凭提单交付货物，但本案原告是凭保函交货，保函不受法律保护，应属无效，由此而给原告造成的损失，应由原告自己承担；（2）按中国海商法规定，原告向被告起诉的时效为 1 年，原告在凭保函交付货物时（1995 年 7 月）即已认识到自己的权利受到侵害，但时至 1997 年 1 月才起诉，故原告的诉讼请求已超过诉讼时效；（3）西太银行对原告是无诉权的，在西太银行与被告达成协议时，正本提单已丧失货权凭证的作用，故澳大利亚法院的判决为错误判决，原告应就此判决提出上诉。综上，被告认为，应驳回原告的起诉。

1995 年 5 月，被告冶金公司与澳大利亚新某公司签订了进口 60 500 公吨铁矿砂的买卖合同。1995 年 6 月 28 日，上述货物在澳大利亚黑德兰港装上了原告纳某公司所属的"S×"轮，当日该轮船长签发了一套三份指示提单。提单记名的托运人为新某公司,收货人为凭指示,通知方为被告冶金公司,装港为黑德兰港,卸港为青岛,数量为 60 500 公吨铁矿砂,运费支付方式依据租船合同,租船合同条款并入该提单。1995 年 7 月 10 日,"S×"轮抵达青岛港,由于被告冶金公司尚未通过其开证行青岛交通银行取得正本提单,于是便向"S×"轮船长出具了担保函,并请求原告向其放货。该担保函内容如下:"致'S×'轮船长,货物名称为散装铁矿砂,货物数量为 60 500 公吨,船长先生:上述货物已经由贵轮装运给我方,但相关提单尚未到达。作为收货人,我们在此请求您,在我方没有交付正本提单的情况下于青岛港向我方交货。如果贵方同意以上请求,我方则作出以下承诺:(1)我方在此向贵方及贵方代理人保证,应我方要求交货而产生任何性质的损失和损害,贵方免除一切责任。(2)如果就上述货物的交付贵方或贵方的任何代理人被提起诉讼,我方则将随时向贵方或贵方的代理人提供足够的资金以承担上述诉讼结果。(3)如果船舶或任何其他属于贵方所有的财产被扣押,或者可能遭受被扣押的危险,我方将提供保释金或其他担保以阻止扣押或保证该船舶或者其他财产被解除扣押,以及向贵方赔偿由此产生的损失、损坏或因扣船而引起的其他费用。(4)一旦我方收到或占有上述货物的正本提单,我方将向贵方交付上述提单,同时我方的责任终止。(5)在贵方首先追诉本保函涉及的他人的情况下,我方对本担保函所涉及的每一方无条件地承担连带责任,而不管该方是否为该担保函下的相对人。(6)此担保函由英国法律调整,担保函下的每一个责任人在贵方同意下应将纠纷提交英国高等法院管辖。冶金公司,1995 年 7 月 7 日。"原告接受了被告出具的上述保函,并将"S×"轮所载货物全部交付给被告冶金公司。

本案所涉进口货物的货款支付方式为跟单信用证付款,该信用证的申请方为被告冶金公司,开证行为青岛交通银行,议付行为西太银行,信用证的受益人为金某利贸易有限公司(以下简称金某公司)和新某公司,该信用证后来修改为新某公司为受益人。1995 年 7 月 3 日,西太银行收到了来自作为新某公司银行的西部银行的全套预付单证,7 月 4 日,金某公司给冶金公司出具了金额为 1 754 622 美元的临时发票,其中货值 917 276 美元,运费 786 500 美元,112 天的临时利息 50 886 美元。7 月 6 日,西太银行向新某公司支付了全部货款,并且应金某公司请求支付了运费。随后,西太银行将上述所收到的全套单证于 7 月 6 日寄青岛交通银行承兑,但青岛交通银行以单证存在不符点为由拒绝承兑,该批货运单证遂被退回至西太银行。在得知本案货物已由收货人(本案被告)冶金公司凭保函提走后,西太银行便于1995年10月与冶金公司就货款支付问题开始协商,1996年1月17日,冶金公司确认了由西太银行提出的建议,即冶金公司承认提取了价值1 754 611.95美元的60 500吨铁矿砂,该款项应在1995年10月26日前偿付给西太银行,该银行同意冶金公司卖货后用其所得款项支付,冶金公司尽力在1996年3月全部还清上述债务,主债金1 754 611.95美元记入冶金公司借方账户,余额也应根据要求支付,1996年3月31日前利率定为7.5%。1996年2、3月间,西太银行收到了冶金公司根据此协议支付的两笔款项合计699 970美元。但自此之后,冶金公司再未支付剩余款项。

1996年10月15日,西太银行向澳大利亚新南威尔士地区联邦法院提出扣押本案原告纳某公司所属"S×"轮的申请,同时责令纳某公司提供140万美元的担保,该法院于同日将"S×"轮予以扣押,10月18日,上述船舶在提供足额担保后被释放。之后,西太银行又以"S×"轮为被告,并以该轮无正本提单放货为由诉至新南威尔士联邦法院,该法院在经过开庭审理后,于1999年7月16日判决西太银行胜诉,"S×"轮及其船东纳某公司(本案原告)败诉,并由其赔偿胜诉方1 316 793.38美元(其中本金1 054 611.95美元加利息262 181.43美元),判定金某公司赔偿纳某公司损失114 630.14美元。上述判决结果纳某公司已于2000年1月18日履行完毕。同时,该公司又支付了从判决之日起到实际支付之日止的利息36 340.54美元及案件受理费150 000澳大利亚元(折合94 830.48美元)。

原告纳某公司所属船舶"S×"轮在澳大利亚被扣押期间已期租给澳大利亚的"S×P×L×",每天的租金为6250美元,从1996年10月15日19时被扣押至10月18日15时40分被释放,折合天数为2.8611天,共损失租金17 881.88美元。为使船舶释放,本案原告委托D××Bank向西太银行出具担保金140万美元,至2000年1月18日共产生利息225 087.8美元,担保手续费11 722.85美元,同时,为在澳大利亚法院参与诉讼,本案原告纳某公司支出律师费225 107.83美元。

依据《英国1980年时效法案》(Limitation Act 1980),就合同违约之诉的诉讼时效期间为6年。

原告纳某公司履行了澳大利亚法院判决,并遭受扣押船舶损失及提供担保损失后,依据被告冶金公司出具的保函多次向被告追偿以上所遭受损失,但被告以种种理由拒付,遂于1997年2月28日诉至青岛海事法院,要求判令被告支付原告的损失,包括履行澳大利亚判决的损失、利息、诉讼费用1 447 964美元,律师费225 107.83美元,船舶被扣押损失的租金、燃油、担保费274 971.07美元,在本案中提供反担保费用128.15美元,以及上述利息损失91 474.27美元,共计2 042 267.17美元。

被告冶金公司辩称,(1)本案所涉无单放货保函是无效的,不受法律保护,由此而给原告造成的损失,应由原告自己承担。(2)依照中国海商法规定,原告对被告起诉的时效为1年,从原告收取保函放货即1995年7月起算,但原告直至1997年1月才起诉,已超过诉讼时效。(3)西太银行对原告是无诉权的,在西太银行与本案被告冶金公司达成协议时,正本提单已丧失物权凭证的作用,故澳大利亚法院的判决是错误的。

【裁判说理】

争议焦点:(1)无单放货保函的效力问题;(2)外国法的适用问题。

青岛海事法院认为:被告冶金公司在尚未收到正本提单的情况下,向原告纳某公司出具保函以提取货物,并在保函中注明"上述提单尚未到达","一旦我方(被告)收到或占有上述货物的正本提单,我方将向贵方(原告)交付上述提单,同时我方的责任终止",由此可见,被告冶金公司在出具保函时是善意的,原告纳某公司在接受保函时亦持有善意态度。被告出具保函,原告接受保函并未恶意针对第三方或对第三方构成欺诈,只是后来因开证行青岛交通银行以单证存在不符点为由拒付货款,才使得被告冶金公司得不到正本提单,无法将提单转交原告换回保函,同样也才使得议付行西太银行在将货款议付给卖方后,因开证行拒付,从而无法收回货款,导致在澳大利亚法院的纠纷。故原、被告之间签订的保函对双方当事人是合法有效的,双方构成合同关系,原、被告均应受其约束。依据该保函,被告冶金公司应赔偿原告纳某公司应被告要求交货而产生的任何性质的损失和损害,如果本案原告因无单放货而被提起诉讼,被告冶金公司还应提供足够资金以承担上述诉讼后果,同时被告还应承担因原告无单放货而导致船舶被扣押造成的损失及为此提供担保以使船舶被释放等。故被告冶金公司应赔偿原告在澳大利亚判决书中确定原告应承担的损失和费用,原告船舶被扣押所产生的损失和费用,以及原告在澳大利亚法院参加诉讼支出的律师费用。上述各款项所产生的利息损失，被告亦应予以偿付。

同时，依据我国《民法通则》的规定，"涉外合同的当事人可以选择处理合同争议所适用的法律，法律另有规定的除外"。本案中，被告在未收到正本提单的情况下，为使货物被释放而向原告出具的保函中明确约定该保函由英国法律调整。原告向青岛海事法院提交了《英国1980年时效法案》及相关案例，但未能提交英国法关于调整保函的规则及确定保证人责任与义务的相关案例，为此，原告申请有关被告向原告出具的保函适用中国法律进行处理，而有关诉讼时效则适用《英国1980年时效法案》。依照我国《最高人民法院关于贯彻执行〈中华人民共和国民法通则〉若干问题的意见（试行）》第195条"涉外民事法律关系的诉讼时效，依冲突规范确定的民事法律关系的准据法确定"，青岛海事法院认为原告的上述申请于法有据，应予支持。根据《英国1980年时效法案》就合同违约之诉的诉讼时效为6年，原告起诉并未超过该法规定的诉讼时效，因此原告诉权应受法律保护。

虽然正本提单持有人已与本案被告达成协议，但被告只是部分地履行了该协议，并未完全履行，在此情况下，正本提单并未失去其物权效力，西太银行既可选择以无正本提单放货为由起诉本案原告，又可依协议来起诉本案被告，西太银行在澳大利亚法院选择本案原告为被告进行起诉并无不当，且澳大利亚法院的判决业已生效并已执行，故青岛海事法院依据此判决确定本案原告的损失数额并无不当。

青岛海事法院于2001年4月4日作出民事判决书，判决：被告冶金公司赔偿原告纳某公司在澳大利亚判决中确定的损失1 316 793.38美元、利息36 340.54美元，澳大利亚法院诉讼费用150 000.00澳大利亚元（折合94 830.48美元），原告所属"S×"轮被扣押期间产生的租金损失17 881.88美元，原告为使船舶释放提供的担保金的利息损失225 087.80美元，担保手续费11 722.85美元，原告在澳大利亚法院所支出的律师费225 107.83美元。以上合计为1 927 764.76美元，由被告赔偿原告并支付上述款项所产生的利息损失（利息以自2000年1月19日起至本判决生效之日止我国银行同期存款利率计算）。

判决作出后，被告冶金公司不服该判决，上诉于山东省高级人民法院。山东省高级人民法院经开庭审理后，针对保函效力的焦点问题，认为案涉保函不属于我国《担保法》调整的范围，且系冶金公司自愿出具并被纳某公司接受,实际上该保函约定了冶金公司在无正本提单提货后的权利义务,冶金公司在商业行为中应遵守诚信原则,其出尔反尔抗辩不承担责任的主张于法无据,不予支持;因该保函亦不违反我国法律的强制性规定,所以,该保函合法有效。山东省高级人民法院于 2001 年 9 月 24 日作出终审判决:驳回上诉,维持原判。

【法官后语】

本案是一起海上货物运输合同纠纷案。在国际海上货物运输中,承运人接受保函放货给收货人后,可能引起两个诉讼,即托运人诉承运人的无单放货纠纷诉讼和承运人依保函向提货人(及出具无单放货保函的担保人)进行追偿的履行保函诉讼。本案属于后者,主要涉及以下两个问题。

一、无单放货保函的效力问题

这一问题是本案一审中的一个重要问题,也是被告冶金公司上诉至二审法院时的焦点问题。在国际海上货物运输中,提单运输已成为最为普遍的货物运输方式。而正本提单则是用以提货、结汇的重要单证。正本提单持有人凭正本提单有权要求承运人交付货物,而承运人也负有向正本提单持有人交付货物的义务。但由于近年来航运事业的快速发展,运输时间逐渐缩短,提单的流转却仍然按照传统的方式,环节多、速度慢,往往造成货物已运抵目的港,而提单尚未到达收货人手中,收货人无法在目的港凭正本提单交货的局面。这样,逐渐出现了以副本提单等正本提单以外的其他单证连同保函先予提货的习惯做法。保函放货冲击了提单物权凭证的法律地位,使物权凭证与物分离。承运人可以选择接受或不接受保函,但如果接受保函放货,承运人向正本提单的持有人交付货物的义务却仍未解除,这样承运人将有可能面临承担向正本提单的持有人交货不能的法律后果和责任风险。

在国际上,调整提单运输的国际公约有 1924 年《统一提单的若干法律规定的国际公约》(《海牙规则》)、1968 年《修改统一提单若干法律规定的国际公约议定书》(《维斯比规则》)以及 1978 年《联合国海上货物运输公约》(《汉堡规则》),但其中均未对凭保函提货的行为予以规范和调整,我国《海商法》中也未涉及。对这一问题的解决,现在还处于司法规范阶段。一般认为,如果承运人和收货人在正本提单未到而又急需提货的情况下,双方均出于诚心善意,收货人以出具保函保证承担因无正本提单提货可能产生损失的责任,而承运人接受保函交付货物,这种保函不针对第三人,也不具有对第三人的欺诈性质,这样的保函应视为有效,对当事人具有约束力。但是承运人不能以保函来对抗善意的正本提单持有人。当正本提单持有人向承运人主张权利时,承运人应负赔偿责任。如果承运人和提货人恶意串通欺骗收货人,提货人不是将来货物的所有权人,而以骗取货物为目的出具保函,承运人明知提货人不是货物的所有权人而收取保函放货,使货物的真正所有权人持有正本提单而提不到货,这就构成欺诈,此保函应认定无效。

本案属于上述第一种情况。被告冶金公司是本案所涉货物的将来所有权人,从被告冶金公司出具的保函的内容也可以看到其出具保函时的善意:"上述提单尚未到达","一旦我方(本案被告)收到或占有上述货物的正本提单,我方将向贵方(本案原告)交付上述提单,同时我方的责任终止"。而原告纳某公司也是基于对被告冶金公司此种善意的信任而接受保函的。双方当时的行为没有恶意针对第三方,也未对第三方构成欺诈,所以,此保函应当认定有效。由此,原被告双方在保函的基础上形成了合同关系,双方的权利义务关系应当按照保函的规定进行调整。依据保函,原告纳某公司因接受保函交货给被告冶金公司而遭受的在澳大利亚的诉讼中的费用和赔偿金、船舶被扣押的损失、为放船而提供保释金的损失等,应由被告冶金公司承担。

二、外国法的适用问题

保函被确定有效后,就要看对保函中约定的法律适用条款的理解。保函中约定"此担保函由英国法律调整",很明显,这是双方当事人对法律适用的约定。

(一)外国法的确定

1.涉外合同的法律适用问题。涉外合同的法律适用是指如何确定合同的准据法,即依照冲突规范,合同应适用何国的实体法。在这一问题上,国际上普遍采用的是当事人"意思自治原则",即当事人可以通过协商一致的意思表示自由选择支配合同的准据法,这是一项古老的原则。发展至今,世界各国的立法和司法实践中,在尊重当事人选择法律意愿的同时,强调了对意思自治内容的限制,即当事人所选择的法律,不能违反公共秩序,不能违背强制性规则,禁止不确定的准据法,并且只能是实体法。在当事人没有意思自治或意思自治不明而无法确定合同准据法的情况下,法院依照"场所支配行为"的原则,以与合同有关的客观标志为依据,确定合同的准据法。这是对意思自治的补充。这种客观标志通常为合同缔结地、合同履行地、法院地、不动产所在地等。而法院确定合同的准据法时,大多会依照"最密切联系原则",对与案件有关的各种主、客观因素进行分析,在上述客观标志中选出和案件最具联系的连结点。

2. 我国对涉外合同的法律适用的规定。我国《民法通则》首先对这一问题作了规定,该法第145条规定:"涉外合同的当事人可以选择处理合同争议所适用的法律,法律另有规定的除外。涉外合同的当事人没有选择的,适用与合同有最密切联系的国家的法律。"我国《合同法》第126条、《海商法》第269条也作了类似规定。由此可见,我国涉外合同法律适用的首要原则是当事人意思自治原则,在当事人没有意思自治或意思自治不明确时,采用最密切联系原则作为补充。这与国际上的普遍做法是一致的。

(二)外国法的查明

若当事人选择的是法院地以外的外国法,这就涉及外国法的查明问题。外国法内容的查明又称"外国法内容的确定",是指法院在审理涉外民事案件时,根据本国冲突规范确定应适用的某外国法后,对该外国法内容如何确定和证明的问题。外国法内容查明的方法取决于有关国家的诉讼制度及其对外国法性质的认定。综合各国在外国法内容查明上所采取的不同做法,主要有三类,即当事人举证证明、法官依职权查明以及法官与当事人共同查明。我国目前立法中尚未对外国法内容的查明问题作出明确规定,但有关的司法文件曾对此有明确的规定。《最高人民法院关于贯彻执行〈中华人民共和国民法通则〉若干问题的意见(试行)》第193条规定:"对于应当适用的外国法律,可以通过下列途径查明:①当事人提供。②由与我国订立司法协助协定的缔约对方的中央机关提供。③由我国驻该国使领馆提供。④由该国驻我国使馆提供。⑤由中外法律专家提供。通过以上途径仍不能查明的,适用中华人民共和国法律。"在实践中,我国法院将对外国法内容的查明,作为当事人应当举证证明的证据内容,主要以当事人提供为主,其他方式为辅。当外国法内容无法查明时,各国国际司法实践通常采取相应方法予以解决,有以法院地法取代应适用的外国法的,也有驳回当事人的诉讼请求或抗辩请求的。由我国《最高人民法院关于贯彻执行〈中华人民共和国民法通则〉若干问题的意见(试行)》第193条的规定可知,我国在外国法无法查明时,采用的是以法院地法取代应适用的外国法的解决方式。

在本案中，原、被告双方在保函中约定"此担保函由英国法律调整"，这是当事人意思自治的体现。依照国际惯例及我国法律的规定，当事人对适用法律的选择应当得到支持。原告纳某公司提交了《英国1980年时效法案》及相关案例，所以时效问题应当适用经当事人选择并查明的英国法，英国法关于调整保函的规则及确定保证人责任与义务的相关案例，原告纳某公司未能提供，按照我国的法律规定，保函及当事人的权利义务关系适用中华人民共和国法律调整。由此，被告冶金公司提出的诉讼时效和法律适用的抗辩于法无据。

综上所述，青岛海事法院判决的法律适用及责任承担是正确的。

【相关法条】

《中华人民共和国民法通则》（2021年1月1日废止）

第一百零六条第一款　公民、法人违反合同或者不履行其他义务的，应当承担民事责任。

第一百一十一条　当事人一方不履行合同义务或者履行合同义务不符合约定条件的，另一方有权要求履行或者采取补救措施，并有权要求赔偿损失。

第一百四十五条　涉外合同的当事人可以选择处理合同争议所适用的法律，法律另有规定的除外。

涉外合同的当事人没有选择的，适用与合同有最密切联系的国家的法律。

对应新法：

《中华人民共和国民法典》（2021年1月1日施行）

第五百七十七条　当事人一方不履行合同义务或者履行合同义务不符合约定的，应当承担继续履行、采取补救措施或者赔偿损失等违约责任。

第五百八十四条　当事人一方不履行合同义务或者履行合同义务不符合约定，造成对方损失的，损失赔偿额应当相当于因违约所造成的损失，包括合同履行后可以获得的利益；但是，不得超过违约一方订立合同时预见到或者应当预见到的因违约可能造成的损失。

第四百六十七条第一款　本法或者其他法律没有明文规定的合同，适用本编通则的规定，并可以参照适用本编或者其他法律最相类似合同的规定。

承办人：孙立国

编写人：郭俊莉

33. 定陶县工某木器厂诉兴某海运株式会社海上货物运输合同纠纷案

——无船承运人承担凭保函无正本提单放货的侵权责任

【合规提示】

本案系货物在目的港凭保函被无单放货，买家不赎单，提单被银行退回，发货人持全套正本提单向无船承运人主张侵权责任的案件。诉讼期间，应原告申请法院诉讼保全了无船承运人所属的堆存于在中国青岛港的集装箱一宗，因无船承运人找其船舶代理提交了足额担保，法院解除了对该宗集装箱的保全。对货方而言，有权就无单放货权益受损主张权利的，必须是全套正本提单的合法持有人。对承运人而言，凭保函放货构成了对提单合法持有人的侵权。对无船承运人而言，要切实把握好在目的港的有效管控，避免因实际承运人放货导致无船承运人担责的情况。

【案件信息】

1. 裁判文书字号

（1997）青海法海商初字第182号

2. 当事人

原告：定陶县工某木器厂

被告：兴某海运株式会社

3. 关键词

民事　无单放货　无船承运人　凭保函无单放货　侵权责任　财产保全

【裁判要旨】

1. 提单的审查。正本提单持有的持有合法性及是否持有全套正本提单的审查，是审理无单放货纠纷案件的必要审查，只有合法持有全套正本提单的持有人，方对该提单项下货物享有所有权。

2. 无船承运人无单放货的责任认定。本案货物运抵目的港后，被告在没有收回正本提单的情况下，凭银行出具的保函放货。该行为致使原告无法通过合法途径主张物权或收回货款，构成了对正本提单持有人合法权益的侵犯。

3. 诉讼财产保全的审查。在我国《国际海运条例》颁布前，境外无船承运人在国内的资产查询比较困难，及时发现无船承运人在境内的资产，对实现生效法律文书的切实执行尤为重要。本案原告及时发现无船承运人财产申请保全，并已提供担保。法院对该财产是否属于被告所有的查明至关重要，只有确认相关财产属于被告所属后，方能采取保全措施。

【基本案情】

1997年，中粮山东省粮油进出口公司作为原告定陶县工某木器厂的外贸出口代理人，为原告出口柳制品委托出口货物，买方为韩国 NEW ×××TRADE CORP 和韩国 JAE IL ××× BONG CO. LTD，货物价格为 FOB，货值17 193.24 美元。

1997年3月8日，被告韩国兴某海运株式会社作为承运人签发了编号分别为 SOCH664T226/ HASLQDBSD×××026 和 SOCH664T227/HASLQDBSD×××027 的两套正本运费到付已装船清洁指示提单（各一式三份）。3月11日货抵目的港韩国釜山。被告凭收货人出具的银行保函将货放走。

因原告持有经其外贸代理人背书转让的该两全套正本提单，诉至青岛海事法院，请求依法判令被告赔偿其货物损失 142 703.89 元人民币及相应利息，并承担诉讼费用。

1997年6月5日，应原告申请，法院依法查封了被告所有的堆存于青岛港的集装箱15个集装箱。7月16日，因天津远某公司青岛办事处代被告向法院递交了17万元人民币的现金担保，上述集装箱被解除扣押。

被告未作答辩。

【裁判说理】

争议焦点：(1) 原告是否适格；(2) 被告是否应当对无单放货承担责任。

青岛海事法院认为：

1. 原告持有经发货人空白背书转让的全套正本指示提单，属正本提单的合法持有人，有权对该提单项下的货物享有所有权。

2. 被告作为承运人签发已装船提单，应将货物交付给正本提单持有人。货物运至目的港后，被告在没有收回正本提单的情况下，凭银行出具的保函放货。该行为致使原告无法通过合法途径主张物权或收回货款。故被告无正本提单放货的行为构成了对正本提单持有人的合法权益的侵犯，应承担相应的赔偿责任。依照《民法通则》第106条第2款、第134条第7款，《海商法》第71条、第79条第2款，判令被告承担原告的货物损失及相应利息，并承担诉讼费用。

青岛海事法院以民事判决形式结案。被告办理了公证认证委托授权，由其委托代理人向法院提交书面材料，表示对一审判决服判，并要求在诉讼保全提交的17万元人民币的担保款中，划拨15 386.81元人民币足额执行给原告。

【法官后语】

本案为无船承运人无正本提单放货纠纷。审理中需要解决两个实体问题和诉讼中的财产保全问题。

1. 关于原告适格审查。本案原告系实际发货人，且持有经发货人空白背书转让的全套正本指示提单，属正本提单的合法持有人，有权对该提单项下的货物享有所有权。

2. 关于被告的责任认定。被告所使用的格式提单，是经韩国国际货运代理协会（KIFFA）注册登记的货代提单，在我国法律尚未对无船承运人提单使用予以限制的情况下，被告装港代理以该货代提单签发已装船提单的行为是有效的。被告作为无船承运人应向全套正本提单持有人履行据单交货的义务。但货物运至目的港后，被告在没有收回正本提单的情况下，凭银行出具的保函放货。该行为致使原告无法通过合法途径主张物权或收回货款。原告以被告无正本提单放货的行为构成了对正本提单持有人的合法权益的侵犯为由，要求被告承担相应的赔偿责任的主张，于法有据，应予支持。

3. 关于诉讼中的财产保全。原告在诉讼期间，依据我国《民事诉讼法》涉外民事诉讼程序的特别规定之规定，提出财产保全申请，并已提供担保。

法院在查明相关财产属于被告所属后,依法准予原告的保全申请,并及时查封了相关财产,从而保障了该涉外案件审结后的及时有效执行。

【相关法条】

1.《中华人民共和国民法通则》(2021年1月1日废止)

第一百零六条 公民、法人违反合同或者不履行其他义务的,应当承担民事责任。

公民、法人由于过错侵害国家的、集体的财产,侵害他人财产、人身的,应当承担民事责任。

没有过错,但法律规定应当承担民事责任的,应当承担民事责任。

第一百三十四条 承担民事责任的方式主要有:

(一)停止侵害;

(二)排除妨碍;

(三)消除危险;

(四)返还财产;

(五)恢复原状;

(六)修理、重作、更换;

(七)赔偿损失;

(八)支付违约金;

(九)消除影响、恢复名誉;

(十)赔礼道歉。

以上承担民事责任的方式,可以单独适用,也可以合并适用。

人民法院审理民事案件,除适用上述规定外,还可以予以训诫、责令具结悔过、收缴进行非法活动的财物和非法所得,并可以依照法律规定处以罚款、拘留。

对应新法:

《中华人民共和国民法典》(2021年1月1日施行)

第一千一百六十五条 行为人因过错侵害他人民事权益造成损害的,应当承担侵权责任。

依照法律规定推定行为人有过错,其不能证明自己没有过错的,应当承担侵权责任。

第一百七十九条 承担民事责任的方式主要有：

（一）停止侵害；

（二）排除妨碍；

（三）消除危险；

（四）返还财产；

（五）恢复原状；

（六）修理、重作、更换；

（七）继续履行；

（八）赔偿损失；

（九）支付违约金；

（十）消除影响、恢复名誉；

（十一）赔礼道歉。

法律规定惩罚性赔偿的，依照其规定。

本条规定的承担民事责任的方式，可以单独适用，也可以合并适用。

2.《中华人民共和国海商法》（1993年7月1日施行）

第七十一条 提单，是指用以证明海上货物运输合同和货物已经由承运人接收或者装船，以及承运人保证据以交付货物的单证。提单中载明的向记名人交付货物，或者按照指示人的指示交付货物，或者向提单持有人交付货物的条款，构成承运人据以交付货物的保证。

第七十九条 提单的转让，依照下列规定执行：

（一）记名提单：不得转让；

（二）指示提单：经过记名背书或者空白背书转让；

（三）不记名提单：无需背书，即可转让。

3.《中华人民共和国民事诉讼法》（1991年4月9日施行）

第九十二条 人民法院对于可能因当事人一方的行为或者其他原因，使判决不能执行或者难以执行的案件，可以根据对方当事人的申请，作出财产保全的裁定；当事人没有提出申请的，人民法院在必要时也可以裁定采取财产保全措施。

人民法院采取财产保全措施，可以责令申请人提供担保；申请人不提供担保的，驳回申请。

人民法院接受申请后，对情况紧急的，必须在四十八小时内作出裁定；

裁定采取财产保全措施的，应当立即开始执行。

第九十四条　财产保全限于请求的范围，或者与本案有关的财物。

财产保全采取查封、扣押、冻结或者法律规定的其他方法。

人民法院冻结财产后，应当立即通知被冻结财产的人。

财产已被查封、冻结的，不得重复查封、冻结。

第二百五十一条　当事人依照本法第九十二条的规定可以向人民法院申请财产保全。

利害关系人依照本法第九十三条的规定可以在起诉前向人民法院申请财产保全。

对应新法：

《中华人民共和国民事诉讼法》(2023年9月1日修正)

第一百零三条　人民法院对于可能因当事人一方的行为或者其他原因，使判决难以执行或者造成当事人其他损害的案件，根据对方当事人的申请，可以裁定对其财产进行保全、责令其作出一定行为或者禁止其作出一定行为；当事人没有提出申请的，人民法院在必要时也可以裁定采取保全措施。

人民法院采取保全措施，可以责令申请人提供担保，申请人不提供担保的，裁定驳回申请。

人民法院接受申请后，对情况紧急的，必须在四十八小时内作出裁定；裁定采取保全措施的，应当立即开始执行。

第一百零七条　财产纠纷案件，被申请人提供担保的，人民法院应当裁定解除保全。

承办人：郭彦滨
编写人：郭彦滨

34.威海嘉某制衣有限公司
诉汎某商运有限公司海上货物运输合同纠纷案
——无船承运人无单放货的责任分析

【合规提示】

本案系跟单信用证贸易结算方式下，货物在目的港被无单放货，提单被银行退回，发货人持两票货物的全套正本提单向无船承运人主张侵权责任的案件。对货方而言，有权就无单放货权益受损主张权利的，必须是全套正本提单的合法持有人。对无船承运人而言，要切实把握好在目的港的有效管控，避免因实际承运人放货导致无船承运人担责的情况。

【案件信息】

1. 裁判文书字号

（1997）青海法海商初字第299号

2. 当事人

原告：威海嘉某制衣有限公司

被告：汎某商运有限公司

3. 关键词

民事　无单放货　无船承运人　无单放货责任分析

【裁判要旨】

1.提单的审查。正本提单持有的持有合法性及是否持有全套正本提单的审查，是审理无单放货纠纷案件的必要审查，只有合法持有全套正本提单的持有人方该提单项下货物享有所有权。

2.无船承运人无单放货的责任认定。本案货物运抵目的港后，被告在没有收回正本提单的情况下，将货物放行。该行为致使原告无法通过合法途径主张物权或收回货款，构成了对正本提单持有人合法权益的侵犯。

【基本案情】

1997年6月13日、6月18日、7月10日，原告威海嘉某制衣有限公司按贸易合同的约定，交被告汛某商运有限公司托运五票提单价值241 460.00美元的货物，装港为中国青岛港，目的港为韩国釜山港，分别由"瑞某"和"易某"轮承运，但货物到港后，被告无单放货，致原告货物结算信用证项下的付款人及开证行拒付和开证行退单。因原告无法收回货物及货款，索赔无果，诉至青岛海事法院，要求依法判令被告赔偿原告货物损失129 703.40美元及利息损失36 171.68元，并承担诉讼费用。

诉讼期间，原告持全套正本提单去韩国提货，未能找到"易某"7××航次承运的两票货物，遂将诉讼请求变更为只对NO.BJQD××192、BJQD××193号提单项下的货物损失及利息损失主张索赔。

就该两票货物承运情况，经审理查明：原告按贸易合同的约定，将两只20英尺集装箱的价值40 777.00美元（折合人民币为338 452.42元）的货物交被告承运。被告于1997年6月18日签发了其经KIFFA备案的单号分别为NO.BJQD××192、NO.BJQD××193号两套（一式三份）的已装船运费到付指示提单。该提单载明托运人为威海嘉某制衣有限公司，收货人凭CHO HUNG BANK指示，"易某"7××航次承运，装货港为中国青岛，卸货港为韩国釜山。货抵目的港后，收货人在没有正本提单的情况下，将货物提走，随后开证行将全套正本提单退回。原告在收到全套正本提单的情况下，去韩国提货无果。

被告口头辩称：原告没有出具该提单项下的货物已不在韩国的证据，就不能证明该货物被无单放走，故应驳回原告的诉讼请求。

【裁判说理】

争议焦点：（1）原告的主体是否适格；（2）涉案货物是否构成无单放货；（3）被告是否应当对无单放货承担责任。

青岛海事法院认为：

1. 原告合法持有上述两份全套正本指示提单，即对该提单项下的货物享有所有权。

2.被告作为承运人签发了已装船提单，应将货物交付给正本提单持有人。货物运抵目的港后，被告在没有收回正本提单的前提下，将货物放行。该行为致使原告无法通过合法途径主张物权或收回货款。故被告无正本提单放货的行为构成了对正本提单持有人的合法权益的侵犯，应承担相应的赔偿责任。

依照《民法通则》第106条第2款、第134条第7款和《海商法》第71条、第79条第2款之规定，判令被告赔偿原告货物损失及利息损失共计人民币372 490.66元，并承担诉讼费用。

【法官后语】

本案为无船承运人无正本提单放货纠纷。审理中需要解决以下三个问题：

1.关于对原告主体的审查。本案原告作为发货人，在货物出运后，将空白背书转让并向银行交单，后因开证行将全套正本提单退回，属正本提单的合法持有人，有权对该提单项下的货物享有所有权。

2.关于涉案货物是否构成无单放货的问题。诉讼期间，原告持全套正本提单前往被告辩称的仓库查寻货物，发现有"易某"轮7××航次承运的两票货物下落不明，被告亦不能进一步述明货物所在之处，该两票货物属于原告向承运人的提货不能，对此被告已构成无正本提单放货。

3.关于被告的责任认定。被告为KIFFA注册登记的无船承运人，其作为经承运人签发已装船提单，应将货物交付给正本提单持有人。货物运至目的港后，被告在没有收回正本提单的情况下未尽到对货物谨慎监管的义务，导致货物的去向不明，致使原告无法通过合法途径主张物权或收回货款。原告以被告无正本提单放货的行为构成了对正本提单持有人的合法权益的侵犯为由，要求被告承担相应的赔偿责任的主张，于法有据，应予支持。

【相关法条】

1.《中华人民共和国民法通则》(2021年1月1日废止)

第一百零六条 公民、法人违反合同或者不履行其他义务的，应当承担民事责任。

公民、法人由于过错侵害国家的、集体的财产，侵害他人财产、人身的，应当承担民事责任。

没有过错，但法律规定应当承担民事责任的，应当承担民事责任。

第一百三十四条 承担民事责任的方式主要有：

（一）停止侵害；

（二）排除妨碍；

（三）消除危险；

（四）返还财产；

（五）恢复原状；

（六）修理、重作、更换；

（七）赔偿损失；

（八）支付违约金；

（九）消除影响、恢复名誉；

（十）赔礼道歉。

以上承担民事责任的方式，可以单独适用，也可以合并适用。

人民法院审理民事案件，除适用上述规定外，还可以予以训诫、责令具结悔过、收缴进行非法活动的财物和非法所得，并可以依照法律规定处以罚款、拘留。

对应新法：

《中华人民共和国民法典》（2021年1月1日施行）

第一千一百六十五条 行为人因过错侵害他人民事权益造成损害的，应当承担侵权责任。

依照法律规定推定行为人有过错，其不能证明自己没有过错的，应当承担侵权责任。

第一百七十九条 承担民事责任的方式主要有：

（一）停止侵害；

（二）排除妨碍；

（三）消除危险；

（四）返还财产；

（五）恢复原状；

（六）修理、重作、更换；

（七）继续履行；

（八）赔偿损失；

（九）支付违约金；

（十）消除影响、恢复名誉；

（十一）赔礼道歉。

法律规定惩罚性赔偿的，依照其规定。

本条规定的承担民事责任的方式，可以单独适用，也可以合并适用。

2.《中华人民共和国海商法》（1993年7月1日施行）

第七十一条　提单，是指用以证明海上货物运输合同和货物已经由承运人接收或者装船，以及承运人保证据以交付货物的单证。提单中载明的向记名人交付货物，或者按照指示人的指示交付货物，或者向提单持有人交付货物的条款，构成承运人据以交付货物的保证。

第七十九条　提单的转让，依照下列规定执行：

（一）记名提单：不得转让；

（二）指示提单：经过记名背书或者空白背书转让；

（三）不记名提单：无需背书，即可转让。

承办人：郭彦滨

编写人：郭彦滨

35. 中国化某建设青岛公司诉美商邦某海空通运有限公司海上货物运输合同纠纷案
——无正本提单放货损害赔偿的诉讼时效起算点

【合规提示】

本案系一起因承运人无单放货致使正本提单持有人权益受损，正本提单持有人诉承运人要求赔偿其损失的无单放货纠纷案件。本案中原、被告争议的焦点为原告的起诉是否超过诉讼时效。在无单放货情形下，因无明确符合《海商法》所规定的"交付"情形，故一般以正本提单持有人知道或者应当知道权利被侵害时作为诉讼时效的起算点。对于正本提单持有人来说，因法律规定有诉讼时效制度且《海商法》所规定的诉讼时效短于一般民事法律中所规定的诉讼时效，因而正本提单持有人应当更加注重自身权利行使的紧迫性，在协商不成的情形下及时通过诉讼途径解决各方争议。对于承运人来说，正本提单是海上货物运输领域提货的唯一凭证，承运人应当规范其提单的签发流程，避免出现签发多份提单及出现未见单放货的情形，避免自身损失。

【案件信息】

1. 裁判文书字号

（1997）青海法海商初字第 305 号、（1998）鲁经终字 127 号

2. 当事人

原告（被上诉人）：中国化某建设青岛公司

被告（上诉人）：美商邦某海空通运有限公司

3. 关键词

民事　海上货物运输合同　无单放货　损害赔偿　诉讼时效

【裁判要旨】

在无正本提单放货行为致害的损害赔偿纠纷中，应当以正本提单持有人知道或者应当知道其权利被侵害之日起计算诉讼时效。

【基本案情】

1996年4月，原告中国化某建设青岛公司（以下简称化某公司）与香港邦某洋行签订买卖合同。合同约定化某公司向邦某洋行出售肌醇600千克，总金额12 840美元，CFR GUAYAQUIL（成本加运费变形）价，D/P（付款交单）付款。1996年5月13日，化某公司委托邦某公司承运该批货物至厄瓜多尔的"GUAYAQUIL"港。托运货物前，邦达洋行给化某公司传来"装船通知"与提单样本，请化某公司在托运人栏内列上自己（邦某洋行）的名字。被告美商邦某海空通运有限公司（以下简称邦某公司）接受化某公司货物后向化某公司签发了一式三份正本提单，提单上列明的托运人即为"邦某洋行"。随后，化某公司遂凭全套正本提单托收货款，但买方邦某洋

行拒绝付款赎单,上述一式三份正本提单被退回化某公司。上述货物运抵厄瓜多尔的"GUAYAQUIL"港后,1996年9月12日,邦某公司通知化某公司:"现贵司收货人W××已凭银行保函向港口官方索要货物,因为根据当地规定,只要W××凭银行保函和提单副本就可以提货。虽然我司要求代理尽力凭全套正本提单放货,但恐怕难抵港口官方的压力。请速联络W××付款一事,以避免不应有的损失。"1996年9月13日,化某公司函复邦某公司:"请贵司尽快指示目的港代理:收货人必须凭正本提单才可提货,由此产生的一切后果,由贵司承担!"此后,化某公司未得到有关货物情况的报告,遂与邦某公司多次交涉此事,邦某公司未否认无提单放货的事实。

化某公司提出诉讼请求:(1)判令邦某公司偿还货款损失12 840.00美元及利息;(2)本案诉讼费用及化某公司支出的律师费用(人民币8000.00元)由邦某公司承担。

邦某公司一审未到庭应诉答辩。因不服一审判决提起上诉,二审期间辩称:该提单项下货物于1996年7月30日交付给正本提单持有人,至1997年9月化某公司起诉时已经超过《海商法》规定的一年诉讼时效,化某公司丧失了胜诉权,应依法驳回其诉讼请求。

【裁判说理】

争议焦点:正本海运提单持有人以承运人未收到正本提单放货为由提起的损害赔偿诉讼时效计算问题。

青岛海事法院认为:邦某公司接受化某公司货物并向化某公司签发提单后,即负有凭该正本提单交付货物的义务,但其却在化某公司仍适法持有该全套正本提单的情况下,不顾化某公司的指令,将该提单项下的货物交付他人,严重损害了化某公司的合法权益,则邦某公司即应对化某公司因此而遭受的经济损失承担赔偿责任,故判决邦某公司赔偿化某公司经济损失12 840.00美元加自1996年10月1日起至本判决生效之日止的银行同期存款的利息,并承担本案诉讼费用。邦某公司不服,提出上诉。山东省高级人民法院于1998年5月22日作出终审判决:驳回上诉,维持原判。

【法官后语】

提单是指用以证明海上货物运输合同和货物已经由承运人接受或者装船,

以及承运人保证据以交付货物的单证。提单中载明的向记名人交付货物或者按照指示人的指示交付货物,或者向提单持有人交付货物的条款,构成承运人据以交付货物的保证。因此,据单交付货物是承运人的义务,否则将构成违约,对正本提单持有人的合法权益造成损害的,还应当承担侵权责任,正本提单持有人也将因此获得向承运人要求赔偿的损害赔偿请求权。

关于正本提单持有人享有的损害赔偿请求权的诉讼时效计算问题,主要包括诉讼时效期间和诉讼时效起算点两个方面。根据《海商法》第257条的规定,该损害赔偿请求权系基于海上运输货物合同关系而产生,应当适用一年的诉讼时效期间。但是诉讼时效的起算点却不能一律按照"承运人交付或者应当交付货物之日"计算。本案在二审审理期间认定:该货物于1996年5月13日由邦某公司承运,从青岛运至瓜亚基尔海上航行时间约需45至60天,即大约6月底至7月中旬才能运抵目的港。邦某公司提出1996年7月30日放货,故其主张长时间无人申请提货的上诉理由,证据不足。以化某公司前往目的港未提货之日起一年内起诉并未超过《海商法》规定的诉讼时效,并作出了驳回邦某公司上诉、维持原判的终审判决。

【相关法条】

1.《中华人民共和国海商法》(1993年7月1日施行)

第七十一条 提单,是指用以证明海上货物运输合同和货物已经由承运人接受或者装船,以及承运人保证据以交付货物的单证。提单中载明的向记名人交付货物或者按照指示人的指示交付货物,或者向提单持有人交付货物的条款,构成承运人据以交付货物的保证。

第二百五十七条第一款 就海上货物运输向承运人要求赔偿的请求权,时效期间为一年,自承运人交付或者应当交付货物之日起计算;在时效期间内或者时效期间届满后,被认定为负有责任的人向第三人提起追偿请求的,时效期间为九十日,自追偿请求人解决原赔偿请求之日起或者收到受理对其本人提起诉讼的法院的起诉状副本之日起计算。

2.《中华人民共和国民法通则》(2021年1月1日废止)

第一百零六条 公民、法人违反合同或者不履行其他义务的,应当承担民事责任。

公民、法人由于过错侵害国家的、集体的财产,侵害他人财产、人身的应当承担民事责任。

没有过错,但法律规定应当承担民事责任的,应当承担民事责任。

第一百三十七条　诉讼时效期间从知道或者应当知道权利被侵害时起计算。但是,从权利被侵害之日起超过二十年的,人民法院不予保护。有特殊情况的,人民法院可以延长诉讼时效期间。

对应新法:

《中华人民共和国民法典》(2021年1月1日施行)

第一百七十六条　民事主体依照法律规定或者按照当事人约定,履行民事义务,承担民事责任。

第一百八十八条第二款　诉讼时效期间自权利人知道或者应当知道权利受到损害以及义务人之日起计算。法律另有规定的,依照其规定。但是,自权利受到损害之日起超过二十年的,人民法院不予保护,有特殊情况的,人民法院可以根据权利人的申请决定延长。

承办人:李守芹

编写人:郭郑超　赵忆雪　张　静

36. 济南双某箱包有限公司诉(韩国)某海运有限公司海上货物运输合同纠纷案
——承运人约定放货义务的认定

【合规提示】

本案是一起托运人诉承运人海上货物运输合同纠纷案件,承托双方对提单及货物交付的方式和条件产生争议。对于承运人而言,除依据法律规定和航运惯例履行放货义务外,还应特别关注与托运人的约定,严格依据与托运人约定的条件和方式履行合同义务,对托运人而言,如对提单及货物交付有特殊要求,应注意在托运时明确提出,并以书面形式与承运人进行确认,在货物运输过程中，保持对货物运输动态的关注，及时作出运输指示。

【案件信息】

1. 裁判文书字号

（1996）青海法海商初字第175号

2. 当事人

原告：济南双某箱包有限公司

被告：（韩国）某海运有限公司

3. 关键词

民事　海上货物运输合同　约定放货义务　货损赔偿

【裁判要旨】

1. 外国公司在中国境内设立的分支机构不具有中国法人资格，由外国公司对其分支机构在中国境内进行的经营活动承担民事责任。

2. 托运人与承运人书面约定的提单及货物交付条件和方式，属于承运人的合同义务，承运人违反约定向第三人交付提单甚至交付货物，致使托运人遭受损失的，应承担违约责任。

【基本案情】

1995年5月30日，原告济南双某箱包有限公司与韩国某海运有限公司（以下简称韩国某公司）签订来料加工合同，约定原告为韩国某公司加工旅行包47 952只。1996年1月24日，为交付最后一批旅行包，原告与韩国某公司青岛办事处签订出口货物运输委托书，委托韩国某公司青岛办事处将案涉旅行包自中国青岛港运至韩国釜山港。原告在委托书中注明，韩国某公司青岛办事处在收到原告放行通知前不得将提单和货物交付收货人，并应按原告要求将货物运回青岛。韩国某公司青岛办事处于1996年1月28日在青岛港将案涉货物装上"G×××××　S×××××"船，并签发了不可转让记名提单，提单载明收货人为韩国某公司。提单签发后，被告未将其交付原告，后收货人在未支付该批货物加工费的情况下将案涉货物提走。原告向青岛海事法院提起诉讼，要求被告韩国某公司赔偿其无法收回货款的经济损失。

青岛海事法院立案后，依法向被告送达起诉状副本、应诉通知书及开庭传票,并公开开庭审理本案,被告未在法定期间内提交答辩状,亦未到庭参加诉讼。

【裁判说理】

争议焦点:(1)案件的法律适用;(2)外国公司分支机构行为的责任承担;(3)承运人的放货义务。

青岛海事法院认为:

一、案件的法律适用

本案为海上货物运输合同纠纷案,被告系韩国公司,具有涉外因素。原、被告双方未协商选择合同适用的法律,本案诉争的海上货物运输合同的订立、案涉货物提单的签发均发生在中国境内,依据最密切联系原则,本案实体纠纷适用中国法律。

二、外国公司分支机构行为的责任承担

案涉货物的运输委托系原告与被告韩国某公司青岛办事处签订,案涉货物也是由被告的青岛办事处接收并装船。本案海上货物运输合同的签订、接收货物、装船、告知货物运输状况等义务的履行均发生在原告与被告的青岛办事处之间。被告作为外国公司属于外国法人,被告的青岛办事处是其在中国境内设立的分支机构,不具有中国法人资格。被告青岛办事处在中国境内的行为,其责任承担主体为被告。

三、承运人的放货义务

被告接受原告运输案涉货物的委托,与原告订立出口货物运输委托书,原、被告之间成立海上货物运输合同关系,被告作为承运人应依据承托双方的合同约定及提单记载内容履行向收货人交付货物的义务。本案出口货物运输委托书已特别注明,承运人在未收到原告的收款放行通知前不得将提单和货物交付收货人。被告在签发提单后未交付原告且在未收到原告放行通知的情况下擅自放行案涉货物,违反双方确认的放货方式,构成违约。

本案庭审时,被告未到庭,合议庭在被告缺席的情况下,根据本案证据所查明的事实,依法认定被告违约,应对原告因此遭受的损失承担赔偿责任。

青岛海事法院于1996年11月7日作出判决,判令被告赔偿原告经济损失25 000余美元以及利息。

【法官后语】

海事审判具有专业性、涉外性的显著特点，在审理海事海商纠纷案件时，法律适用问题往往是承办法官需要首先解决的问题，不同的准据法可能会导致最终判决结果完全不同。在合同纠纷中，当事人未协商选择准据法的情况并不鲜见。本案纠纷发生时，虽然我国《涉外民事关系法律适用法》尚未制定，但我国《民法通则》《海商法》均设有专门的章节对涉外纠纷的法律适用进行规定，将最密切联系国家的法律作为合同当事人未选择且法律无明确规定时涉外合同纠纷的准据法。合议庭基于本案合同签订、货物接收及装船、提单签发等行为的实施主体及实施地点等要素，依据《海商法》关于涉外关系法律运用的规定，确定了本案所应适用的准据法，为本案纠纷得以公平合理地解决奠定了基础。

在海上货物运输实践中，货物的交付方式通常有凭正本提单放货、凭托运人电放保函和电放指示放货、凭托运人放货指示放货等几种，近年来较为常见的"无单放货"纠纷便是在凭正本提单放货方式下，承运人违反放货义务而引起。本案虽是凭托运人放货指示放货，但承运人未经指示即放货，与"无单放货"纠纷存在共通之处。本案合议庭在被告未应诉的情况下，适用中国法，厘清了原告、被告以及被告的青岛办事处之间的法律关系，查明了案涉货物的放货方式，准确适用我国《海商法》认定被告签发提单及放货义务的内容，在《海商法》未明确规定承运人未按约定放货所应承担的责任时，回归到作为一般法的《民法通则》寻找法律依据，合理认定了承运人的违约责任。

【相关法条】

1.《**中华人民共和国海商法**》（1993年7月1日施行）

第七十二条第一款 货物由承运人接收或者装船后，应托运人的要求，承运人应当签发提单。

第二百六十九条 合同当事人可以选择合同适用的法律，法律另有规定的除外。合同当事人没有选择的，适用与合同有最密切联系的国家的法律。

2.《**中华人民共和国民法通则**》（2021年1月1日废止）

第一百零六条 公民、法人违反合同或者不履行其他义务的，应当承担民事责任。

公民、法人由于过错侵害国家的、集体的财产，侵害他人财产、人身的，应当承担民事责任。

没有过错，但法律规定应当承担民事责任的，应当承担民事责任。

第一百四十五条第二款　涉外合同的当事人没有选择的，适用与合同有最密切联系的国家的法律。

第一百四十六条第一款　侵权行为的损害赔偿，适用侵权行为地法律。当事人双方国籍相同或者在同一国家有住所的，也可以适用当事人本国法律或者住所地法律。

对应新法：

《中华人民共和国民法典》（2021年1月1日施行）

第一百七十六条　民事主体依照法律规定或者按照当事人约定，履行民事义务，承担民事责任。

第一千一百六十五条　行为人因过错侵害他人民事权益造成损害的，应当承担侵权责任。

依照法律规定推定行为人有过错，其不能证明自己没有过错的，应当承担侵权责任。

第一千一百六十六条　行为人造成他人民事权益损害，不论行为人有无过错，法律规定应当承担侵权责任的，依照其规定。

3.《中华人民共和国公司法》（1994年7月1日施行）

第二百零三条　外国公司属于外国法人，其在中国境内设立的分支机构不具有中国法人资格。

外国公司对其分支机构在中国境内进行经营活动承担民事责任。

对应新法：

《中华人民共和国公司法》（2023年12月29日修订）

第二百四十七条　外国公司在中华人民共和国境内设立的分支机构不具有中国法人资格。

外国公司对其分支机构在中华人民共和国境内进行经营活动承担民事责任。

承办人：李守芹
编写人：李守芹

危险品运输

37. 徐州黎某食品公司诉正某航业股份有限公司、深圳市迈某贸易公司等海上货物运输合同纠纷案
——货物托运人的认定

【合规提示】

本案系海上货物运输合同纠纷，当事人是否系涉案货物集装箱托运人问题的认定，可以综合货物信息、运输信息、海关出具的报关单等因素予以考虑。对于托运人而言，应如实向承运人报告货物真实名称和是否属于危险品性质的有关情况，以便承运人妥善、谨慎保管和装载货物。托运人仅凭其单方备注的报关单号、提单号与案涉不一致为由主张其非涉案发生爆燃集装箱的托运人，但对托运人本应掌握的原产地证书下货物的报关、出运情况拒绝作合理说明，拒绝提交相应证据的，应当承担对其不利的法律后果。对承运人而言，应尽到妥善、谨慎的管货义务。对货运代理和订舱代理而言，不负有对实际交付运输的货物是否系危险品，以及与委托人提供的资料是否完全一致相符的审查义务。

【案件信息】

1. 裁判文书字号

（2020）鲁72民初652号、（2020）鲁民终2902号

2. 当事人

原告：徐州黎某食品公司

被告：正某航业股份有限公司、深圳市迈某贸易有限公司、中某物流股份有限公司、青岛玄某国际物流有限公司

第三人：天津新某船务有限公司

3. 关键词

民事　海上货物运输合同　危险货物运输　货损

【裁判要旨】

在对货物托运人进行认定时，根据海关等政府机关出具的公文、书证等，若货物信息、运输信息达到一致，仅当事人单方备注的报关单号、提单号不一致，且当事人对理应掌握该票货物的报关、出运信息拒绝作合理说明、拒绝提供相应证据的，根据高度盖然性原则，应认定当事人为货物托运人，使其承担不利的法律后果。

【基本案情】

2016年7月28日，徐州黎某食品公司（以下简称黎某公司）与P×××就出售435吨冷藏保鲜大蒜签订XIE16067《销售合同书》，单价1700美元/吨，总价款739 500美元，付款方式T/T，装货港连云港，卸货港印度尼西亚泗水。2016年8月9日，涉案货物报关，报关价值690 200美元。

2016年8月10日，该批货物装载于"P×"轮，正某航业股份有限公司（以下简称正某公司）系承运人，XAGA×××72号提单记载：托运人黎某公司，收货人PT.PRIMA NUSA LENTERA×××，装货港连云港，卸货港印度尼西亚泗水，货物为15个40英尺冷藏集装箱大蒜，每集装箱装载29吨，零下2℃保存。

2016年8月22日晚8时许，"P×"轮在驶往雅加达途中2号货舱发生爆炸并起火。火灾系因积载于货舱内一个集装箱（内装货物以"增白剂"申报，实为危险品"水合次氯酸钙"）所致。

货物运抵目的港后发现货损，经买方检验，2016年12月8日出具编号为0107-0114号的检验报告，载明GESU××6954等八个集装箱内的货物均有严重损害。八个集装箱中，CRSU×××4496号和CRLU××9507号集装箱内货物系因正某公司管货不当、未正常制冷导致货损；其他六个集装箱内货物系因积载于附近的AAGS××179号提单项下GESU××0060号集装箱内货物发生火灾导致货损。现买方已将索赔权转让给黎某公司。

黎某公司向法院提出诉讼请求：（1）判令正某公司、深圳市迈某贸易有限公司（以下简称迈某公司）、青岛玄某国际物流有限公司（以下简称玄某公司）、中某物流股份有限公司（以下简称中某公司）、天津新某船务有限公司（以下简称新某公司）连带赔偿货物损失人民币 2 404 459.41 元，清关费 66 596.24 元，滞港费 1875 元，制冷费 32 710.40 元，第三方检验费 12 500 元，港口费 15 172 元；（2）诉讼费用由被告承担。诉讼过程中，黎某公司变更诉讼请求为：（1）判令正某公司、迈某公司、玄某公司、中某公司、新某公司连带赔偿因火灾造成的货物损失人民币 1 803 344.56 元、第三方检验费人民币 9375 元；（2）判令正某公司赔偿因管货不当造成的货物损失人民币 601 114.85 元、第三方检验费人民币 3125 元；（3）诉讼费用由被告承担。

正某公司辩称：（1）黎某公司未取得本案诉权，主体不适格；（2）涉案货损均系因火灾所致，原告未举证其存在过失，其依法应免除赔偿责任；（3）黎某公司的索赔项目及金额无事实或法律依据。

迈某公司辩称：（1）其并非 GESU××0060 号集装箱货物的托运人，也从未与各方当事人发生任何业务往来，与本案海上货物运输没有法律关系；（2）E×号产地证信息与 AAGS××179 号提单项下货物信息虽然多处相似，且运载在同一船名航次，但两票货是不同的托运人。

玄某公司辩称：（1）黎某公司并非有权提起索赔的适格主体；（2）涉案爆炸、火灾原因不明，现有证据不能证明系 AAGS××179 号提单项下的货物增白剂引起；（3）玄某公司仅负责前述提单项下的订舱代理事宜，订舱过程不存在任何过错，涉案损失与订舱行为之间无因果关系；（4）黎某公司主张的损失数额依据不足。

中某公司辩称：其接受玄某公司委托，在 AAGS××179 号提单项下货物的代理订舱过程中完成了委托事项，产生的法律后果应由委托人承担。

新某公司述称：（1）其仅为货运代理人，对 AAGS××179 号提单项下货物爆炸造成的事故不承担责任；（2）其已履行货运代理义务，对于货物发生事故无过错，不应承担侵权责任。

【裁判说理】

争议焦点：（1）黎某公司是否系本案适格的原告；（2）迈某公司是否系事故集装箱货物的托运人，是否应承担责任；（3）正某公司是否应承担赔偿责任；（4）货运代理和订舱代理是否应承担责任；（5）损失金额如何认定。

法院经审理认为：

一、黎某公司是否系本案适格的原告

受损集装箱货物的收货人P×××在目的港提取了涉案八个集装箱，取得了货物的所有权，享有海上货物运输合同项下对正某公司的货损请求权。收货人将涉案货物的货损索赔权转让给黎某公司的行为，可视为黎某公司受让了合同项下的债权，黎某公司在上海海事法院提起的要求承运人正某公司承担违约责任的诉讼也已实现通知债务人的目的，构成《合同法》第79条、第80条规定的有效债权转让，黎某公司有权向正某公司行使货损请求权。

上海海事法院在审理黎某公司与正某公司货损纠纷案过程中，依据正某公司披露的相关事实，黎某公司申请追加共同被告并变更本案诉因为侵权之诉，系其继续行使债权请求权的正当行为，正某公司和玄某公司关于黎某公司不具有原告主体资格的抗辩主张并无法律依据，法院不予支持。

二、迈某公司是否系事故集装箱货物的托运人

P×轮第117×××航次中运输的GESU××0060号集装箱内装有水合次氯酸钙，该物质属于危险品，在运输途中发生火灾，给包括黎某公司在内的其他同船货主的货物造成损害。迈某公司是否系该货物的托运人，是其应否对黎某公司承担责任的关键。迈某公司认可法院依法向深圳海关关税处调取的证据（包括附件四份），则其即认可该四份附件所载明的事实。据该调取证据附件一"出口原产地证书"可知，迈某公司基于其与P×××之间的买卖合同，将19320KGS、价值14 070美元的"增白剂"交于P×轮第117×××航次运输。正某公司所称的提单号为AAGS×××179项下的货物信息均与迈某公司出运货物的信息相吻合。对出口原产地证书所载货物的报关及运输法律关系的建立、履行等情况，迈某公司可以且有能力提供证据证明除正某公司所称的提单号为AAGS×××179项下的货物外，仍有同信息情况的货物装载于同船、同航次中，而其却在一审以涉及商业秘密、二审以时间久远存档已灭失的不同理由拒绝提供。法院调取证据附件二"原产地证书申请书"中关于报关单号、提单号的记载虽与提单号AAGS×××179不同，但该记载系迈某公司在申请原产地证书过程中的单方备注，迈某公司仅以此主张正某公司所称的提单号为AAGS×××179项下的货物并非其出运的货物，抗辩无力。与正某公司所称的提单号AAGS×××179项下货物运输相关

的订舱委托书、非危险品保函、成交确认书、商业发票、装箱单等相关证据系复印件或邮件打印件,并非证据原件,虽不能直接证明该提单项下货物系由迈某公司托运,不排除案外人边某利用迈某公司出口货物信息运输危险货物的可能性,但只要迈某公司对其原产地证书下货物的报关、出运情况作合理说明、提交相应证据,即可将上述提单项下托运人是否系迈某公司的情况达到真伪不明的证明程度。迈某公司拒绝提供且无法作出合理解释,应承担对其不利的法律后果。鉴于上述情况,因原产地证书信息与AAGS×××179项下货物运输信息一致,新某公司等相关货代公司及正某公司将委托、接受运输的过程提供了相关证据予以证明,法院据此基于高度盖然性原则认定迈某公司系涉案事故集装箱货物的托运人。迈某公司应对因该货物引发火灾造成的其他货主的损失承担赔偿责任。

三、正某公司是否应承担赔偿责任

在受损的八个集装箱货物中,黎某公司主张部分集装箱未载于发生火灾的2号舱内,但其未明确具体的集装箱个数及集装箱号。对于该八个集装箱的具体装载位置,法院以正某公司陈述的内容为准:除CRSU×××4496号集装箱外,其他七个集装箱均载于2号舱内。第一,对于未装载于2号舱的集装箱,黎某公司主张正某公司承担管货不当的赔偿责任,法院认为该主张不成立。根据黎某公司提交的第0112/S/2016号《货损情况调查报告》的记载,货损系因集装箱制冷机械和电缆被烧、不能正常工作所造成。除本案所涉火灾事故之外,黎某公司未有证据证明存在其他可以导致该机械和电缆被烧的情形的存在,未明确正某公司如何未尽妥善、谨慎的管货义务致使机械和电缆毁坏。在此情况下应认定,该集装箱制冷设备的毁坏系因火灾导致,正某公司对该箱货损不应承担赔偿责任。第二,对其他载于2号舱七个集装箱货损,黎某公司主张正某公司赔偿其因未尽减损义务而造成的扩大损失,法院认为该主张亦不成立。根据《海商法》第48条的规定,承运人在责任期间内对货物应尽到妥善、谨慎的管货义务,而非绝对的管货义务。黎某公司认为正某公司在新加坡港未恢复集装箱制冷环境造成损失扩大,应对正某公司进行制冷设备或集装箱更换的可行性、未恢复制冷环境造成了扩大损失及具体数额等情形的存在均予以举证证明。黎某公司对此均未举证,仅以集装箱在新加坡卸至码头即认为承运人有能力恢复制冷环境且造成了损失的扩大,理由不充分,法院不予支持。

另外，迈某公司系涉案事故集装箱货物的托运人，其在托运货物时，未依《海商法》第68条的规定，准确告知承运人货物的正式名称和危险品性质。现无证据证明该事故集装箱由正某公司装箱、铅封，正某公司没有合理手段核查集装箱内货物的具体情况，相关的货物材料虽然显示化学分子式及生产厂家不同，但正某公司据此亦不必然推知内装货物属于危险品。黎某公司以正某公司应知或明知该货物系疑似瞒报危险货物，主张正某公司承担未尽谨慎、妥善的注意义务承担赔偿责任，法院亦不予以支持。

四、货运代理和订舱代理是否应承担责任

迈某公司系涉案事故集装箱货物的托运人，新某公司、玄某公司系迈某公司的货运代理人为其租船订舱，向承运人转送委托人提交的与订舱有关的资料；中某公司代理正某公司接受订舱、接收订舱资料并签发提单。该三代理公司在各自履行代理义务过程中分别负有租船订舱、转递或接收订舱资料、签发提单的义务，因订舱委托书记载的货物名称为增白剂，并非危险品，该三公司在履行代理义务过程中，无须尽到为危险品货物租船订舱代理人的注意义务。迈某公司实际交付运输的货物是否系危险品、与委托人提供的资料是否完全一致相符，并不是新某公司、玄某公司及中某公司的代理义务范围。新某公司、玄某公司及中某公司在履行代理义务过程中不存在过错。黎某公司主张该三公司对其承担侵权赔偿责任，没有事实和法律依据。

五、损失金额的确定

涉案八份《情况调查报告》认定八个集装箱货物因为冷藏制冷机械和电缆烧损而发生货损，黎某公司虽主张CRSU××4496号和CRLU××9507号集装箱内货物系因正某公司管货不当、未正常制冷导致货损，但并未提供证据予以佐证，因此，黎某公司请求正某公司赔偿因管货不当造成损失的诉讼请求，法院不予支持。因黎某公司并未向迈某公司主张上述两个集装箱货物损失，则迈某公司应当赔偿黎某公司六个集装箱货物（GESU××6954、SZLU××4960、CGMU××9994、CXRU××3677、GESU××4929、TCLU××1600）的相关损失。

《侵权责任法》第19条规定："侵害他人财产的，财产损失按照损失发生时的市场价格或者其他方式计算。"黎某公司按照货物的FOB价格主张货物损失并无不当，以六个集装箱货物价格295 800美元（1700美元/吨×29吨×6箱），扣除残值26 274美元（35 032美元÷8箱×6箱）后，迈某公应当赔偿黎某公司货物损失 269 526 美元。黎某公司主张按人民币获取赔偿，可按照 2016 年 9 月 10 日（残存货物被出售之日）中国人民银行公布的美元对人民币的汇率中间价 6.6684 折算，269 526 美元折合人民币 1 797 307 元。黎某公司主张的第三方检验费是为了解决本案纠纷所必然发生的费用，且金额较为合理，法院予以支持。迈某公司应当赔偿黎某公司六个集装箱第三方检验费人民币 9375 元。

青岛海事法院一审判决迈某公司承担赔偿责任，驳回黎某公司对正某公司的诉讼请求。黎某公司、迈某公司提起上诉。判决后原告不服向山东省高级人民法院提起上诉，二审法院判决驳回上诉，维持原判。

【法官后语】

对于迈某公司是否系案涉货物集装箱托运人问题的认定，一、二审法院基于当事人对待证事实的证明能力、现有证据的证明程度、当事人拒绝提供证据的理由是否合理等因素的分析判断，最终高度盖然地认定案件事实，保障了货物权利人黎某公司的合法权益。同时，本案对承运人的法定免责事由予以准确判断，保障了承运人的合法权益。

我国《海商法》第41条规定："海上货物运输合同，是指承运人收取运费，负责将托运人托运的货物经海路由一港运至另一港的合同。"承运人是海上货物运输合同的一方当事人，常被称为船方。《海商法》第42条将承运人定义为"本人或者委托他人以本人名义与托运人订立海上货物运输合同的人"。承运人通常是船舶所有人，但也可能是船舶经营人或者船舶承租人。托运人是海上货物运输合同的另一方当事人。《海商法》第42条将托运人定义为"本人或者委托他人以本人名义或者委托他人为本人与承运人订立海上货物运输合同的人"以及"本人或者委托他人以本人名义或者委托他人为本人将货物交给海上货物运输合同有关的承运人的人"。《海商法》中有关国际海上货物合同当事人主要权利和义务规定的确定，借鉴了《海牙—维斯比规则》，适当吸收了《汉堡规则》中比较合理和成熟的内容。

一、承运人的主要义务

1.谨慎处理使船舶适航。承运人在船舶开航前和开航当时，应当谨慎处理，使船舶处于适航状态，妥善配备船员、装备船舶和配备供应品，并使货舱、冷藏舱、冷气舱和其他载货处所适于并能安全收受、载运和保管货物。

船舶适航是指船舶的一种状态，意味着船舶抵御风险的能力，有狭义和广义之分。狭义的船舶适航，是指船舶的船体、船机在设计、结构、性能和状态等方面能够抵御合同约定的航次中通常出现的或者能合理预见的风险。构成船舶狭义上不适航的情况通常有：船体强度不足，如旧船由于船体的正常损耗，不能经受航行中的风浪；船舶吨位过小，不适合于远航区航行；船舶设计有缺陷，如一船在航行中机舱起火，因灭火设备都按设计集中安放在机舱，船员无法救火；等等。广义的船舶适航除了狭义的船舶适航外，船舶还应满足以下两项要求：一是妥善配备船员、装备船舶和配备供应品；二是使货舱、冷藏舱、冷气舱和其他载货处所适于并能安全收受、载运和保管货物。

当货方以承运人违反谨慎处理使船舶适航义务为由提出货物灭失或者损坏索赔时，通常应证明船舶不适航，并因此造成货物灭失或者损坏。承运人欲行免责，应证明其在船舶开航之前和开航当时已尽谨慎处理之责，以及货物的灭失或者损坏系《海商法》第51条第11项规定的经谨慎处理仍未发现的船舶潜在缺陷所致。

2.妥善和谨慎地管理货物。承运人应当妥善地、谨慎地装载、搬移、积载、运输、保管、照料和卸载所运货物。所谓"妥善"，通常指技术上的要求，即承运人、船员或者其他受雇人员在管理货物的各个环节中，应发挥通常要求的或者为所运货物特殊要求的知识与技能。所谓"谨慎"，通常指责任心上的要求，即承运人、船员或者其他受雇人员在管理货物的各个环节中，发挥作为一名能胜任货物装卸作业或者海上货物运输工作的人可预期表现出来的谨慎程度。

3.船舶不进行不合理绕航。绕航是地理上的概念，指船舶在航行中驶离承运人和托运人事先约定的或者习惯的或者地理上的航线。承运人应当按照约定的或者习惯的或者地理上的航线将货物运往卸货港。如果承运人与托运人事先对航线有约定，船舶应该走约定的航线；没有这种约定时，船舶应走装卸两港之间的习惯航线；如果既无这种约定，又无习惯航线，船舶应走地理上的航线，即在保证船舶及货物运输安全的前提下，装卸两港之间最近的航线。

4.在约定的时间内在卸货港交付货物。货物未能在明确约定的时间内，在约定的卸货港交付的，为迟延交付。在承运人责任期间内，货物发生的灭失或者损失是托运人、货物所有人或者他们的代理人的行为造成时，承运人不负赔偿责任。本案中托运人故意隐瞒货物的危险性质，致使货物在运输途中发生爆炸起火而受到损坏，因此承运人不负赔偿责任。

二、托运人的主要义务

1. 提供约定货物、妥善包装和正确申报货物。托运人应当按照与承运人的约定，将货物运至船边、码头仓库或者其他地点，以供装船。除非合同另有约定或者事先征得承运人同意，托运人不得擅自更改约定的货物品名和数量。托运人对托运的货物，应当妥善包装，并向承运人保证货物装船时所提供的货物的品名、标志、包数或者件数、重量或者体积的正确性。由于包装不良或者上述资料不正确，对承运人造成损失时，托运人应当负赔偿责任。

2. 及时办理货物运输手续。托运人应当及时向港口、海关、检疫、检验和其他主管机关办理货物运输所需要的各项手续，并将已办理各项手续的单证送交承运人。因办理各项手续的有关单证送交不及时、不完备或者不正确，使承运人的利益受到损害时，托运人应当负赔偿责任。

3. 妥善托运危险货物。托运人装运危险货物，必须事先同承运人达成协议。并且，托运人对其托运的危险货物，应当依照有关海上危险货物运输的规定，妥善包装，作出危险品标志和标签，并将其正式名称和性质以及应当采取的预防危害措施书面通知承运人。如果托运人擅自装运危险品，未作这种通知或者通知有误，承运人可以在任何时间、任何地点，根据情况需要，将货物卸下、销毁或者使之不能为害，而不负赔偿责任。托运人对承运人因此受到的损失，应负赔偿责任。如果承运人知道危险货物的性质，并已同意装运，则在该危险货物对船舶、人员或者其他货物构成实际危险时，仍可根据实际情况需要，将其卸下、销毁或者使之不能为害，而不负赔偿责任，但不影响共同海损的分摊，即如果承运人采取这种措施构成共同海损行为，承运人仍应分摊这种措施造成的损失。

【相关法条】

1. 《中华人民共和国海商法》（1993年7月1日施行）

第四十一条 海上货物运输合同，是指承运人收取运费，负责将托运人托运的货物经海路由一港运至另一港的合同。

第四十二条 本章下列用语的含义：

（一）"承运人"，是指本人或者委托他人以本人名义与托运人订立海上货物运输合同的人。

（二）"实际承运人"，是指接受承运人委托，从事货物运输或者部分运输的人，包括接受转委托从事此项运输的其他人。

（三）"托运人"，是指：

1. 本人或者委托他人以本人名义或者委托他人为本人与承运人订立海上货物运输合同的人；

2. 本人或者委托他人以本人名义或者委托他人为本人将货物交给与海上货物运输合同有关的承运人的人。

（四）"收货人"，是指有权提取货物的人。

（五）"货物"，包括活动物和由托运人提供的用于集装货物的集装箱、货盘或者类似的装运器具。

第四十七条 承运人在船舶开航前和开航当时，应当谨慎处理，使船舶处于适航状态，妥善配备船员、装备船舶和配备供应品，并使货舱、冷藏舱、冷气舱和其他载货处所适于并能安全收受、载运和保管货物。

第四十八条 承运人应当妥善地、谨慎地装载、搬移、积载、运输、保管、照料和卸载所运货物。

第五十条 货物未能在明确约定的时间内，在约定的卸货港交付的，为迟延交付。

除依照本章规定承运人不负赔偿责任的情形外，由于承运人的过失，致使货物因迟延交付而灭失或者损坏的，承运人应当负赔偿责任。

除依照本章规定承运人不负赔偿责任的情形外，由于承运人的过失，致使货物因迟延交付而遭受经济损失的，即使货物没有灭失或者损坏，承运人仍然应当负赔偿责任。

承运人未能在本条第一款规定的时间届满六十日内交付货物，有权对货物灭失提出赔偿请求的人可以认为货物已经灭失。

第五十一条第二款 承运人依照前款规定免除赔偿责任的，除第（二）项规定的原因外，应当负举证责任。

第六十六条 托运人托运货物，应当妥善包装，并向承运人保证，货物装船时所提供的货物的品名、标志、包数或者件数、重量或者体积的正确性；由于包装不良或者上述资料不正确，对承运人造成损失的，托运人应当负赔偿责任。

承运人依照前款规定享有的受偿权利，不影响其根据货物运输合同对托运人以外的人所承担的责任。

第六十七条 托运人应当及时向港口、海关、检疫、检验和其他主管机关办理货物运输所需要的各项手续，并将已办理各项手续的单证送交承运人；因办理各项手续的有关单证送交不及时、不完备或者不正确，使承运人的利益受到损害的，托运人应当负赔偿责任。

第六十八条 托运人托运危险货物，应当依照有关海上危险货物运输的规定，妥善包装，作出危险品标志和标签，并将其正式名称和性质以及应当采取的预防危害措施书面通知承运人；托运人未通知或者通知有误的，承运人可以在任何时间、任何地点根据情况需要将货物卸下、销毁或者使之不能为害，而不负赔偿责任。托运人对承运人因运输此类货物所受到的损害，应当负赔偿责任。

承运人知道危险货物的性质并已同意装运的，仍然可以在该项货物对于船舶、人员或者其他货物构成实际危险时，将货物卸下、销毁或者使之不能为害，而不负赔偿责任。但是，本款规定不影响共同海损的分摊。

2.《中华人民共和国侵权责任法》（2021年1月1日废止）

第六条 行为人因过错侵害他人民事权益，应当承担侵权责任。

根据法律规定推定行为人有过错，行为人不能证明自己没有过错的，应当承担侵权责任。

第二十条 侵害他人人身权益造成财产损失的，按照被侵权人因此受到的损失赔偿；被侵权人的损失难以确定，侵权人因此获得利益的，按照其获得的利益赔偿；侵权人因此获得的利益难以确定，被侵权人和侵权人就赔偿数额协商不一致，向人民法院提起诉讼的，由人民法院根据实际情况确定赔偿数额。

对应新法：

《中华人民共和国民法典》（2021年1月1日施行）

第一千一百六十五条 行为人因过错侵害他人民事权益造成损害的，应当承担侵权责任。

依照法律规定推定行为人有过错，其不能证明自己没有过错的，应当承担侵权责任。

第一千一百八十二条 侵害他人人身权益造成财产损失的，按照被侵权人因此受到的损失或者侵权人因此获得的利益赔偿;被侵权人因此受到的损失以及侵权人因此获得的利益难以确定,被侵权人和侵权人就赔偿数额协商不一致,向人民法院提起诉讼的,由人民法院根据实际情况确定赔偿数额。

承办人:宋俊文

编写人:宋俊文 牛 萌 宋 萍

38.深圳光某石油海运集团有限公司诉石家庄常某成品油销售有限公司等海上财产损害责任纠纷案
——危险品运输瞒报行为的侵权责任认定

【合规提示】

危险化学品运输攸关船舶及船员安全、航行安全以及海洋环境安全,相关方均应遵守相应的法律规定,准确申报并做好有关包装、标识、防范措施等。否则,因瞒报危险品运输导致损害后果的,不仅将承担相应的侵权责任,还将承担行政责任、刑事责任。

【案件信息】

1. 裁判文书字号

(2020)鲁72民初1415号、(2020)鲁72民初1646号

2. 当事人

原告:深圳光某石油海运集团有限公司

被告:石家庄常某成品油销售有限公司、山东海某达现代物流有限公司

3. 关键词

民事 水路运输合同 危险货物运输 瞒报 行政责任 侵权责任

【裁判要旨】

1. 侵权人因同一行为应当承担行政责任或者刑事责任的，不影响依法承担侵权责任。

2. 背对背连环租约链条上的各方当事人均瞒报危险品的情形下，需根据各自瞒报行为是否与危险品装运、泄漏之间存在因果关系来认定是否承担侵权责任。

3. 实际发货人与实际承运人均瞒报导致危险品装载于非危险品运输船舶，导致危险品泄漏造成损失，应根据各自过错承担侵权责任；其余租约链条的当事人的瞒报行为因实际发货人与实际承运人的瞒报行为介入中断危险品泄漏及其损害后果之间的因果关系，不应承担侵权责任。

4. 因违法导致行政处罚罚款以及被责令停运期间船期损失，系当事人自身违法行为所致，不属于法律保护的合法利益，不应赔偿。

5. 司法扣押期间的货物自然损耗与非正常短量不属于涉案事故导致的损失，不应赔偿。

【基本案情】

2020年5月30日，深圳光某石油海运集团有限公司（以下简称光某公司）光船租赁油轮"光某616"轮，通过背对背的多份连环航次租船合同转委托石家庄常某成品油销售有限公司（以下简称常某公司）转委托山东海某达现代物流有限公司（以下简称海某达公司）、海某达公司转委托捷某公司、捷某公司转委托光某公司，以"汽油"为名装载常某公司的危险化学品混合芳烃1494.30吨与MTBE 3398.33吨，自江苏南通港运往山东东营港。

2020年6月2日，"光某616"轮途经山东石岛附近海域时，发生泵舱液货滴漏。经自行处理未果且事态扩大，2020年6月4日，"光某616"轮船长向荣成市海上搜救中心报告船舶液货泄漏事件。威海市政府成立"光某616"轮漏油事件处置指挥部，指挥进行应急处置。2020年6月20日排除险情、处置结束。2021年2月2日，山东海事局作出海事事故调查报告，对事故原因、事故责任进行认定。事故发生后，有关主管机关依法对光某公司、常某公司等作出停运船舶、行政罚款等行政处罚。光某公司和常某公司分别就各自按照获救船货价值承担的救助费用和封港损失以及各自遭受的行政处罚、可得利益损失等向对方以及船舶所有人、租约链条出租人、承租人以及港口经营人、船舶代理等其他相关方提起侵权之诉。光某公司索赔4300万元及利息，常某公司索赔11 914 418元。

【裁判说理】

争议焦点：（1）侵权人因同一行为应当承担行政责任或者刑事责任的，是否承担侵权责任；（2）背对背连环租约链条上的各方当事人均瞒报危险品的情形下的侵权责任认定；（3）危险品瞒报行为导致的损失认定。

法院经审理认为：

一、关于被告光某公司、捷某公司、海某达公司、易某公司、快某公司、中某公司是否承担赔偿责任及其责任比例的问题

法院认为，危险化学品运输攸关船舶及船员安全、航行安全以及海洋环境安全，因此国家严格加以管理，并制定颁布《海上交通安全法》等法律法规予以严格规范，各相关方均应遵守相应的法律规定。《海上交通安全法》第32条规定，船舶、设施储存、装卸、运输危险货物，必须具备安全可靠的设备和条件，遵守国家关于危险货物管理和运输的规定。该法第33条规定，船舶装运危险货物，必须向主管机关办理申报手续，经批准后，方可进出港口或装卸。

综合山东海事局出具的调查报告调查认定的事故经过以及常某公司提交的保函、计量报告，易某公司提交的船舶载运货物舱单和港口建设费交纳凭证，以及海某达公司提交的其员工刘某某与捷某公司董事范某的微信聊天记录等证据，可以相互印证，各当事人未提交证据予以推翻，本院予以采信。据此可以认定，涉案货物混合芳烃与MTBE系危险化学品，需使用合格的专业化学品运输船舶予以运输，并办理有关危险品运输申报和审批手续。常某公司作为货主和托运人，明知自己托运的涉案货物混合芳烃与MTBE系危险化学品，却以"汽油"为名与海某达公司签订运输合同，以油轮而非专业运输危险化学品的船舶运输涉案货物，未提供货物的真实MSDS，并要求易某公司以"汽油"为名出具船舶发货通知单、生产调度单、货物船装卸作业防污染检查表等相关单证予以申报并实施装货作业。海某达公司明知涉案货物系混合芳烃与MTBE而非汽油，却以"汽油"为名签订运输合同转委托捷某公司运输。捷某公司明知涉案货物系混合芳烃与MTBE而非汽油，又以"汽

油"为名签订运输合同转委托光某公司运输。光某公司明知自己光租并经营的"光某616"轮系油轮而非专业危险化学品运输船舶,且涉案货物系混合芳烃与MTBE而非汽油,不但未明确拒绝运输,反而以"汽油"为名与捷某公司签订运输合同实际承运涉案危险货物,且"光某616"轮大副在装船前得知预装货物为混合芳烃与MTBE后征得光某公司管理人员同意才继续装载,光某公司于装船前出具保函,载明预装货物为混合芳烃与MTBE。完货后计量报告显示装运货物品名为混合芳烃与MTBE,大副签名并加盖船章,计量报告被传至光某公司管理人员所在微信群后无人提出异议。而且,光某公司向船舶代理快某公司提供以"汽油"为名的货物信息进行船载危险货物申报和危险货物安全适运报告,以"汽油"为名办理涉案货物的装运出港申报。易某公司作为港口经营人,明知"光某616"轮装运货物系混合芳烃与MTBE而非汽油,仍在常某公司的要求下使用"汽油"作为货物名称出具船舶发货通知单、生产调度单、货物船装卸作业防污染检查表等相关单证并实施装货,并向船舶代理快某公司提供以"汽油"为名的货物信息,以"汽油"为名办理作业申报。"光某616"轮违规装运涉案危险货物混合芳烃与MTBE途中,因"光某616"轮船舶管理和维护保养不善,船舶货油管系阀门密封效果不良,右货油泵左后机械密封失效,致使货舱货物泄漏入泵舱,2号辅机海水泵前段的穿墙管密封失效,泵舱内货物达到一定液位后通过穿墙管处渗漏入机舱。泄漏事故发生后,"光某616"轮应急反应不力,未及时采取合理的处置措施,未及时向主管机关报告,导致事态扩大。船长向主管机关报告后,主管机关成立指挥部,协调指挥采取应急处置措施,对船舶、货物、船员实施了救助,并封闭附近港口。

依照《最高人民法院民事审判第四庭、中国海事局关于规范海上交通事故调查与海事案件审理工作的指导意见》规定,海事调查报告及其结论意见可以作为海事法院在案件审理中的诉讼证据,除非有充分事实证据和理由足以推翻海事调查报告及其结论意见。本院对调查报告以及结论意见予以采信。

依照《侵权责任法》第4条第1款规定:"侵权人因同一行为应当承担行政责任或者刑事责任的,不影响依法承担侵权责任。"即行为人不因承担行政责任或刑事责任而免除依法应承担的侵权责任。同时,行为人也不因承担行政责任、刑事责任而必然承担侵权责任。本案除快某公司和中某公司外,上述各方涉案当事人以合法形式掩盖非法目的,隐瞒真实货物信息,逃避主管机关对危险化学品运输的监管,最终导致本应由专用化学品船运输的危险货物混合芳烃与 MTBE 以 "汽油" 为名违规装载至不适合装运危险货物的油轮 "光某 616" 轮并开航的事实,违反《海上交通安全法》等有关危险化学品运输的强制性法律规定,危害 "光某 616" 轮自身船舶安全、船员人身安全、航行安全以及沿途船舶、人身、财产和海洋环境安全,依法应予禁止,且应对各自的行为后果依法承担相应的法律责任。调查报告对涉案各方当事人违反有关危险货物运输监管的强制性法律法规的事故责任进行了认定,并提出了处理意见,但仅系各方当事人可能承担的行政责任或刑事责任,并不影响依法对各方当事人是否承担侵权责任进行认定。本案中,常某公司主张各方当事人承担侵权责任,本院依照侵权责任的构成要件来认定各方当事人是否应承担侵权责任及其责任比例。

《侵权责任法》第 6 条规定,行为人因过错侵害他人民事权益,应当承担侵权责任。该法第 10 条规定,二人以上实施危及他人人身、财产安全的行为,其中一人或者数人的行为造成他人损害,能够确定具体侵权人的,由侵权人承担责任;不能确定具体侵权人的,行为人承担连带责任。该法第 12 条规定,二人以上分别实施侵权行为造成同一损害,能够确定责任大小的,各自承担相应的责任;难以确定责任大小的,平均承担赔偿责任。故各方当事人是否承担侵权责任,需依照侵权责任的一般构成要件予以认定,即行为人存在过错、行为人具有侵权行为、存在损害结果、侵权行为与损害结果之间存在因果关系。

本案中,常某公司、海某达公司、捷某公司、光某公司虽然背对背签订连环运输合同,但是最终装载危险货物并办理申报、出运系由常某公司与光某公司直接办理,海某达公司、捷某公司并未参与。货物装载前,作为货主的常某公司与作为光船承租人及船舶经营管理人的光某公司均明知涉案货物真实品名为混合芳烃与 MTBE 且 "光某 616" 轮不适合运输,但均未拒绝装运,反而故意瞒报,提供虚假信息,指示他人以 "汽油" 为名办理申报,将本应由专用化学品船运输的危险货物违规装上不适合装运危险货物的油轮 "光某 616" 轮,导致不符合有关危险货物运输的安全技术规范、不具备相应的适装证书或者证明文件的油轮违规载运较汽油挥发性、腐蚀性更强、可燃气体爆炸范围更广的危险货物混合芳烃与 MTBE 并开航的事实。"光某 616" 轮违规运输涉案危险货物途中,之所以发生泄漏事故并造成相应损害后果,系因"光某616"轮管理和维护保养不善，导致船舶货油管系阀门密封效果不良，致使货舱载运的危险货物混合芳烃与MTBE通过密封失效的货油泵和穿墙管泄漏到泵舱和机舱，而非危险货物自身属性导致泄漏。事故发生后，"光某616"轮与光某公司应急反应不力，未及时采取合理有效的处置措施，导致损害结果扩大。因此，"光某616"轮违规装运涉案危险货物并发生泄漏的损害结果，系常某公司与光某公司的违法行为共同作用的结果，常某公司与光某公司应按照各自的过错承担相应的责任。依照《侵权责任法》第26条规定，被侵权人对损害的发生也有过错的，可以减轻侵权人的责任。综合考虑各方过错对危险货物泄漏及其损害结果的影响，本院认定光某公司承担主要责任，即承担60%责任；常某公司承担次要责任，即承担40%责任。

捷某公司、海某达公司、易某公司虽然存在故意以"汽油"名义办理危险货物申报或运输行为，但是其隐瞒真实货物品名的行为因光某公司与常某公司瞒报以及"光某616"轮违规装运危险货物、船舶管理不当导致危险货物泄漏等因素的介入而中断与涉案危险货物泄漏及其损害后果之间的因果关系，不符合民事侵权责任构成要件。常某公司主张捷某公司、海某达公司、易某公司承担民事侵权责任，没有事实和法律依据，本院不予支持。本院需要释明，捷某公司、海某达公司、易某公司的瞒报行为属于依法应予禁止的违反法律强制性规定的违法行为，本院未予认定其承担民事侵权责任，并不影响其依法应承担的行政责任或刑事责任。

快某公司系"光某616"轮船舶代理，具有船舶代理和货物代理资质，调查报告显示快某公司系接受光某公司、易某公司提供的以"汽油"为名的货物信息办理涉案货物的装运出港申报，调查报告未认定快某公司存在过错和不安全行为，也未认定快某公司承担责任。常某公司未提供证据推翻调查报告认定的事实，亦未举证证明快某公司在涉案货物装船前明知是混合芳烃和MTBE，而向海事局申报"汽油"并提供"汽油安全技术说明书"，常某公司主张快某公司承担过错责任，事实和法律依据，本院不予支持。

中某公司虽系"光某616"轮的登记船舶所有人，但中某公司在本案事故发生前已经将该轮光船租赁给光某公司，并依法办理了光船租赁登记手续。光船租赁期间，船舶由承租人配备船员、占有、使用和营运。依照《海商法》第147条规定，在光船租赁期间，承租人负责船舶的保养、维修。该法第149条规定，在光船租赁期间，因承租人对船舶占有、使用和营运的原因使出租人的利益受到影响或者遭受损失的，承租人应当负责消除影响或者赔偿损失。调查报告认定"光某616"轮存在瞒报货物真实品名违规装运危险货物、日常维护保养不到位导致该轮货油管系阀门密封效果不良发生泄漏、船员日常培训不到位导致在应急处置中相关人员对于应急设备的使用与应急处置流程不熟悉应急反应不力等不安全行为。涉案事故航次，"光某616"轮处于光某公司光船承租期间，船舶的经营管理与维护保养依法应由光船承租人负责，相关行为后果应由光船承租人负担，与作为船舶所有人的中某公司无关。调查报告未认定中某公司存在过错和存在不安全行为，也未认定其承担责任。常某公司未提交证据予以推翻，以中某公司光租后仍负有管理和监督该轮的义务为由主张中某公司承担赔偿责任，没有事实与法律依据，本院不予支持。

二、关于光某公司的损失

依照《侵权责任法》第3条的规定，被侵权人有权请求侵权人承担侵权责任。常某公司作为涉案混合芳烃和MTBE的所有人，有权就其遭受的必要合理损失依法请求侵权人承担责任。依照《侵权责任法》第1条规定，该法系"保护民事主体的合法权益，明确侵权责任，预防并制裁侵权行为，促进社会和谐稳定"。依照《民法总则》第3条规定："民事主体的人身权利、财产权利以及其他合法权益受法律保护，任何组织或者个人不得侵犯。"《民法总则》第8条规定："民事主体从事民事活动，不得违反法律，不得违背公序良俗。"故当事人的合法权益受法律保护，非法利益不应得到法律保护。

1. 关于泄漏货物短量损失。依照《侵权责任法》第19条规定，侵害他人财产的，财产损失按照损失发生时的市场价格或者其他方式计算。涉案危险货物自装上"光某616"轮至石岛港（锚地）发生险情后被过驳至"宁某411"轮予以转运，有关泄漏货物短量损失应以"光某616"轮装船时数量与过驳至"宁某411"轮时数量的差额为依据，按照损失发生时的市场价格或者其他方式计算。本案中，常某公司购买涉案混合芳烃/MTBE的价格分别为3717元/吨、2705元/吨。虽然常某公司与安某思公司签订的购销合同显示，常某公司向安某思公司销售混合芳烃/MTBE的单价均为4000元，但常某公司并未举证证明曾于装船运输前向海某达公司或光某公司披露该购销合同，且调查报告显示，常某公司无经营危险化学品混合芳烃/MTBE的资质，常某公司转卖相应货物的可得利益，不属于合法利益，不应予以保护。故，按照常某公司购买涉案混合芳烃/MTBE 的价格 3717 元/吨、2705 元/吨计算相应的货物损失。

常某公司提交的交货确认书仅记载"宁某 411"轮接受混合芳烃/MTBE 的货控室电脑雷达液位的体积，并未明确载明当时的环境温度、货舱温度以及相应货物的温度、密度、重量等数据。光某公司亦未提交相应货物过驳至"宁某 411"轮前在"光某 616"轮货舱中的温度、密度、体积、重量以及当时的环境温度、货舱温度等。调查报告仅记载，根据现场接驳输转情况，作业方共计从泵舱及污油水柜抽取泄漏货物 182 立方米（含污油水）以及混合芳烃相对密度为 0.74~0.95（15℃/59℉），MTBE 相对密度为 0.7，并未说明泄漏货物的实际体积、重量及温度。通过对比"光某 616"轮装船时以及"宁某 411"轮卸货前的混合芳烃/MTBE 的环境温度、货物温度、密度、体积等变化，可知涉案混合芳烃/MTBE 具备随温度升高而体积增加、密度变小以及随温度降低而体积减小、密度增加的特性。常某公司主张泄漏货物短量损失，应承担相应的举证责任。考虑"光某 616"轮、"宁某 411"轮货舱保温特性，在常某公司未提交相应证据的情况下，根据不利于常某公司的原则，采用对其不利的相关货物的密度、体积、温度等指标计算涉案货物的重量。本案依照相关货物的密度、体积、温度等指标计算的"宁某 411"轮自"光某 616"轮接受过驳涉案货物重量仅限于计算本案货物短量损失，不得作为计算"宁某 411"轮实际载运涉案货物密度、体积、温度等的依据。

交货确认书显示，"宁某 411"轮自"光某 616"轮接受过驳时混合芳烃为 1779 立方米，按照较高密度"光某 616"轮装船时密度 0.7857 克/立方米@20℃计算，重量为 1397.7603 公吨，与"光某 616"轮装船重量 1494.30 公吨相比，短量 96.5397 吨，按照常某公司购买涉案混合芳烃的价格 3717 元/吨计算，混合芳烃短量损失为 358 838 元。交货确认书显示，"宁某 411"轮自"光某 616"轮接受过驳时 MTBE 为 4466 立方米，按照较高密度"光某 616"轮装船时密度 0.7460 克/立方米@15℃计算，重量为 3331.636 公吨，与"光某 616"轮装船重量 3398.33 公吨相比，短量 66.694 吨，按照常某公司购买涉案 MTBE 的价格 2705 元/吨计算，MTBE 短量损失为 180 407 元。上述泄漏货物短量损失，合计 539 245 元，本院予以确认。

"宁某 411"轮在时隔一年后出具货物接收情况说明，说明当时从"光某

616"轮接收货物时货舱的温度为19℃,并未提供船舶航海日志、温度记录、密度测量等资料予以佐证。思某德公司虽有资质证书,但其出具的情况说明仅系专家意见,并未实际测量涉案货物自"光某616"轮过驳至"宁某411"轮时的密度、温度、体积,其说明的相应货物密度、重量等均系推算而得,缺乏相应证据予以佐证,且所依据的GB/1885石油计量表并无涉案混合芳烃与MTBE的密度修正数据。柏某公司出具的容量计重船舱工作记录单记载的系"宁某411"轮在东营港卸货前混合芳烃/MTB的液位、体积、密度、重量及具体装载货舱,并未记载"宁某411"轮自"光某616"轮过驳混合芳烃/MTBE的液位、体积、密度、重量及具体装载货舱,除前述提及的可以反映混合芳烃/MTBE的特性以外,不足以证明"宁某411"轮自"光某616"轮过驳混合芳烃/MTBE的体积、密度、温度、重量。柏某公司出具的容量计重岸罐工作记录单仅系东营港装入岸罐前后的相关数据,且入罐前岸罐内存有其他货物,相关货物的密度等特性与涉案货物不同,涉案货物入罐后发生混合,相关货物密度等指标不能作为判断涉案货物相关数据指标的依据。上述证据,各被告不予认可,法院不予采信。

2. 关于海难救助费用和封港损失。涉案事故是一起海难事故,相关单位为保障船舶、人员和海洋环境的安全,按照指挥部要求进行应急救援、封港,均系为涉案事故海难救助所致。经法院依法审理并调解,相关单位与光某公司自愿达成调解协议,确认光某公司与常某公司按照获救船货价值比例分担相关费用或损失,常某公司分担520万元,并非明显不合理,亦不违反法律规定,法院已作出生效民事调解书予以确认,且常某公司已支付。易某公司、快某公司虽对合理性有异议,但未提交证据予以推翻,故对相关异议不予采纳。

3. 关于应急救助费和引航拖轮费。系常某公司为保障涉案船舶和货物以及周边人民群众生命财产安全,应指挥部要求支付的相关费用。各被告虽有异议,但未提交证据予以推翻,亦未证明应急救助费15万元和引航拖轮费34 230元明显不合理,法院予以确认。

4. 关于货物转运费。系为涉案事故发生后应急抢险救助转运遇险货物发生的费用,常某公司已支付货物转运费1 020 800元,各被告均未举证证明该部分明显不合理,法院予以确认,但应扣除正常情况下涉案货物自石岛港运往东营港的合理运费。因各方当事人均未提交关于正常情况下合理运费的证据，本院以涉案航次的约定运费作为参考依据。由于常某公司、海某达公司、捷某公司、光某公司背对背签订的货物运输合同约定的运费各不相同，本院以不利于常某公司的原则，采用其中的较高运费作为扣除依据。根据常某公司与海某达公司签订的货物运输合同约定，自南通港至东营港的运费115元/吨（含港建费4元/吨），考虑石岛港距离南通港与东营港的航程，本院以115元/吨减半取整58元/吨作为扣除涉案获救货物自石岛港至东营港的运费标准。如前所述，"宁某411"轮过驳转运的获救货物为混合芳烃1397.7603吨、MTBE为3331.636吨，合计4729.3963吨，应扣除运费为4729.3963吨×58元/吨=274 305元。扣除前述运费后，本院认定常某公司支付涉案事故必要合理的货物转运费为1 020 800元－274 305元=746 495元。

虽然常某公司在另案中曾向本院承诺支付转运费、卸货费、租罐费等相关费用，但是仅表明不作为另案争议依据，且该承诺函明确表明最终由法院依法确定责任承担者，并未放弃索赔权利。故，常某公司的承诺系为应急处置及变更扣押地点而向本院保证会向"宁某411"轮等相关作业方支付相应费用，并非常某公司承诺免除事故相关责任方的赔偿义务，光某公司的辩解没有事实与法律依据，本院不予采纳。

5. 关于卸货操作费。本院认为，常某公司应自行承担正常情况下的目的港卸货操作费。常某公司提交的付款凭证和发票显示的费用金额与付款金额、付款凭证的用途与发票的服务项目均不一致，不足以证明系涉案货物目的港卸货操作费，更无法证明系涉案货物因涉案事故额外增加的必要合理卸货操作费，不足以认定系因涉案事故造成的损失。故常某公司主张的卸货操作费124 417.71元没有事实与法律依据，本院不予支持。

6. 关于租罐费。本院认为，常某公司应自行承担正常情况下的目的港货物存储费用。涉案货物因常某公司另案纠纷被司法扣押期间的存储费用，并不属于涉案事故导致的损失。常某公司提交的租罐费账单仅记载租赁期间、租赁单价，并未明确租赁罐容，亦无收款方盖章确认，已付凭证和发票中的应付的租罐费和付款金额不一致，付款金额含有装卸费，不足以证明系涉案货物因涉案事故额外增加的必要合理存储费用，不足以认定系因涉案事故造成的损失。故常某公司主张的卸货费1 090 591.40元，没有事实与法律依据，本院不予支持。

7. 关于差旅费。本院认为，常某公司虽然提交了差旅费票据，但并不足以证明系为处理涉案事故发生的必要合理费用,各被告亦不认可,本院不予采信。常某公司主张为处理涉案事故发生差旅费 5477 元,没有事实与法律依据,本院不予支持。

8. 关于迟延交货违约金。本院认为,侵权损害应仅赔偿货物运输合同签订时可以合理预见的损失。本案中,常某公司并未举证证明,其与海某达公司签订货物运输合同时,或至涉案货物装上"光某 616"轮时,已明确披露购销合同内容,故常某公司履行购销合同的违约损失不属于涉案事故导致涉案货物迟延运抵目的港所致的损失。常某公司虽然提交了购销合同以及索赔函,但并未提交常某公司已实际支付 200 万元违约金的证据,各被告不予认可,本院不予采信。常某公司主张 200 万元迟延交货违约金损失,没有事实与法律依据,本院不予支持。

9. 关于货物扣押期间的损耗。本院认为,常某公司因另案纠纷导致涉案货物被司法扣押,扣押期间的货物自然损耗与非正常短量均不属于涉案事故导致的损失,仓储合同约定的货物损耗系常某公司与海某公司双方当事人的行为,双方履约过程中发生的货物损耗与涉案事故无关,且常某公司提交的《散装液态石油产品损耗》(GB 11085—1989)并不适用于涉案货物混合芳烃和 MTBE。常某公司主张货物扣押期间的损耗 135 151 元,没有事实与法律依据,本院不予支持。

10. 关于律师费。当事人并未约定,我国法律亦无明确规定,侵权纠纷案件胜诉方有权索赔相应的律师费。常某公司并未举证证明律师费系涉案事故导致的必要合理费用,常某公司主张律师费 464 076.13 元,没有事实与法律依据,本院不予支持。

11. 关于保全银行存款期间的利息。本院认为,光某公司在(2020)鲁72 民初 1415 号案中申请冻结了常某公司银行存款 4300 万元,后双方已经达成部分和解,实际冻结金额变更为 2300 万元,光某公司是否应赔偿常某公司相应利息损失,取决于光某公司是否保全错误,并非涉案事故导致的损失,亦非本案审理范围。常某公司主张相应的利息损失 340 062 元,本案不予处理。

12. 关于货物损失及其他各项损失的利息。本院认为,有关泄漏货物短量损失、海难救助费用和封港损失、转运费、引航拖轮费、应急救助费用的利息损失,属于涉案事故导致的损失,应自实际损失或费用发生之次日起算至实际支付之日止。常某公司主张暂时计算至庭审结束之日即 2021 年 7 月 26 日的相应利息，系处分自己的诉讼权利，不违反强制性法律规定，亦不损害他人合法权益，本院予以支持。常某公司按照全国银行间同业拆借中心公布的贷款市场报价利率一年期 3.85% 计算损失利息，符合法律规定，本院予以支持。相关损失利息计算具体如下：（1）泄漏货物短量损失 539 245 元，利息应自 2020 年 6 月 15 日涉案货物过驳至"宁某 411"轮之日的次日起算，计算至 2021 年 7 月 26 日为 539 245 元 ×3.85%× 406 天 /365 天 =23 036 元。（2）海难救助费用和封港损失 520 万元，系从常某公司另案烟台打捞局申请保全案向本院提供的 700 万元现金担保中支付，相应利息应自常某公司 2021 年 6 月 9 日向本院申请从 700 万元担保金中付款之日的次日起算，计算至 2021 年 7 月 26 日为 520 万元 ×3.85%× 47 天 /365 天 =25 779 元。700 万元担保金自常某公司 2020 年 9 月 4 日向本院提供之日至 2021 年 6 月 9 日向本院申请从中支付海难救助费用和封港损失之日止的利息，并非涉案事故导致的损失，亦非本案审理范围，本案不予处理。常某公司已于 2021 年 6 月 9 日向本院申请退回 700 万元担保金中的余款 180 万元，其主张该部分款项的利息没有事实与法律依据，本院不予支持。（3）转运费损失 746 495 元，利息应自 2020 年 6 月 11 日常某公司支付第一笔转运费 80 万元之日的次日起算，计算至 2021 年 7 月 26 日为 746 495 元 ×3.85%× 409 天 /365 天 =32 205 元。（4）引航拖轮费 34 230 元，利息应自 2020 年 6 月 16 日常某公司支付之日的次日起算，计算至 2021 年 7 月 26 日为 34 230 元 ×3.85%× 404 天 /365 天 =1459 元。（5）应急救助费 15 万元，自 2020 年 6 月 19 日常某公司支付之日的次日起算，计算至 2021 年 7 月 26 日为 15 万元 ×3.85%× 401 天 /365 天 =6344 元。上述利息合计为 23 036 元 +25 779 元 +32 205 元 +1459 元 +6344 元 =88 823 元，本院予以支持。租罐费、卸货费未获本院支持，所相应利息损失，本院不予支持。

13. 关于其他费用。本院认为，其中证据保全费 5000 元和船舶保全费 5000 元属于常某公司的诉讼请求，本院与案件受理费一并处理。诉讼保全责任保险费 12 000 元系常某公司为保障债权实现而依法采取海事请求保全发生的费用，其中的必要合理部分，常某公司有权主张，本院按照胜诉比例予以支持。常某公司主张的其他差旅费 28 000 元没有相关证据证明，本院不予支持。

综上，常某公司主张的各项损失，本院认定的合理损失有泄漏货物短量损失 539 245 元、海难救助费用和封港损失 520 万元、应急救助费 15 万元、引航拖轮费 34 230 元、货物转运费 746 495 元及其利息 88 823 元，合计 6 758 793 元，光某公司承担 60% 赔偿责任为 4 055 275.80 元。按照胜诉比例，光某公司应承担的诉讼保全责任保险费为 4084 元。常某公司主张的卸货操作费、租罐费、迟延交货违约金、货物扣押期间的损耗、差旅费、律师费及其利息等损失，没有事实与法律依据，本院不予支持。常某公司主张的保全银行存款 4300 万元利息损失和 700 万元担保金的部分利息损失，不属于本案审理范围，本案不予处理。

【法官后语】

危险化学品运输攸关船舶及船员安全、航行安全以及海洋环境安全，因此国家严格加以管理，并制定颁布《海上交通安全法》等法律法规予以严格规范，各相关方均应遵守相应的法律规定。沿海水路货物运输中，危险品瞒报导致危险品装运上非危险品船舶，导致泄漏损害，往往存在行政责任与民事责任的交叉。

本案中，青岛海事法院明确海事事故调查报告认定的行政责任或刑事责任不影响依法独立认定民事侵权责任，在多个背对背连环租约链条上的各方当事人均瞒报危险品的情形下，依照故意瞒报违规运输危险货物与损害后果之间的因果关系，区分各方当事人应当承担的民事侵权责任，并对行政处罚罚款、责令停运船舶船期损失等违法行为后果不予保护，充分发挥司法示范与正面导向作用，有利于防范打击故意瞒报危险品运输的违法行为，规范沿海货物运输危险货物运输秩序，维护航行安全，保护海洋环境，构建良好营商环境，为经略海洋提供海事司法服务与保障。

【相关法条】

1.《中华人民共和国海商法》（1993 年 7 月 1 日施行）

第一百四十九条 在光船租赁期间，因承租人对船舶占有、使用和营运的原因使出租人的利益受到影响或者遭受损失的，承租人应当负责消除影响或者赔偿损失。

因船舶所有权争议或者出租人所负的债务致使船舶被扣押的，出租人应当保证承租人的利益不受影响；致使承租人遭受损失的，出租人应当负赔偿责任。

2.《中华人民共和国侵权责任法》（2021年1月1日废止）

第一条 为保护民事主体的合法权益，明确侵权责任，预防并制裁侵权行为，促进社会和谐稳定，制定本法。

第三条 被侵权人有权请求侵权人承担侵权责任。

第四条 侵权人因同一行为应当承担行政责任或者刑事责任的，不影响依法承担侵权责任。

因同一行为应当承担侵权责任和行政责任、刑事责任，侵权人的财产不足以支付的，先承担侵权责任。

第六条 行为人因过错侵害他人民事权益，应当承担侵权责任。

根据法律规定推定行为人有过错，行为人不能证明自己没有过错的，应当承担侵权责任。

第十条 二人以上实施危及他人人身、财产安全的行为，其中一人或者数人的行为造成他人损害，能够确定具体侵权人的，由侵权人承担责任；不能确定具体侵权人的，行为人承担连带责任。

第十二条 二人以上分别实施侵权行为造成同一损害，能够确定责任大小的，各自承担相应的责任；难以确定责任大小的，平均承担赔偿责任。

第十九条 侵害他人财产的，财产损失按照损失发生时的市场价格或者其他方式计算。

第二十六条 被侵权人对损害的发生也有过错的，可以减轻侵权人的责任。

对应新法：

《中华人民共和国民法典》（2021年1月1日施行）

第一千一百六十四条 本编调整因侵害民事权益产生的民事关系。

第一千一百六十五条 行为人因过错侵害他人民事权益造成损害的，应当承担侵权责任。

依照法律规定推定行为人有过错，其不能证明自己没有过错的，应当承担侵权责任。

第一千一百六十六条 行为人造成他人民事权益损害，不论行为人有无过错，法律规定应当承担侵权责任的，依照其规定。

第一千一百六十七条　侵权行为危及他人人身、财产安全的，被侵权人有权请求侵权人承担停止侵害、排除妨碍、消除危险等侵权责任。

第一千一百六十八条　二人以上共同实施侵权行为，造成他人损害的，应当承担连带责任。

第一千一百六十九条　教唆、帮助他人实施侵权行为的，应当与行为人承担连带责任。

教唆、帮助无民事行为能力人、限制民事行为能力人实施侵权行为的，应当承担侵权责任；该无民事行为能力人、限制民事行为能力人的监护人未尽到监护职责的，应当承担相应的责任。

第一千一百七十条　二人以上实施危及他人人身、财产安全的行为，其中一人或者数人的行为造成他人损害，能够确定具体侵权人的，由侵权人承担责任；不能确定具体侵权人的，行为人承担连带责任。

第一千一百七十一条　二人以上分别实施侵权行为造成同一损害，每个人的侵权行为都足以造成全部损害的，行为人承担连带责任。

第一千一百七十二条　二人以上分别实施侵权行为造成同一损害，能够确定责任大小的，各自承担相应的责任；难以确定责任大小的，平均承担责任。

第一千一百七十三条　被侵权人对同一损害的发生或者扩大有过错的，可以减轻侵权人的责任。

3.《中华人民共和国民法总则》（2021年1月1日废止）

第三条　民事主体的人身权利、财产权利以及其他合法权益受法律保护，任何组织或者个人不得侵犯。

第八条　民事主体从事民事活动，不得违反法律，不得违背公序良俗。

对应新法：

《中华人民共和国民法典》（2021年1月1日施行）

第三条　民事主体的人身权利、财产权利以及其他合法权益受法律保护，任何组织或者个人不得侵犯。

第八条　民事主体从事民事活动，不得违反法律，不得违背公序良俗。

4.《中华人民共和国海上交通安全法》（2016年11月7日修正）

第三十二条　船舶、设施储存、装卸、运输危险货物，必须具备安全可靠的设备和条件，遵守国家关于危险货物管理和运输的规定。

第三十三条　船舶装运危险货物，必须向主管机关办理申报手续，经批准后，方可进出港口或装卸。

对应新法：

《**中华人民共和国海上交通安全法**》(2021 年 4 月 29 日修订)

第六十一条 船舶载运货物，应当按照有关法律、行政法规、规章以及强制性标准和技术规范的要求安全装卸、积载、隔离、系固和管理。

第六十二条 船舶载运危险货物，应当持有有效的危险货物适装证书，并根据危险货物的特性和应急措施的要求，编制危险货物应急处置预案，配备相应的消防、应急设备和器材。

第六十四条 船舶载运危险货物进出港口，应当符合下列条件，经海事管理机构许可，并向海事管理机构报告进出港口和停留的时间等事项：

（一）所载运的危险货物符合海上安全运输要求；

（二）船舶的装载符合所持有的证书、文书的要求；

（三）拟靠泊或者进行危险货物装卸作业的港口、码头、泊位具备有关法律、行政法规规定的危险货物作业经营资质。

海事管理机构应当自收到申请之时起二十四小时内作出许可或者不予许可的决定。

定船舶、定航线并且定货种的船舶可以申请办理一定期限内多次进出港口许可，期限不超过三十日。海事管理机构应当自收到申请之日起五个工作日内作出许可或者不予许可的决定。

海事管理机构予以许可的，应当通报港口行政管理部门。

5.《**最高人民法院关于适用〈中华人民共和国民法典〉时间效力的若干规定**》(2021 年 1 月 1 日施行)

第一条 民法典施行后的法律事实引起的民事纠纷案件，适用民法典的规定。

民法典施行前的法律事实引起的民事纠纷案件，适用当时的法律、司法解释的规定，但是法律、司法解释另有规定的除外。

民法典施行前的法律事实持续至民法典施行后，该法律事实引起的民事纠纷案件，适用民法典的规定，但是法律、司法解释另有规定的除外。

承办人：张　波
编写人：张　波　曾兆薇

39. 现某商船株式会社诉广饶县红某工贸有限公司海上货物运输合同纠纷案
——船载货物渗漏侵权责任主体的认定

【合规提示】

本案系一起承运人诉收货人因货物渗漏要求其赔偿经济损失的海事侵权纠纷案件。双方对于货物渗漏责任承担主体产生了争议。对于此类案件,收货人虽已取得了货物的所有权,但尚未实际控制货物,其对于货物发生渗漏并无过错,不应承担侵权责任。根据《海商法》第68条的规定:"托运人托运危险货物,应当依照有关海上危险货物运输的规定,妥善包装,作出危险品标志和标签,并将其正式名称和性质以及应当采取的预防危害措施书面通知承运人……"因此,对承运人而言,其应该向托运人追偿货物渗漏造成的经济损失,同时,应注意保留货物渗漏造成损失等的相关证据。

【案件信息】

1. 裁判文书字号

(2019)鲁72民初619号、(2019)鲁民终2392号

2. 当事人

原告:现某商船株式会社

被告:广饶县红某工贸有限公司

3. 关键词

民事　海上货物运输合同　侵权责任　货物渗漏　所有权人　托运人

【裁判要旨】

在海上货物运输中,收货人虽已取得了货物的所有权,但尚未实际控制货物,其对于货物发生渗漏并无过错,不应承担侵权责任。托运人有义务妥善包装货物,因货物发生渗漏而产生的损失,应由托运人承担赔偿责任。

【基本案情】

在现某商船株式会社诉广饶县红某工贸有限公司海事侵权纠纷一案中，青岛海事法院查明案件事实如下：被告就购买混合芳香烃事宜与第三人签订货物买卖合同。原告的代理签发了提单，收货人为被告，货物品名为混合芳香烃。承运船舶抵达青岛港后，青岛港某物流有限公司通知被告办理提货手续。

中华人民共和国青岛前湾海事处出具的海事行政处罚决定书载明：在承运船舶抵港并准备卸货时，发现6号货舱有4个集装箱有渗漏痕迹，并伴有刺激性气味；该提单项下14个集装箱货物被紧急处置并重点监控；由于上述货物的外包装原因，货物无法被现场取样和性质确认；为保障船舶、码头安全，承运船舶的船公司与码头协商，达成一致意见，将集装箱运往韩国釜山卸货并检验。韩国釜山检测中心出具检验报告和分析报告表明，从涉案货物混合类芳香烃中所取得的几个样品的闪点均为0摄氏度以下。

现某商船株式会社称涉案货物已经被销毁。

中华人民共和国青岛前湾海事处出具海事行政处罚决定书，就涉案货物是否属于危险品作出认定：检测结果显示涉案货物闪点在0摄氏度以下，为3类易燃液体，属于污染危害性货物。处罚决定还认为，承运人未按规定向海事管理部门办理污染危害性货物申报手续，违反了《防治船舶污染海洋环境管理条例》第22条之规定，决定给予罚款人民币29 000元的处罚。

原告诉称："达某特"轮在马来西亚巴生港装载14个集装箱货物，计划前往中国青岛前湾港卸货。原告作为承运人签发提单，被告也已换取提货单，并向原告主张交付货物，因此，其收货人的身份应可确认。"达某特"轮在中国青岛港新前湾集装箱码头靠泊后，发现提单号项下4个集装箱有液体泄漏和或泄漏痕迹。而该提单项下共计14个箱子，载运有同样的货物。上述14个危险品集装箱均未根据相关法律法规进行申报，导致该提单项下的14个箱子均无法在青岛港卸下。鉴于泄漏液体可能影响安全生产，装卸货一直无法正常进行，导致"达某特"轮长时间占用码头泊位。经有关方协调，"达某特"轮不得不驶往避难港韩国釜山港将上述14个危险品集装箱卸下并进行处理。为此，原告遭受了经济损失。原告在釜山港对涉案货物进行了检测，发现涉案提单项下的货物均为三类危险品。被告作为货物所有权人及收货人，存在违规进口危险化学品及未依法申报的故意或重大过失，实施了购买属于青岛港禁止作业的 3 类危险化学品及未依法申报的加害行为，造成涉案货物无法在青岛港卸载而产生各项损失，加害行为与损失事实之间存在因果关系，依法应对原告的损失承担侵权责任。

被告辩称：（1）原告作为承运人未在提单批注不知条款，说明承运人明确知悉或者应当知悉该货物实际状况；（2）倘若因货物为危险品而给承运人造成损失的责任承担主体系托运人，而非收货人；（3）原告所主张的损失尚未实际发生。

【裁判说理】

争议焦点：被告作为涉案货物的所有权人，对于货物发生渗漏及货物的外包装情况是否具有过错。

青岛海事法院认为：根据中华人民共和国青岛前湾海事处出具的《海事行政处罚决定书》的记载，导致承运船舶在码头滞留、抢险及将货物运往韩国进行卸载和检验的直接原因在于货物发生渗漏以及货物的外包装情况所致。

《海商法》第 68 条第 1 款规定："托运人托运危险货物，应当依照有关海上危险货物运输的规定，妥善包装，作出危险品标志和标签，并将其正式名称和性质以及应当采取的预防危害措施书面通知承运人；托运人未通知或者通知有误的，承运人可以在任何时间、任何地点根据情况需要将货物卸下、销毁或者使之不能为害，而不负赔偿责任。托运人对承运人因运输此类货物所受到的损害，应当负赔偿责任。"据此，托运人有义务妥善包装货物，因货物发生渗漏及货物的外包装情况而产生的损失，应由托运人承担赔偿责任。被告虽已取得了货物的所有权，但尚未实际控制货物，其对于货物发生渗漏及货物的外包装情况并无过错，不应承担侵权责任。

青岛海事法院 2019 年 7 月 11 日作出（2019）鲁 72 民初 619 号民事判决书，驳回原告诉讼请求。

一审判决后原告不服，向山东省高级人民法院提起上诉，二审法院判决驳回上诉，维持原判。

【法官后语】

根据国际保险市场的分析报告,众多的集装箱船舶火灾和爆炸系由货物本身造成,因此,妥当包装货物,尤其是危险货物,尤其重要。我国《民法典》第 827 条规定:"托运人应当按照约定的方式包装货物。对包装方式没有约定或者约定不明确的,适用本法第六百一十九条的规定。托运人违反前款规定的,承运人可以拒绝运输。"《海商法》第 68 条第 1 款规定:"托运人托运危险货物,应当依照有关海上危险货物运输的规定,妥善包装,作出危险品标志和标签,并将其正式名称和性质以及应当采取的预防危害措施书面通知承运人;托运人未通知或者通知有误的,承运人可以在任何时间、任何地点根据情况需要将货物卸下、销毁或者使之不能为害,而不负赔偿责任。托运人对承运人因运输此类货物所受到的损害,应当负赔偿责任。"根据上述规定,托运人对承运人因运输此类货物所受到的损害,适用严格责任。我国《海商法》明文规定适用法定严格责任的主要有三种情形:一是货物包装不当或货物申报资料不正确;二是办理各项手续的单证瑕疵;三是托运危险货物措施不当。

上述三种情形中,托运人适用严格责任的法理依据有:一是海上风险的防范需求。为了防范海上运输的特殊风险,确保海上航运安全,海商法要求托运人妥当包装、如实申报,并且赋予承运人对危险货物的处置权。二是诚实信用的履约需求。根据货物运输合同的性质和目的以及诚信原则,托运人应承担上述三种情形的默示担保义务。三是信息不对称的效率需求。上述三种情形所对应的事项,托运人具有明显的信息优势,托运人在履行上述事项过程中是否存在过错,承运人通常难以举证证明。

在我国海商审判实践中,之所以认定托运人承担未对托运货物妥当包装而产生的相关费用,法理依据亦是托运人基于风险防范、践行诚信和信息优势而产生的保证目的港顺利交货而需要承担的默示担保义务。甚至在部分海洋运输货物保险条款所规定的除外责任中就包括托运人责任所引起的损失。托运人所引起的损失主要是在产品的外包装上,例如托运人混淆了相应产品的标志造成错误运输,或者是没有按照指定的要求包装相应的货物致使货物在运输途中发生损毁。

【相关法条】

1.《中华人民共和国民法典》(2021年1月1日施行)

第一千一百六十五条　行为人因过错侵害他人民事权益造成损害的,应当承担侵权责任。

依照法律规定推定行为人有过错,其不能证明自己没有过错的,应当承担侵权责任。

2.《中华人民共和国海商法》(1993年7月1日施行)

第六十八条　托运人托运危险货物,应当依照有关海上危险货物运输的规定,妥善包装,作出危险品标志和标签,并将其正式名称和性质以及应当采取的预防危害措施书面通知承运人;托运人未通知或者通知有误的,承运人可以在任何时间、任何地点根据情况需要将货物卸下、销毁或者使之不能为害,而不负赔偿责任。托运人对承运人因运输此类货物所受到的损害,应当负赔偿责任。

承运人知道危险货物的性质并已同意装运的,仍然可以在该项货物对于船舶、人员或者其他货物构成实际危险时,将货物卸下、销毁或者使之不能为害,而不负赔偿责任。但是,本款规定不影响共同海损的分摊。

3.《中华人民共和国涉外民事关系法律适用法》(2011年4月1日施行)

第四十四条　侵权责任,适用侵权行为地法律,但当事人有共同经常居所地的,适用共同经常居所地法律。侵权行为发生后,当事人协议选择适用法律的,按照其协议。

承办人:李　华

编写人:庄雪莉

40. 广饶县红某工贸有限公司诉韩国现某商船株式会社海上货物运输合同纠纷案
——承运人对集装箱装运的货物责任期间内免责的认定

【合规提示】

本案系一起因货物交付不能引发的收货人诉承运人的国际海上货物运输合同纠纷案。双方对承运人是否向收货人承担赔偿责任产生争议。对收货人而言,应及时收受货物,如因货物本身性质或其他意外事件致货物交付不能,应积极与承运人商议可行的处置方案,保存与承运人协商联系及存在其他合法可行稳妥的处置方式的证据。对于承运人而言,应提交证据证明对涉案货物的处理系当时依法、依规、合理适当处置,责任期间内不存在过失。

【案件信息】

1. 裁判文书字号

(2018)鲁72民初1359号、(2019)鲁民终2000号

2. 当事人

原告:广饶县红某工贸有限公司

被告:韩国现某商船株式会社

3. 关键词

民事　海上货物运输合同　责任期间　免责

【裁判要旨】

1.根据《海商法》第46条的规定,承运人对集装箱装运的货物的责任期间,是指从装货港接收货物时起至卸货港交付货物时止,货物处于承运人掌管之下的全部期间。承运人未向收货人交付货物情况下,货物仍处于承运人的责任期间。

2.《海商法》第 51 条第 1 款规定了承运人不负赔偿责任的 12 种情形，其中第 12 项是"非由于承运人或者承运人的受雇人、代理人的过失造成的其他原因"，且承运人依照该款规定免除赔偿责任的，应当负举证责任。

【基本案情】

2018 年 2 月 5 日，原告广饶县红某工贸有限公司（以下简称红某公司）与马某公司签订货物买卖合同，就购买芳烃事宜进行了约定。

2018 年 4 月 8 日，被告韩国现某商船株式会社（以下简称现某株式会社）的代理签发了提单。提单载明：发货人为马某公司，收货人为红某公司，承运船舶、装货港马来西亚及卸货港中国青岛，货物品名为混合芳香烃，数量 14 个液袋、14 个 20 尺高柜。马来西亚当局出具的原产地证书显示，涉案货物产于马来西亚。

2018 年 4 月 18 日，承运船舶抵达青岛港。次日，青岛港某物流有限公司向收货人红某公司发出到货通知书，通知原告涉案提单项下货物已经运抵青岛港，请持加盖公章的正本提单到该公司进口部门办理提货手续。同日，原告按上述通知要求提交了正本提单，青岛港某物流有限公司向原告发出提货单，载明货物准予交付收货人红某公司。

2018 年 4 月 24 日，承运船舶装载涉案 14 个集装箱从青岛港驶往韩国釜山港，次日船舶抵达釜山港，卸下涉案货物后，船舶驶往下一目的港中国宁波港。货物被堆放在韩国某物流有限公司的保税仓库。

2018 年 5 月 4 日，韩国釜山检测中心出具检验报告和分析报告，结果表明，从涉案货物混合类芳香烃中所取得的几个样品的闪点均为 0℃以下。

2018 年 5 月 8 日，韩国律师事务所依照韩国法律规定，代表被告向韩国昌原消防部门报告涉案货物状态。昌原消防部门现场调查后，口头要求现某株式会社和韩国某物流有限公司立即将涉案货物转移至安全地点储存并无害化处理。

2018 年 5 月 14 日，被告与韩国一公司签订货物处理协议，约定由该公司销毁涉案货物，被告放弃索赔。2018 年 5 月 18 日，涉案货物被最终处理完毕。

2018 年 10 月 24 日青岛前湾海事处出具的海事行政处罚决定书载明：在承运船舶抵港并准备卸货时，发现 6 号货舱有 4 个集装箱有渗漏痕迹，并伴有刺激性气味；经查，上述 4 个集装箱货物的提单为涉案提单，该提单项下

14个集装箱货物被紧急处置并重点监控；由于上述货物的外包装原因，货物无法被现场取样和性质确认；为保障船舶、码头安全，承运船舶的船公司与码头协商，达成一致意见，将涉案提单下的集装箱运往韩国釜山卸货并检验。青岛前湾海事处就涉案货物是否属于危险品作出认定：监测结果显示涉案货物闪点在0℃以下，为3类易燃液体，属于污染危害性货物。处罚决定认为，承运人现某株式会社未按规定向海事管理部门办理污染危害性货物申报手续，违反了《防治船舶污染海洋环境管理条例》第22条之规定，决定给予罚款人民币29 000元整的处罚。

另查明，2017年8月1日，青岛市人民政府安全生产委员会办公室下发《青岛港危险品进出口新规定》，将易燃液体作为第3类危险物品，全部纳入禁止作业目录。

原告诉请：判令被告在青岛港交付提单项下货物或者赔偿红某公司货物损失等103 168.80美元；本案所有诉讼费用由被告承担。

被告辩称：（1）涉案船舶到港后，青岛港已经向原告下发到货通知，告知船舶抵达并要求提货，已经按照提单约定将涉案货物运到青岛，不存在原告所称的货物下落不明情况。（2）在货物到达后之所以不能交付，原因是原告所托运的14个集装箱货物出现危险品的泄漏。青岛港自2017年8月1日已经禁止操作八类以下危险品，涉案货物为三类危险品。现某株式会社按照青岛港的要求，将涉案货物运往避难港韩国釜山港进行卸载并处理。在运至釜山港后，由于货物出现进一步泄漏，按照韩国法律规定及韩国港口当局的要求，现某株式会社将涉案货物运往有资质的危险品处理公司处理，现已处理完毕。（3）原告清楚涉案货物被运往釜山进行处理的情况，被告也已经要求红某公司对运往釜山的货物进行处理，但原告一直未予答复。对于涉案货物泄漏，被告无任何过错。

【裁判说理】

争议焦点：现某株式会社是否应当就HDMUMY××××69919号提单项下货物的交付不能向红某公司承担赔偿责任。

青岛海事法院认为：承运人现某株式会社将货物自目的港青岛港转运至韩国釜山港卸载并进行了后续处置，在此过程中是否存在过失，是判断其是否应向红某公司承担赔偿责任的焦点问题。

涉案货物被运至青岛港后，因货物渗漏、存在安全隐患的原因，未被准许在青岛港卸载。其后，红某公司参加了青岛港组织的涉案货物事故协调处理的相关会议，对货物转运韩国釜山港的事实知晓且未提异议，现某株式会社将货物转运韩国釜山港并卸载，不存在过失。对于货物被运至韩国釜山港后的处置情况，现某株式会社提交的检验报告、韩国律师事务所署名律师的声明文件、货物仓储方出具的函件及货物处理协议等证据，证明了涉案货物系三类易燃液体、系危险品的特殊性质，完整地体现了涉案货物在当地的仓储、检验及按照当地消防部门和仓储方的要求进行紧急安全处理的过程。红某公司作为该批货物的收货方，应当知晓货物的危险性质，在货物被转运至韩国后，应积极与承运人商议可行的处置方案，但其未提交与承运人协商联系的证据，未提交证据证明存在其他合法可行稳妥的处置方式。由此，本院认定，基于涉案货物的危险性质，现某株式会社提交的证据高度盖然地证明了其对涉案货物的处理系依韩国当地法律、依当地消防部门及仓储方的要求进行的合理适当处置，在处置过程中不存在过失。根据《海商法》第51条第1款第12项的规定，现某株式会社对红某公司不负赔偿责任。

【法官后语】

近年来，随着各国海上运输业的发展，传统国际法规定的承运人责任制度已经无法满足日益复杂多样的海上运输模式，一系列相关的国际条约相继制定。此背景下，1993年《海商法》借鉴了《海牙规则》中关于承运人责任制度的规定。随着国内立法的逐渐完善，与民法体系无可避免地出现了一些不协调，导致实践中出现了承运人责任无法合理解决的难题。在新的国际国内形势下，《海商法》急需进一步的完善。因此，在此对承运人责任制度进行评析。

一、承运人责任制度相关概念

在我国《海商法》中承运人分为承运人和实际承运人两类，二者在海上货物运输中承担的责任各自不同。承运人是指本人或者委托他人以本人的名义与托运人之间订立运输合同的人。《汉堡规则》首次对承运人的概念作出了改变，放宽了承运人的身份限制，不再仅仅局限于船舶所有人和租赁人，而是拓宽到代理人。同时，《汉堡规则》首次提出了实际承运人的概念，并被多国引入本国立法和司法实践中。《鹿特丹规则》以"海运履约方"取代了实际承运人这一概念。实际承运人是指在海上货物运输中实际承担货物运输的人，实际承运人并不一定是和托运人订立运输合同的人。实际承运人可能是签订运输合同的承运人，也可能是与运输合同一方的承运人签订委托合同的人。

承运人责任制度是由承运人责任期间、责任主体、损害赔偿等事项组成的一系列的法律制度的总称，承运人责任基础是这一制度的核心，是追究承运人应当承担的赔偿责任的基础。承运人责任制度基础包括免责事由以及归责原则等制度。

我国《海商法》将承运人分为承运人和实际承运人两种，并将这二者作为运输责任主体。《汉堡规则》首次提出了承运人责任期间，是指承运人对其所运输的货物承担责任的期间。超出责任期间货物发生毁损灭失的，承运人不承担责任。

二、国际上对承运人责任制度的规定

《海牙规则》作为第一个调整海上货物运输的国际公约，对承运人实行不完全过失责任。即承运人只对自己的过失造成的货损承担责任，但对于航行过失和火灾过失免责。该公约对于承运人的责任期间规定了"钩到钩"的原则，从货物装船时起至卸船时止，承运人应当按照约定履行合同，不得随意减轻或免除己方的责任。但《海牙规则》同时允许海运合同当事人另行约定，这使得在当事人在约定不明确的情况下法律适用出现混乱。另外，公约规定适航义务是承运人最低限度的义务，即在开航前和开航时使船舶适航、船舱适货等。但并未明确规定适航义务与是否导致货损之间因果关系的证明责任分配。我国虽未加入该公约，但在立法时参考了公约的部分规定以及立法宗旨。《维斯比规则》是对《海牙规则》的进一步修订，尽管其进行了部分合理的制度改进，但就归责原则而言，仍然采用了《海牙规则》中规定的不完全过失责任。对承运人责任期间的规定也继续保持"钩到钩"原则。

《维斯比规则》相较于《海牙规则》的进步之处在于，其增加了对船方和货方利益保护的内容。一方面，该公约在对承运人的赔偿责任作出限制的同时，规定在承运人故意造成货损或者明知会造成货损却没有采取合理的措施制止的情况下，对承运人不适用责任限额的规定，而按照实际损失进行赔偿。另一方面，《维斯比规则》虽然也规定了1年的诉讼时效，但允许当事人约定延长诉讼时效，这是对承运人责任的加重；该公约同时新增加了追偿时效制度，即承运人赔偿之后向实际责任人追偿的期间，不受1年诉讼时效的限制，这一规定则是对承运人利益的保护。

在海运发展的初期，由于航海水平有限，海上保险业不发达，因此海运承运人面临了较大风险。为了促进海上事业的发展，必须对承运人进行必要的保护。因此，《海牙规则》和《维斯比规则》都规定了不完全过失责任，体现了对承运人的过度保护。随着航海业的发展，这一规定导致了越来越多的船货双发的矛盾。1978年，为了克服先前公约存在的缺陷，《汉堡规则》应运而生。该公约确立了完全过失责任制，删掉了航海过失免责和火灾免责，但将火灾是由承运人及其雇员、代理人过失造成的举证责任转移至索赔方。公约规定除非承运人能够证明自己及其雇员、代理人为了避免事故发生采取了充分的措施，否则应当对货损或者迟延交付承担责任。《汉堡规则》实行"港到港"的责任期间，将适航义务的期间改变为接收以及将货物交给货方的全过程，同时也提高了赔偿责任限额。

2008年通过的《鹿特丹规则》将承运人的责任与义务区分开，增加了承运人的适航义务，承运人需在开航前、开航时、海上航行中时船舶适航、集装箱适货。公约规定了"门到门"的责任期间，即从接收货物起至交付货物止。《鹿特丹规则》取消了航行过失免责，增加了海盗和恐怖活动的免责规定，规定火灾免责仅限于在船舶上。

三、我国《海商法》中承运人责任制度存在的问题及完善

在海上货物运输中，适航义务是承运人需要履行的最基本的义务，是否履行了该义务决定着承运人能否适用免责事由。根据我国《海商法》的规定，承运人要保证船舶开航前和开航当时处于适航状态，船员和船舶装置合理配备，船舱安全且适宜储存和运送货物，即履行了适航义务。

除了适航义务以外，《海商法》还规定了承运人的管货义务，即从货物装船到卸货的全过程妥善谨慎地管理货物，及禁止不合理绕航的义务。对于承运人的责任期间，《海商法》有两种不同的规定：针对集装箱装运的货物适用"港到港"原则，即从装货港至卸货港；针对非集装箱装运的货物适用"钩到钩"原则，即货物装船到卸船。

对归责原则则采用了不完全过失责任，承运人对除了航行过失和火灾过失之外的货物的毁损灭失承担过失责任。责任期间和归责原则的规定是借鉴了《海牙规则》和《维斯比规则》之后的结果。除了航行过失和火灾过失之外，我国《海商法》还规定了约定免责事由。

由上述规定可以看出，一是我国《海商法》对责任期间的规定不利于保护非集装箱托运人的利益；二是免责事由有些陈旧。因此，首先，建议改变传统的承运人免责事由，增加新的并且符合当前国际形势的免责事由，例如海盗免责、恐怖活动免责等。其次，应将责任期间统一拓宽至"港到港"，以更好地维护各方当事人的利益。最后，要明确违反适航义务的法律后果同时扩大适航标准，突出适航义务的重要性。

【相关法条】

《中华人民共和国海商法》（1993年7月1日施行）

第四十六条 承运人对集装箱装运的货物的责任期间，是指从装货港接收货物时起至卸货港交付货物时止，货物处于承运人掌管之下的全部期间。承运人对非集装箱装运的货物的责任期间，是指从货物装上船时起至卸下船时止，货物处于承运人掌管之下的全部期间。在承运人的责任期间，货物发生灭失或者损坏，除本节另有规定外，承运人应当负赔偿责任。

前款规定，不影响承运人就非集装箱装运的货物，在装船前和卸船后所承担的责任，达成任何协议。

第四十八条 承运人应当妥善地、谨慎地装载、搬移、积载、运输、保管、照料和卸载所运货物。

第五十一条 在责任期间货物发生的灭失或者损坏是由于下列原因之一造成的，承运人不负赔偿责任：

（一）船长、船员、引航员或者承运人的其他受雇人在驾驶船舶或者管理船舶中的过失；

（二）火灾，但是由于承运人本人的过失所造成的除外；

（三）天灾，海上或者其他可航水域的危险或者意外事故；

（四）战争或者武装冲突；

（五）政府或者主管部门的行为、检疫限制或者司法扣押；

（六）罢工、停工或者劳动受到限制；

（七）在海上救助或者企图救助人命或者财产；

（八）托运人、货物所有人或者他们的代理人的行为；

（九）货物的自然特性或者固有缺陷；

（十）货物包装不良或者标志欠缺、不清；

（十一）经谨慎处理仍未发现的船舶潜在缺陷；

（十二）非由于承运人或者承运人的受雇人、代理人的过失造成的其他原因。

承运人依照前款规定免除赔偿责任的，除第（二）项规定的原因外，应当负举证责任。

承办人：于喜富
编写人：崔婷婷

41. 以某综合航运有限公司诉盛某国际科技有限公司、青岛全球捷某物流有限公司海上货物运输合同纠纷案
——托运人申报义务及危险品的认定

【合规提示】

本案系一起承运人诉托运人、货代企业海上货物运输合同纠纷，系因托运人未如实申报托运的水烟片具有自燃自热的特性，导致集装箱起火引发的纠纷。托运人要注意向承运人准确陈述货物的名称、性质、重量、数量等有关货物的必要情况才能免除法律风险。特别是当其托运的货物具有自热自燃的性质时，负有申报义务，应当在托运前向承运人准确表明该货物属性，违反该法定义务，要赔偿给承运人造成的损失。对于货代企业而言，要注意对特殊货物在订舱代理时应当充分询问托运人，并及时告知承运人，若在订舱代理协议中承诺对托运货物系危险品时，无论代理是否知情，均与托运人承担连带责任，属于自愿作出对其不利的保证，对于处于航运链条中下游的货代行业而言，尽量避免该类条款，因该共担风险的承诺会使其负有重大法律风险。对于承运人而言，要注意对于危险品的法律认定尺度，应当明晰因为并不是所有能发生自燃的货物都属于危险品的范畴，只有易自燃的程度达到《国际海运危险货物规则》标准的货物才属于危险品。

【案件信息】

1. 裁判文书字号

（2018）鲁72民初1986号、（2020）鲁民终1684号

2. 当事人

原告：以某综合航运有限公司

被告：盛某国际科技有限公司、青岛全球捷某物流有限公司

3. 关键词

民事　海上货物运输合同　托运人　申报义务　危险货物运输

【裁判要旨】

1. 托运人托运的水烟片在运输过程中、在正常的运输条件下会发生自热自燃，表明涉案货物具有自热自燃的性质，托运人应当在托运前向承运人准确表明货物的该性质，托运人违反该法定义务，具有过失，应当赔偿给承运人造成的损失。

2. 涉案火灾系水烟片自热自燃导致，并不能说明涉案货物属于《国际海运危险货物规则》第4类第4.2项的危险品，因为并不是所有能发生自燃的货物都属于危险品的范畴，只有易自燃的程度达到《国际海运危险货物规则》标准的货物才属于危险品。

【基本案情】

2017年3月1日，以某综合航运有限公司（以下简称以某公司）与青岛全球捷某物流有限公司（以下简称捷某公司）签订《订舱代理协议》，以某公司指定捷某公司作为其在中国大陆的订舱代理，合同约定："若实际装运的货物为危险品但代理（捷某公司）没有书面告知承运人，无论代理是否知情，均应与托运人对因此给承运人造成的一切责任、后果和费用承担连带责任。"捷某公司代以某公司接受盛某国际科技有限公司（以下简称盛某公司）的订舱后，11月24日，以某公司签发了提单，托运人为盛某公司，从中国青岛港起运，目的港为以色列海法，货物为"水烟片"承载于某集装箱。在航行中，该集装箱起火冒烟，承运船舶在斯里兰卡科伦坡港将涉案集装箱卸下，产生集装箱装卸操作费用5350美元、港口费用6792美元。

根据《火灾事故检验报告》，该火灾是由某集装箱中装载的炭质水烟片自热自燃造成的。以某公司将涉案货物残渣运至以色列海法进行了销毁处理，产生销毁费用 3744 新谢克尔。涉案集装箱价格为 2678.18 美元、以某公司支付了检验服务费用 4502.5 美元、火灾专家检验费用 234 966.22 港币。以某公司请求两被告连带支付上述费用。

【裁判说理】

争议焦点：（1）原告与两被告之间的法律关系；（2）盛某公司是否应当承担赔偿责任；（3）捷某公司是否应当承担赔偿责任；（4）赔偿范围如何认定。

青岛海事法院认为：

一、原告与两被告之间的法律关系

本案中，盛某公司向以某公司订舱出运货物，以某公司接受委托后，签发了正本提单并进行了运输，提单载明托运人为盛某公司，承运人为以某公司，因此以某公司与盛某公司之间存在合法有效的国际海上货物运输合同关系，盛某公司为托运人，以某公司为承运人。

以某公司与捷某公司签订了《订舱代理协议》，以某公司指定捷某公司作为其在中国大陆的订舱代理，捷某公司接受此项委托，将盛某公司的订舱信息转发给以某公司，捷某公司与以某公司之间存在合法有效的委托合同关系，以某公司为委托人，捷某公司为受托人。

二、盛某公司是否应当承担赔偿责任

以某公司与盛某公司之间是国际海上货物运输合同关系，《海商法》第70条第1款规定："托运人对承运人、实际承运人所遭受的损失或者船舶所遭受的损坏，不负赔偿责任；但是，此种损失或者损坏是由于托运人或者托运人的受雇人、代理人的过失造成的除外。"根据以上规定，托运人由于其过失造成承运人的损失，托运人应负赔偿责任。《合同法》第304条规定："托运人办理货物运输，应当向承运人准确表明收货人的名称或者姓名或者凭指示的收货人，货物的名称、性质、重量、数量、收货地点等有关货物运输的必要情况。因托运人申报不实或者遗漏重要情况，造成承运人损失的，托运人应当承担损害赔偿责任。"本案中，检验报告得出的火灾是由炭质水烟片自热自燃造成的结论，证明盛某公司托运的水烟片在运输过程中、在正常的运输条件下发生自热自燃，表明涉案货物具有自热自燃的性质，但是盛某公司在托运涉案货物前未向承运人准确表明涉案货物的该性质，盛某公司违反了法定义务，具有过失，且以某公司因此遭受了损失，盛某公司应当向以某公司承担赔偿责任。

三、捷某公司是否应当承担赔偿责任

《合同法》第60条第1款规定："当事人应当按照约定全面履行自己的义务。"本案中，捷某公司与以某公司约定："若实际装运的货物为危险品但代理（捷某公司）没有书面告知承运人，无论代理是否知情，均应与托运人对因此给承运人造成的一切责任、后果和费用承担连带责任。"可见，捷某公司承诺与托运人承担连带责任的条件为实际装运的货物为危险品，对此有两个层次的含义：一是实际装运的货物是否与申报的货物相符；二是货物是否为危险品。对此以某公司负有举证责任，以某公司提交检验报告予以证明，对其检验报告结合以上两个层次具体分析如下：其一，涉案集装箱中实际装运的货物是否与盛某公司申报的货物品名不符。以某公司的检验报告中载明涉案集装箱的残渣中物质系由专用于吸食水烟/水烟带的圆形木炭片组成，且残渣中只发现一种木炭片，盛某公司申报的货物品名为水烟片，可见报告并未体现出实际装运的货物与申报的水烟片不符。其二，涉案水烟片是否系危险品。虽然检验报告得出的火灾是由炭质水烟片自热自燃造成的结论，但并未得出炭质水烟片系危险品的结论。按照《国际海运危险货物规则》（以下简称《货物规则》），检验报告中检验人陈述了货物是否属于《货物规则》第4类第4.2项自热物质，需要通过试验与标准手册的测试方法进行测试，27立方米的空间内自燃温度高于50℃的物质不应当被归类至第4类第4.2项的货物（原告主张的危险品）。检验人认定涉案火灾系水烟片自热自燃导致，并不能说明涉案货物是第4类第4.2项危险品，因为并不是所有能发生自燃的货物都属于危险品的范畴，只有易自燃的程度达到《货物规则》标准的货物才属于危险品。而以某公司提交的检验报告中称"本案中火灾后没有适合的材料残余"，已明确承认了检验人没有对涉案货物进行检验和按照《货物规则》进行试验这一事实，检验人即使在报告中对过往涉及同类型炭片事故进行了描述，但检验人谨慎地在最终的结论中仍然没有得出涉案货物系危险品的结论。相反地，捷某公司提供的《货物运输条件鉴定书》中载明："按照《规章范本》2.4.3章节，经规定的自热物质试验测试，表明该货物不属于4.2项中的自热危险品。"因此,以某公司不能证明实际装运的货物为危险品,捷某公司与盛某公司承担连带责任的条件不成立,捷某公司不应当承担赔偿责任。

四、赔偿范围如何认定

涉案集装箱自燃后,以某公司就近在科伦坡港将涉案集装箱卸下是合理、谨慎的处理方式,因此产生的集装箱装卸操作费用5350美元、港口费用6792美元盛某公司应当予以赔偿。以某公司为确保船舶安全、查明涉案集装箱起火原因,委托火灾专家进行检验,并支付检验服务费用4502.5美元、火灾专家检验费用234 966.22港币,该费用是涉案集装箱起火导致的合理费用,盛某公司应当予以赔偿。

以某公司将涉案货物的残渣运至海法,在海法进行了销毁,并支付了销毁费用3744新谢克尔,该费用是涉案集装箱起火导致的合理费用,盛某公司应当予以赔偿。涉案集装箱是由以某公司从案外人处租用的,在烧毁后向案外人支付了集装箱的价款2678.18美元,对该价款盛某公司应当予以赔偿。

以某公司主张因涉案集装箱起火导致船舶租金、燃油损失,但其未提供任何证据证明损失数额,对以某公司要求赔偿租金、燃油损失32 401美元的诉讼请求本院不予支持。

以某公司主张诉讼请求款项应在2018年12月4日(起诉之日)予以支付,逾期则自起诉之日按照中国人民银行同期人民币贷款利率支付利息。本院认为,以某公司在2019年1月2日支付涉案集装箱的款项2678.18美元,该款项的利息应自2019年1月2日起算。2019年1月8日,博利塔尼船舶保险协会称已经代以某公司支付检验服务费用4502.5美元、火灾专家检验费用234 966.22港币,但是未说明付款的具体时间,故该款项的利息应自2019年1月8日起算。除以上款项外,其余诉讼请求的款项利息可以在2018年12月4日起算。

综上,盛某公司因过失导致其托运的货物自燃进而导致以某公司产生了损失,盛某公司应当予以赔偿。以某公司未举证证明涉案货物属于危险货物,捷某公司不应与盛某公司承担连带责任。

以某公司不服提起上诉,山东省高级人民法院二审驳回上诉,维持原判。

【法官后语】

原告以某公司系以色列公司,第一被告盛某公司系中国香港公司,第二被告为青岛货代公司,涉案运输合同启运港为青岛自贸片区的前湾港,目的港为以色列海法港,中转港为斯里兰卡科伦坡港,以色列是"一带一路"国家,斯里兰卡是上合对话伙伴国。本案是一起典型的涉外海上货物合同纠纷案。以色列公司主动选择到中国法院起诉,并援引中国法起诉,体现了对中国法院的信任。

本案系因托运人盛某公司未如实申报托运的水烟片具有自然自热的特性,导致集装箱起火引发的纠纷,盛某公司应当向承运人承担赔偿责任。我国与"一带一路"国家和地区之间的海上货物运输比较频繁,纠纷相对较多,通过本案的处理,对卖方的启示为要向承运人准确陈述货物的名称、性质、重量、数量等有关货物的必要情况才能免除法律风险。对于订舱代理青岛捷某公司而言,"若实际装运的货物为危险品但代理没有书面告知承运人,无论代理是否知情,均应与托运人承担连带责任"的约定显然对其不公,对于处于航运链条中下游的货代行业而言,对于代理协议中的话语权显然受限。基于当事人意思自治原则,法院并未过多予以干预,但从案情实际出发,以某公司确实不能证明涉案货物系危险品,捷某公司不应承担连带责任。

本案的认定有利于规范青岛自贸片区的外贸企业、货运代理企业、航运企业经营管理秩序,有助于增强其法治意识,防范法律风险。

【相关法条】

1.《中华人民共和国海商法》(1993年7月1日施行)

第七十条第一款 托运人对承运人、实际承运人所遭受的损失或者船舶所遭受的损坏,不负赔偿责任;但是,此种损失或者损坏是由于托运人或者托运人的受雇人、代理人的过失造成的除外。

第二百六十九条 合同当事人可以选择合同适用的法律,法律另有规定的除外。合同当事人没有选择的,适用与合同有最密切联系的国家的法律

2.《中华人民共和国合同法》(2021年1月1日废止)

第六十条第一款 当事人应当按照约定全面履行自己的义务。

第三百零四条 托运人办理货物运输,应当向承运人准确表明收货人的名称或者姓名或者凭指示的收货人,货物的名称、性质、重量、数量,收货地点等有关货物运输的必要情况。

因托运人申报不实或者遗漏重要情况,造成承运人损失的,托运人应当

承担损害赔偿责任。

对应新法：

《中华人民共和国民法典》（2021年1月1日施行）

第五百零九条第一款 当事人应当按照约定全面履行自己的义务。

第八百二十五条 托运人办理货物运输，应当向承运人准确表明收货人的姓名、名称或者凭指示的收货人，货物的名称、性质、重量、数量，收货地点等有关货物运输的必要情况。

因托运人申报不实或者遗漏重要情况，造成承运人损失的，托运人应当承担赔偿责任。

3.《中华人民共和国民事诉讼法》（2017年6月27日修正）

第一百四十四条 被告经传票传唤，无正当理由拒不到庭的，或者未经法庭许可中途退庭的，可以缺席判决。

对应新法：

《中华人民共和国民事诉讼法》（2023年9月1日修正）

第一百四十七条 被告经传票传唤，无正当理由拒不到庭的，或者未经法庭许可中途退庭的，可以缺席判决。

承办人：王爱玲
编写人：王爱玲

42.宏某箱运支线有限公司诉济南祥某化工有限公司海上货物运输合同纠纷案
——托运人身份确定及危险货物运输责任认定

【合规提示】

本案系承运人就危险货物硝酸运输过程中产生泄漏事故的责任纠纷案件。双方对被告托运人的身份以及危险货物泄漏的责任认定产生争议。实践中，托运人身份不仅仅以其为提单上记载的为前提。托运人可能是货物的货主，也可能是货主委托的代理人。在危险品海上运输合同中对托运人设立严格责任，这主要是为应对危险品海运中的巨大风险，在危险货物运输中，托运人应当按照有关危险货物运输的规定，妥善包装，制作危险品标志和标签，并将其正式名称和危险性质以及必要时应当采取的预防措施书面通知承运人。在承运人已知涉案货物的品名、货物类别和危规编号的情况下，托运人无须另行通知货物的危险品性质。

【案件信息】

1. 裁判文书字号

（2012）青海法海商初字第893号

2. 当事人

原告：宏某箱运支线有限公司

被告：济南祥某化工有限公司

3. 关键词

民事　海上货物运输合同　托运人认定　危险货物运输　实际损失数额

【裁判要旨】

1.《海商法》第42条中明确定义"'托运人'是指：（1）本人或者委托他人以本人名义或者委托他人为本人与承运人订立海上货物运输合同的人；（2）本人或者委托他人以本人名义或者委托他人为本人将货物交给与海上货物运输合同有关的承运人的人"，在确定托运人身份时，应确定其所涉案件中货物的出口卖方身份，同时辨别原被告之间是否存在海上货物运输合同的法律关系。托运人身份不应受到贸易合同项下买方名称不同以及贸易方式不同造成的付款情况影响。

2. 危险品货物的托运人应当按照有关危险货物运输的规定，妥善包装，制作危险品标志和标签，并将其正式名称和危险性质以及必要时应当采取的预防措施书面通知承运人。在承运人已知涉案货物的品名、货物类别和危规编号的情况下，托运人无须另行通知货物的危险品性质。

3. 远洋运输中，只要托运人与承运人之间没有禁止转船的明确约定，货物在中途港换装其他船舶转运至目的港并不违反法律规定。具体案件审理过程中,应遵循习惯航线原则,且需确定所选航线与案件结果之间是否存在因果关系。

4. 在实际损失数额计算过程中,应充分证明已产生费用与案件事实的关联性,对于预估损失不应予以支持,可在实际产生后另行起诉。

【基本案情】

2011年8月,原告宏某箱运支线有限公司接受被告济南祥某化工有限公司的委托承运一票68%浓度的硝酸货物,装货港青岛,卸货港墨尔本。在运输途中,货物发生泄漏,腐蚀了船舱和集装箱。原告立即采取了紧急处置措施,并对船舶和集装箱分别进行了检查和修理,产生相关费用共计177 059.87美元。

原告认为,由于被告没有妥善包装货物,也没有书面通知原告承运此票货物应采取的预防危害措施,给原告造成了经济损失,应对原告的损失承担赔偿责任。遂诉至法院,请求判令被告赔偿船舶和集装箱的检验费、修理费及其他费用共计177 059.87美元,并承担本案诉讼费用、保全费用。

被告辩称:(1)原被告之间不存在海上货物运输合同关系,被告不是涉案货物的托运人。(2)原告诉称的被告未妥善包装货物也没有书面通知其承运此票货物应采取的预防危害措施没有事实及法律依据。(3)原告未尽管货义务的过错造成的货物泄漏责任应当由原告负担。(4)原告的起诉已经超过诉讼时效。综上,要求驳回原告诉讼请求。

青岛海事法院查明如下事实:

海关存档报关资料显示,2011年7月15日,被告就18公吨浓度为68%的硝酸以FOB青岛的价格与NEW TRADING CO., LTD达成买卖协议,合同总价款8640美元,目的口岸澳大利亚。

原告接受青岛裕某国际物流有限公司就被告的前述出口货物的订舱。2011年8月4日,原告的签单代理人签发了原告为承运人的海运提单。8月5日,被告曾向宏某箱运船务有限公司青岛分公司出具放货通知确认其同意本案货物承运人可以不凭正本提单放货。8月17日,被告向青岛裕某国际物流有限公司支付本案货物的杂费3831元。被告提供的一份贸易合同显示,与原告就上述货物达成买卖协议的是提单上记载的收货人。当地时间2011年8月27日,货物在新加坡被装轮转运。根据该轮大副陈述:当地时间2011年9

月11日11时（澳大利亚悉尼），船员发现货物泄漏，虽经船员初步清理，但持续泄漏仍旧对船舱、舱盖、货物所在集装箱和位于它的直接下方的集装箱造成了损坏。2011年9月12日，澳大利亚新南威尔士消防队登船检查泄漏情况并清理泄漏区域；2011年9月13日，货物所在集装箱在悉尼被卸轮。

检验人C×××的验船师在对货物所在集装箱以及货物进行检验后发现：硝酸货物装在塑料桶里，塑料桶堆放在集装箱中的双层货架上，上层货架有2层塑料桶，下层货架有3层塑料桶，塑料桶用尼龙绳固定在货架上。下层的塑料桶因倒塌而导致泄漏。集装箱内总共600个塑料桶，其中116个塑料桶发生泄漏。集装箱的底板被硝酸腐蚀出洞，底板上的横梁也受到了腐蚀，内墙的油漆已剥落，集装箱已无法再使用，视为全损。验船师认为泄漏系因包装不良导致的货物在集装箱内的移动产生。航海日志和大副证词均显示，在航程中船舶行驶正常，没有遇到恶劣天气。

【裁判说理】

争议焦点：（1）被告是否应当作为托运人向承运人承担责任；（2）危险品货物的托运人的义务；（3）实际损失数额计算。

青岛海事法院认为：

一、被告是否应当作为托运人向承运人承担责任

被告虽然一直否认其托运人身份，但无论是本院从海关调取的本单货物相关报关材料还是原告提交的被告买卖合同中，虽然贸易合同项下买方名称各不相同，被告作为本案货物的出口卖方身份却清晰可见，而且结合原告提交的提单以及盖有被告公章的告知原告无须凭正本提单交付货物的通知，即使被告抗辩因贸易方式为FOB，其未向被告租船订舱也未向原告支付过海运费，但本案现有证据最少可以认定被告作为涉案货物交货托运人的法律地位以及原被告之间存在海上货物运输合同的法律关系，所以被告应当就其过错向承运人承担责任。

二、危险品货物的托运人的义务

被告作为危险品货物的托运人，应当按照有关危险货物运输的规定，妥善包装，制作危险品标志和标签，并将其正式名称和危险性质以及必要时应当采取的预防措施书面通知承运人。本案中，原告确认已经提前知道在海事局进行了危险品申报的涉案货物，而且原告在其提单上明确记载了硝酸的品名、货物

类别和危规编号，所以被告无须另行通知原告本案货物的危险品性质。

三、实际损失数额计算

本院认定如下费用支出为本次硝酸泄漏给原告造成的直接损失并予以支持，其中包括验船费3362澳元、"X×××"轮船舶临时修理费2581.7澳元、事故调查费1650澳元、危险品卸载费3009.93澳元、危险品清理费1056澳元、危险品重新装箱陆运费185.46澳元及203.28澳元、危险品操作费119 575.47美元；虽然被告认为REGU×××004号集装箱应当予以折旧，鉴于其未提供折旧率且原告主张的损失数额1400美元低于购置价值，对原告主张的该集装箱损失1400美元本院亦作为直接损失予以认定。原告不能证明油漆、清洁用品全部用于船舶损坏区域，也不能充分证明船员劳务费与硝酸泄漏事故的关联性，因此对船舶油漆费11 315.50新加坡元、船员油漆劳务费500美元、船员清理费1000美元、清洁用品费149新加坡元不予支持；鉴于船舶的最终修理尚未进行，对预估的11 937.00美元船舶最终修理费本院亦不予支持，该项费用原告应于最终修理完毕之后，另行起诉主张；鉴于TCNU×××971号集装箱检验报告未经公证认证，原告主张的该集装箱检验费损失495澳元、修理费452.5澳元，本院一并不予支持。

【法官后语】

由于贸易合同关系、租船合同关系、代理合同关系以及提单关系的介入，海上货物运输合同主体呈现多样且容易混淆的特点，而海上货物运输合同的主体的识别问题，将直接影响运输合同的权利行使和义务履行的主体，以及因运输合同导致的货损货差损失的诉求主体问题。因此，我们要理顺海上货物运输合同关系，正确识别海上货物运输合同主体，为解决运输合同纠纷打下坚实的基础。在国际贸易中，买卖合同双方约定以FOB贸易术语的方式开展运输，由买方安排运输，买方成为运输合同的缔约托运人，而卖方作为托运人需满足上述条款关于"托运人"的定义，实践中，对托运人的身份识别问题存在争议，应当注意以下两个问题：（1）托运人可能是货物的货主，也可能是货主委托的代理人，对于托运人的识别没有要求其一定是货物的所有权人；（2）托运人的识别，不仅仅以其在提单上记载的为前提。

危险货物运输是海上运输的重要组成部分，一旦危险货物在运输途中发生失火、爆炸等事故，对于载货船舶以及载货船舶上的船员都会造成难以估量的损害。因此。应对托运人设立严格责任,这主要是在于危险品海运中的巨大风险,这最早是在英美法系中英国"瑞某诉弗某"案中确立的。对托运人确立严格责任可以增强其警惕性和责任感,尽到高度的注意义务。通常对比承运人,托运人对货物特殊性质的了解更充分或更利于发现。特别是危货大多采用集装箱海运模式,承运人无法打开所有货箱查看载运的货物或查明其特性,即便进行散装运货的危险品也可能有现有技术条件下尚未知晓的一些危险属性,托运人对此种危险产生的损害仍旧要负严格责任。因此,针对托运人国际公约及各国立法对于危货运输的特别规定大多确定的是严格责任。

本案中,青岛海事法院发挥争议解决机制功能,在庭审中经过充分诉、辩、举证、质证并经庭审,查明被告济南祥某化工有限公司的托运人身份,同时对托运人确立严格责任,明确其因包装不当,对危险品泄漏造成的损害后果承担责任。对此后危险品托运人起到警示作用,使得其能够更加谨慎妥善地履行义务。

【相关法条】

《中华人民共和国海商法》(1993年7月1日施行)

第四十二条　本章下列用语的含义:

(一)"承运人",是指本人或者委托他人以本人名义与托运人订立海上货物运输合同的人。

(二)"实际承运人",是指接受承运人委托,从事货物运输或者部分运输的人,包括接受转委托从事此项运输的其他人。

(三)"托运人",是指:

1. 本人或者委托他人以本人名义或者委托他人为本人与承运人订立海上货物运输合同的人;

2. 本人或者委托他人以本人名义或者委托他人为本人将货物交给与海上货物运输合同有关的承运人的人。

(四)"收货人",是指有权提取货物的人。

(五)"货物",包括活动物和由托运人提供的用于集装货物的集装箱、货盘或者类似的装运器具。

第六十八条　托运人托运危险货物,应当依照有关海上危险货物运输的规定,妥善包装,作出危险品标志和标签,并将其正式名称和性质以及应当采取的预防危害措施书面通知承运人；托运人未通知或者通知有误的，承运人可以在任何时间、任何地点根据情况需要将货物卸下、销毁或者使之不能为害，而不负赔偿责任。托运人对承运人因运输此类货物所受到的损害，应当负赔偿责任。

承运人知道危险货物的性质并已同意装运的，仍然可以在该项货物对于船舶、人员或者其他货物构成实际危险时，将货物卸下、销毁或者使之不能为害，而不负赔偿责任。但是，本款规定不影响共同海损的分摊。

第二百五十七条　就海上货物运输向承运人要求赔偿的请求权，时效期间为一年，自承运人交付或者应当交付货物之日起计算；在时效期间内或者时效期间届满后，被认定为负有责任的人向第三人提起追偿请求的，时效期间为九十日，自追偿请求人解决原赔偿请求之日起或者收到受理对其本人提起诉讼的法院的起诉状副本之日起计算。

有关航次租船合同的请求权，时效期间为二年，自知道或者应当知道权利被侵害之日起计算。

承办人：吕延铭
编写人：原浩洋

43.韩某海运有限公司诉山东中某国际仓储运输公司、亚洲某运有限公司、连云港市某保健品进出口公司海上货物运输合同纠纷案
——多种法律关系的认定及共同海损理算后的索赔问题

【合规提示】

本案是一起危险品海上货物运输合同纠纷案件。海上运输过程中货物发生自燃，承运人诉托运人海损理算赔偿。托运人托运危险货物，应当依照《海商法》的相关规定，妥善包装，作出危险品标志和标签，并将其正式名

称和性质以及应当采取的预防危害措施书面通知承运人。若托运人未通知或者通知有误的，托运人对承运人因运输此类货物所受到的损害，应当负赔偿责任。

【案件信息】

1. 裁判文书字号

（2001）青海法海商初字第140号

2. 当事人

原告：韩某海运有限公司

被告：山东中某国际仓储运输公司、亚洲某运有限公司、连云港市某保健品进出口公司

3. 关键词

民事　海上货物运输合同　危险货物运输　共同海损

【裁判要旨】

1.当货物名称未列入《国际海运危险货物规则》的危险品正式名称中，并且承运人在接受订舱时也不知道该货物是危险品时，如果承运人在运输货物时考虑了货方的要求，尽到了恪尽职责的义务，其不对因运输此类货物受到的损害承担责任。

2.当引起共同海损的事故系承运人可以免责的过失造成时，则各受益方均依法接受共同海损的分摊，如同因非过失事故引起的一样，当引起共同海损的事故系航程中一方或几方的不可免责的过失造成时，那么各过失方不但须对全部共同海损的损失负责，无权要求各无过失方对此进行分摊，而且须对有关受损方因此事故所遭受的相关损失承担赔偿责任。

【基本案情】

原告韩某海运诉称：2000年5月8日，山东中某国际仓储运输公司（以下简称山东中某）作为国际多式联运经营人以托运人身份向原告订舱，载运其托运的一个集装箱货物，从青岛港运往布达佩斯。山东中某同时向原告填报了场站收据，载明托运人为中某天津进出口公司（以下简称中某天津），箱内货物为840袋漂白粉（LIMECHLORINATED），在原告向山东中某签发提单

前，山东中某又指示原告将提单中的托运人记载为亚洲某运有限公司（以下简称亚洲某运），原告即按此指示于 2000 年 5 月 10 日向山东中某签发了托运人为亚洲某运的韩某海运提单，而亚洲某运出借提单给山东中某，于 2000 年 5 月 2 日签发了托运人为连云港市某保健品进出口公司（以下简称连云港某保）的已装船提单，提单日期是倒签的。对作为承运人的原告而言，山东中某、亚洲某运是托运人，而连云港某保是实际托运人。

山东中某、亚洲某运作为托运人，在向原告托运货物时，只申报了货物的英文名称，LIME CHLORINATED，未明确说明是危险品，仅一般地要求将该货物装载舱内水线下，远离热源，温度不要高于 50℃，事实上该货是 5.1 类危险品漂白粉，正确的英文名称为 BEACHIN GPOWDER，在联合国危规中的编号为 2208。

连云港某保作为实际托运人，明知货物为危险品，但未按国际危规及中国的相关法律的要求，使用安全可靠的危险品包装。

2000 年 5 月 24 日，当载有上述危险品的"韩某不来梅"轮在海上航行，载于船上第 4 舱的危险品自燃起火，火势迅速蔓延，发生严重火灾事故。船员消防自救向大舱里喷水，同时其他箱货也受损失。雇佣拖轮、救助船、进避难港、聘请检验人、律师及共同海损理算等，使原告遭受了 955 645.32 美元的损失、责任和费用，而且原告的损失、责任和费用，还在进一步扩大。

经详细检验查明，上述火灾事故的造成，完全是由被告托运的上述危险品货物包装不符合国际危规及中国的相关法律规定造成的。请求被告连带赔偿 955 645.32 美元及利息。2001 年 10 月 16 日，原告将诉讼请求增加到 1 512 582.46 美元。

被告山东中某辩称：山东中某是一货运代理公司，在本案中只是代理他人向承运人订舱，山东中某在向韩某海运订舱时，韩某海运明知山东中某的代理人身份，根据《民法通则》的规定，代理人代理被代理人进行代理活动，所产生的法律后果应由被代理人承担。故本案韩某海运将山东中某列为被告属诉讼主体错误，应依法予以驳回。

被告亚洲某运辩称：亚洲某运与原福某船务公司连云港代表处（以下简称福某连办）有业务关系，2000 年 5 月上旬，这票货的实际发货人连云港某保，委托福某连办作货运代理，福某连办转委托天津轻某货运有限公司青岛分公司（以下简称青岛轻某）代理，并在该公司订舱。订舱时在托运单上明确地写明1×20′半危，货名是漂白粉（LIME CHLORINATED）。

青岛轻某在确认福某连办订舱的传真件上也明确写明，青岛至布达佩斯1×20′半危，并确认了这票货已订舱的船1×20′名航次、提单号、船期，以及海运费等各项费用。同时福某连办在订舱时将货名漂白粉是5.1类危险品的情况、国际危规号等全部提供给了青岛轻某。

事后了解到山东中某、中某天津向韩某海运订舱时未说明本票货物系半危品，原告未按半危品受载、照料货物，而发生燃烧。

根据以上事实证明，福某连办已经向青岛轻某明确说明漂白粉是危险品，同时也说明了本案与亚洲某运出借倒签提单的行为之间并无因果关系。福某连办是亚洲某运为了连云港口岸国外代理指定货单证操作方便而委托的专门负责该业务的代理人，没有要求福某连办的揽货业务，与亚洲某运没有关系，与亚洲某运所赋予代理人的代理权不相符。为了方便指定代理人在装船后能及时拿到提单，亚洲某运将少量空白提单置于福某连办处，以便必要时经亚洲某运授权后及时签发给上述指定货托运人。但是本案中所指亚洲某运提单是福某连办在没有经过答辩人同意的情况下，擅自使用亚洲某运提单随便签发予托运人，亚洲某运根本不知道案中所指货运订舱的任何消息及资料，而且也没有听到福某连办为了上述需求而借用亚洲某运提单的口头或书面申请，很显然所签这种提单，亚洲某运不予认可，是无效的。更何况所签提单不符合亚洲某运的签发提单的规范，即必须盖签单专用章。而案中所指提单没有盖此专用章，而使用校对章代替，还有，亚洲某运规定必须各口岸实际提单签发人签名，而不是代理人可以替亚洲某运的人员签字，这种未经允许的顶替，显然亚洲某运也不能接受和认可。

据查，青岛轻某作为福某连办在青岛口岸的货运代理人，他们没有严格按照委托人的委托内容办事，明知所运货物漂白粉，是5.1类危险品，却不向他的上级代理人（青岛长某国际货运代理公司）如实申报，而是为了某种目的，蓄意歪曲并私自篡改货物属性及装运要求，总之在订舱时青岛实际操作人有没有向原告明确说明漂白粉是5.1类危险品，我们都不清楚，所以建议追加青岛轻某、青岛长某国际货运代理公司参加本案的审理。

被告连云港某保未提供答辩状，当庭辩称，货物包装完全符合国际危规及国内有关危货的规定，在将业务委托给福星公司的时候，已说明危险品，并已付相关费用。事故发生的原因，是韩某海运未按危险品要求进行运输、照料货物,因此,原告应负一定责任,或其他当事人应对此承担责任。

根据火灾专家的进一步调查的结果,表明4舱内的火灾是由装于右舷、底部箱堆、双层底(内装有温度较高的重燃油)上的集装箱内所装的袋子包装的次氯酸钙引起,在船员无法察觉危险的情况下,次氯酸钙进入了立即反应的状态。根据最新的研究结果,此种物质装入集装箱后,应严格保证温度在30℃以下。红色和黄色氧化铁造成的污染是在4舱火灾发生后,因融化和冲坏包装袋造成的,虽然上述货物可以造成污染,但并不自燃。当水淹没到底层集装箱顶部时,装在集装箱中的次氯酸钙的反应停止了。

该航次的火灾事故和受损情况,由相关专家在各港进行了检验,出具了相应的检验报告和共同海损理算书。该理算书于2001年6月22日作出并确定,共同海损1 195 358.40美元,其中,韩轮船东船舶分摊439 580.27美元,韩某海运燃料分摊1547.44美元,韩某海运承运的货物分摊413 633.33美元,中外某集装箱公司承运的货物分摊226 092.66美元,胜某班轮公司承运的货物分摊55 121.98美元,韩某海运集装箱分摊38 648.58美元,中外某集装箱公司集装箱分摊16 705.50美元,胜某班轮公司集装箱分摊4028.64美元。

除上述共同海损分摊外,韩某海运还接到下述索赔:因火灾受损货物的货主提出的索赔22 496美元,因受热受损货物的货主提出的索赔199 513.11美元。韩某海运受到的集装箱的单独海损7896.91美元。

船东受到的单独海损77 881.01美元,其中包括船东保险人的检验人的出场费26 092.34美元和船东聘请的律师费用33 926.84美元。

韩某海运遭受的除上述费用以外的单独海损5595.24美元。

【裁判说理】

争议焦点:(1)各当事人的地位及相互关系;(2)韩某海运是否未尽适航义务、是否有过失;(3)各被告应承担什么责任;(4)韩某海运以其自己的名义所享有的针对被告的索赔权包括哪些。

青岛海事法院认为:关于当事人的地位及相互关系,本院认为,韩某海运与"韩某不来梅"轮船东之间是期租合同关系,"韩某不来梅"轮船东是定期租船合同的出租人,韩某海运是定期租船合同的承租人,双方之间的权利义务依照双方签订的定期租船合同的约定处理。韩某海运是本案所涉航次海上货物运输的经营人,相对其签发提单的货方包括被告连云港某保而言,是承运人。山东中某是货运代理,其职责和义务是代理货主订舱,虽与韩某海运直接发生订舱关系,但不是运输合同的当事方,其代理行为的法律结果由其委托人承担。连云港某保是实际货主,也是实际托运人,符合《海商法》规定的有关托运人的特征,因而是法律意义上的托运人,其权利义务受法律关于托运人权利义务的调整。亚洲某运在本航次运输中,是在不知情的情况下,被有关实际操作人员将其名字填在托运人栏内,但其并不符合《海商法》关于托运人的构成要件,所以,就本案而言,亚洲某运不是托运人,亚洲某运与韩某海运之间不存在权利义务关系。

关于韩某海运是否未尽适航义务,韩某海运在接受订舱时获得的货物名称是 LimeChlorinated,而该名称未列入国际海运危险货物规则的危险品的正式名称中,韩某海运不知道该货物是危险品,不能作为韩某海运未恪尽职责使船舶适航的理由,而且在货物积载时,考虑了货方的要求,尽管靠近油舱,但满足了水线以下温度不高于 50℃的条件,所以相对各货主韩某海运已尽到了适航义务。

关于韩某海运在灭火过程中是否有过失,根据检验报告中检验人对灭火过程的叙述,本院认为,就当时的情况来看,船员采取的措施是得当的,是行之有效的,而且也没有证据表明韩某海运采取了不适当的措施,因此相对货方韩某海运在本次事故中没有过失。

关于各被告在本案中应承担的责任,鉴于上述分析,本院认为,"韩某不来梅"轮船东在本次事故中遭受的损失,完全是由于韩某海运经营运输过程中造成的,与船舶本身没有关系,"韩某不来梅"轮船东在整个的灭火过程中,没有证据证明其采取措施不当导致损失扩大,因此,"韩某不来梅"轮船东可不承担因火灾造成的共同海损分摊和不应承担单独海损,该损失应由韩某海运承担,但"韩某不来梅"轮船东或其保险人为其自身利益而额外支付的费用除外。山东中某是货主委托的订舱代理,在整个的订舱过程中,没有证据证明山东中某有违背代理职责或超越代理权限的行为,而且韩某海运在山东中某订舱时,已经知道山东中某的代理人身份,货物燃烧与山东中某的行为没有因果关系,所以山东中某的行为后果应由其委托人承担,山东中某不是本次运输合同的当事方,对本次事故没有责任。福某连办用亚洲某运的提单满足了连云港某保倒签的要求,这与火灾之间没有任何关系,亚洲某运不是托运人,对本案不承担任何责任。连云港某保是货物的实际托运人,其应履行托运人的义务，在本案中，连云港某保委托福某连办作为其出运货物的代理人，福某连办又将其受托事项转委托给他人，连环转委托中的各受托人在实际操作中究竟错误出在哪一个环节，本案未查清楚，但这并不影响托运人对承运人所应承担的义务，因此，相对韩某海运，货方未向其申报危险品，也未对危险品作出标志，导致韩某海运对该货物未给予应有的注意，责任不在韩某海运，而在货方，依照《海商法》的规定，托运人托运危险货物，应当依照有关海上危险货物运输的规定，妥善包装，作出危险品标志和标签，并将其正式名称和性质以及应当采取的预防危害措施书面通知承运人，托运人对承运人因运输此类货物所受到的损害，应当负赔偿责任，连云港某保应对此承担一切责任。

关于韩某海运以其自己的名义所享有的针对被告的索赔权，即哪些损失韩某海运可以以其自己的名义向被告提出赔偿请求，本院认为，应包括以下损失：首先，韩某海运自己遭受的损失，包括分摊的共同海损和单独海损，燃料分摊的共同海损1547.44美元，集装箱分摊的共同海损38 648.58美元和单独海损7896.91美元，其他单独海损5595.24美元。其次，"韩某不来梅"轮船东分摊的共同海损和遭受的单独海损，由于是韩某海运在营运中造成的，与"韩某不来梅"轮船东无关，该损失应由韩某海运赔偿给"韩某不来梅"轮船东，若是韩某海运已支付的共同海损费用，"韩某不来梅"轮船东还可以拒绝分摊，但"韩某不来梅"轮船东为自己的利益额外支付的费用，包括其保险人的检验人的出场费和聘请律师的费用，不是海损事故所必然引起的，因此，韩某海运对该部分费用不承担赔偿责任，因而也不能以其自己名义向被告索赔，所以，韩某海运可以主张的该损失为船舶分摊的共同海损439 580.27美元和单独海损17 861.83美元。

本院注意到，共同海损的理算，理应分摊到相关运输单证中记载的货主，但在共同海损理算书中，共同海损的分摊仅分摊到本航次的契约承运人，即"韩某不来梅"轮船东、韩某海运、中外某集装箱公司和胜某班轮公司，而没有分摊到提单中的货主。《海商法》规定，引起共同海损特殊牺牲、特殊费用的事故，可能是由航程中一方的过失造成的，不影响该方要求分摊共同海损的权利。但是，非过失方或者过失方可以就此项过失提出赔偿请求或者进行抗辩。《1974年约克·安特卫普规则》（以下简称《约克·安特卫普规则》）有类似规定，即使引起牺牲或费用的事故可能是由于航程中一方的过失所造成，亦不影响在共同海损中进行分摊的权利；但这不应妨碍就此项过失向过失方可能提出的任何赔偿要求或该过失方可能具有的任何抗辩。本院以为，上述规定包含这样的意思，当引起共同海损的事故系承运人可以免责的过失造成时，则各受益方均依法接受共同海损的分摊，如同因非过失事故引起的一样，当引起共同海损的事故系航程中一方或几方的不可免责的过失造成时，那么各该过失方不但须对全部共同海损的损失负责，无权要求各无过失方对此进行分摊，而且须对有关受损方因此事故所遭受的相关损失承担赔偿责任。在本案火灾事故中，"韩某不来梅"轮船东和韩某海运没有过失，因此其有权要求各受益方分摊共同海损牺牲和费用，各受益方不能拒绝分摊。同时，依照韩某海运分别与中外某集装箱公司和胜某班轮公司签订的舱位分租协议，韩某海运根据《海牙规则》和《海牙—维斯比规则》的规定对中外某集装箱公司和胜某班轮公司的索赔承担责任，从一定意义上讲，韩某海运与中外某集装箱公司和胜某班轮公司的关系，类似于承运人和托运人的关系，据此，由于承运人的实际过失或私谋造成的除外，对于火灾承运人是免责的。因此，中外某集装箱公司和胜某班轮公司不能拒绝分摊共同海损费用，也不能就共同海损分摊向韩某海运提起索赔。另外，由于火灾免责，各货主亦不能就因火灾遭受的单独海损向韩某海运提起索赔，也就是说，韩某海运对上述索赔没有赔偿责任。

综上所述，山东中某对本案没有责任，驳回韩某海运对山东中某的诉讼请求；亚洲某运与本案无关，驳回韩某海运对亚洲某运的诉讼请求；韩某海运就下述向连云港某保提出的赔偿请求本院予以支持，船舶分摊的共同海损 439 580.27 美元、韩某海运燃料分摊的共同海损 1547.44 美元、集装箱分摊的共同海损 38 648.58 美元、单独海损 5595.24 美元和"韩某不来梅"轮船东遭受的单独海损 17 861.83 美元，共计 503 233.36 美元，上述款项的利息也应得到赔偿，该利息的起算时间，因各种费用的支付时间不同，分别计算特别困难，共同海损理算中包含了一定的利息，因此以共同海损理算书作出之次日起算为宜，即自 2001 年 6 月 23 日起算至本判决确定支付之日止，利率按照中华人民共和国银行的同期贷款利率计算。韩某海运的其他请求与主张，理由不充分，不予支持。

【法官后语】

本案是一起比较复杂的危险品货物运输损害赔偿及共同海损承担纠纷案，涉及各种关系的认定以及多方的法律、公约的适用。主要应抓住以下两个专业性较强的焦点问题。

一、多种法律关系的认定及各自法律责任的承担

本案涉及的法律关系较多，从以下三个线索分析，可以更好地厘清本案的关系脉络：

1.承运人一方的内部法律关系。在本案中，韩某海运承运人的身份没有质疑。承运人一方又涉及两个法律关系：一个是本案原告韩某海运与"韩某不来梅"轮船东之间的定期租船合同关系，"韩某不来梅"轮船东是定期租船合同的出租人，韩某海运是定期租船合同的承租人，双方的权利义务关系依照双方签订的定期租船合同的约定处理。另一个是韩某海运分别与中外某集装箱公司和胜某班轮公司签订的舱位分组协议，依其约定，双方的权利义务分别依据《海牙规则》和《海牙—维斯比规则》予以确定。上述两个关系并非本案的主要法律关系，但在本案确定原告请求赔偿数额时均有涉及。

2.托运人一方的内部法律关系。本案第三被告连云港某保是实际货主，根据《海商法》第42条关于"托运人"的规定，即"本人或委托他人以本人名义或委托他人为本人与承运人订立海上货物运输合同的人"，连云港某保具备托运人的特征，故也是法律意义上的托运人。本案托运人一方的内部关系主要是一个连续委托关系：连云港某保就本案所涉货物的出口事项委托福某连办，福某连办又将此事项委托给青岛轻某，青岛轻某又委托给山东长某，山东长某又委托给本案第一被告山东中某。山东中某具体与本案原告韩某海运联系业务。韩某海运向山东中某签发了提单。其后，也就是在上述转委托链之外，发生了一个插曲，在连云港某保出具保函的情况下，福某连办借用亚洲某运的提单签发了一倒签提单用以结汇。由上所述可见，本案第二被告亚洲某运与本案无关；第一被告山东中某经过多次委托，最终成为第三被告连云港某保的受托人。其他中间受托人与本案无关。

3.承运人与托运人之间的关系。本案是在运输合同履行过程中发生的纠纷，从上面两点的关系可见，韩某海运成为本案所涉货物的承运人，而连云港某保则是该批货物的货主和法律意义上的托运人，二者之间构成了海上货

物运输合同关系，也是本案研究的主要法律关系。他们之间的权利义务，需依据双方合同约定及《海商法》的规定予以调整。

有了以上关于法律关系的明确分析，本案各当事人应当承担的法律责任也即迎刃而解：首先，原告方，即承运人韩某海运在航行中尽到承运人的适航义务，且在火灾发生时，采取了得当且行之有效的措施，在运输货物及救火过程中没有过失，故韩某海运在事故中不承担责任。其次，被告方，由于第二被告亚洲某运与本案无关，故不承担法律责任；第一被告山东中某系第三被告的最终受托人，且没有证据证明其在此项事务中的行为超出受托权限，故依据《合同法》的规定，即受托人在受托权限内的行为所导致的一切后果，由委托人承担，故山东中某也不承担责任；由此也推出，第三被告连云港某保作为托运人，未向承运人韩某海运申报危险品，也未对危险品作出标志，导致韩某海运对该货物未给予应有的注意，从而造成事故的发生。而依照《海商法》第68条的规定："托运人托运危险货物，应当依照有关海上危险货物运输的规定，妥善包装，作出危险品标志和标签，并将其正式名称和性质以及应当采取的预防危害措施书面通知承运人……托运人对承运人因运输此类货物所受到的损害，应当负赔偿责任。"连云港某保应对事故引起的损失承担一切责任。

二、共同海损及韩某海运以自己名义索赔事项的确定

1.共同海损及一般分摊原则。本案在确定韩某海运损失的过程中，涉及共同海损这个专业性极强的问题，我国的《海商法》中对此作了专章规定。所谓"共同海损"，依据《海商法》的规定，就是指在同一海上航程中，船舶、货物和其他财产遭遇共同危险，为了共同安全，有意地、合理地采取措施所直接造成的特殊牺牲、支付的特殊费用。从定义可见，共同海损是为了"共同安全"而故意地产生的一种牺牲和费用，这些损失如何认定及由谁承担，这就涉及共同海损的理算问题。共同海损的理算，就是在海损事故发生后，对各种损失进行审核和计算，以及对费用的补偿和分摊进行确定的工作。由于共同海损是航海事业中常见的一种损失事故，共同海损的理算又涉及多方利益，《约克·安特卫普规则》对此进行了详细规定，并成为现在国际通行的共同海损理算规则。关于共同海损的分摊，《约克·安特卫普规则》规则B作了原则性规定，即共同海损的牺牲和费用，应由各关系方进行分摊。也就是说，共同海损分摊的一般原则，即共同海损由共同的受益人来承担。此间的受益人，可以包括受益的船东、承运人以及提单中的货主。

2. 共同海损理算后的索赔问题。共同海损的理算结束后，还会以共同海损事故中是否有过失方而影响分摊了共同海损的受益人向过失方提起索赔的产生与否。《约克·安特卫普规则》规则 D 规定，尽管引起牺牲和费用的事故可能是由于航海事业中一方的过失所造成亦不得影响其在共同海损中进行分摊的权利。但这并不应对于就此项过失而得向该方提出的任何赔偿要求，或该方得就此而进行的抗辩有妨碍。对这一规定可以作如下理解：（1）若海损事故的发生因非过失事故引起，即没有过失方，则共同海损理算结束后，不发生索赔的提起；（2）若海损事故的发生是因承运人可以免责的过失引起，分摊规则应同 1，也不发生索赔的提起；（3）若海损事故的发生是因同一航程中的一方或几方的可控诉的过失（不可免责的过失）引起，则各关系方（分摊共同海损的受益方）可向该过失方提起索赔，该过失方应对其他各关系方因此事故造成的损失负赔偿责任。

3. 本案中韩某海运以自己名义索赔事项的确定。从本案事实及第一部分的分析可见，本案的火灾事故是由一方托运人即第三被告连云港某保的过失而引起，承运人韩某海运没有过失，连云港某保成为本次事故的过失方，应当对因此事故造成的损失（包括共同海损和单独海损）负赔偿责任。而哪些事项属于韩某海运可以以自己的名义向连云港某保提出索赔呢？这就要看在各种关系中，韩某海运都承担了或先行赔付或即将赔付哪些损失和费用，而这些损失和费用最终应由过失方连云港某保承担的。

首先，看韩某海运自己分摊的共同海损和遭受的单独海损。由于在整个航程中及事故发生的全过程，韩某海运均没有过失，故这部分损失和费用，韩某海运应以自己名义向连云港某保直接提出索赔。

其次，船东的损失是否应由韩某海运赔付。在承运人内部法律关系中，韩某海运与"韩某不来梅"轮船东之间的定期租船合同关系，韩某海运是船舶的经营人，本次事故是在韩某海运经营运输过程中造成的，与船舶本身没有关系，并且在灭火过程中，没有证据证明其采取措施不当导致损失扩大，所以"韩某不来梅"轮船东在本次事故中遭受的损失，包括分摊的共同海损和遭受的单独海损，应由韩某海运承担。也就是说，"韩某不来梅"轮船东分摊的共同海损和遭受的单独海损，韩某海运需先行赔付或即将赔付，韩某海运可以自己名义就这部分费用向连云港某保提出索赔。

再次，中外某集装箱公司和胜某班轮公司的损失是否应由韩某海运赔付。

在承运人内部法律关系中,韩某海运分别与中外某集装箱公司和胜某班轮公司签订了舱位分组协议,依其约定,双方的权利义务分别依据《海牙规则》和《海牙—维斯比规则》予以确定。由此可以理解为,韩某海运与中外某集装箱公司和胜某班轮公司之间为承运人和托运人的关系。而依据《海牙规则》和《海牙—维斯比规则》,除了承运人的实际过失或私谋以外,火灾属承运人的免责范围。所以,相对于中外某集装箱公司和胜某班轮公司而言,事故属于承运人可免责过失引起,二者应当对共同海损进行分担,并且不能向韩某海运求偿。所以这部分费用,韩某海运无须赔付,也不能以自己名义向连云港某保提出索赔。

最后,各提单的货主的损失是否应由韩某海运赔付。各提单的货主和韩某海运之间是海上货物运输合同关系,相对于各提单的货主,韩某海运是承运人。依据我国《海商法》的相关规定,除了承运人本人的过失所造成,火灾所引起的提单的货主的损失,承运人不负赔偿责任。本案中,共同海损没有分摊到提单的货主,所以提单的货主只是遭受到单独海损,而承运人在事故中又是免责的,提单的货主不能向韩某海运提出索赔。所以提单的货主遭受到的单独海损,韩某海运不负有赔付责任,故韩某海运不能以其自己的名义向连云港某保提起索赔。

综上,韩某海运只能就其本身和"韩某不来梅"轮船东所分摊的共同海损和单独海损以自己的名义向连云港某保提起索赔。

青岛海事法院对当事人之间的法律关系分析透彻,责任分担明确。山东省高级人民法院二审驳回上诉,维持原判。

【相关法条】

《中华人民共和国海商法》(1993年7月1日施行)

第六十八条 托运人托运危险货物,应当依照有关海上危险货物运输的规定,妥善包装,作出危险品标志和标签,并将其正式名称和性质以及应当采取的预防危害措施书面通知承运人;托运人未通知或者通知有误的,承运人可以在任何时间、任何地点根据情况需要将货物卸下、销毁或者使之不能为害,而不负赔偿责任。托运人对承运人因运输此类货物所受到的损害,应当负赔偿责任。

承运人知道危险货物的性质并已同意装运的,仍然可以在该项货物对于船舶、人员或者其他货物构成实际危险时，将货物卸下、销毁或者使之不能为害，而不负赔偿责任。但是，本款规定不影响共同海损的分摊。

承办人：李旭东

编写人：原浩洋　徐雨均

44. 韩某海运有限公司诉烟台土某产进出口集团有限公司、中某山东烟台进出口公司海上货物运输合同纠纷案
——合法单证、清洁提单不能成为托运人履行了"妥善包装"义务的抗辩理由

【合规提示】

本案系一起海上货物运输合同纠纷案件，双方就合法单证、清洁提单能否成为托运人履行了"妥善包装"义务的抗辩理由存在争议。对于托运人来说，取得包装方面的合法单证是一层保障，同时也可以获得承运人的清洁提单，但应该注意的是，这并不是规避责任的"护身符"，托运人一定要做到恪尽职责，使包装符合《国际海上危险货物运输规则》的相关规定，才能取得双赢的结果。对于承运人来说，即使托运人取得了合法单证，也必须对货物进行实质性的检查核对再行出具清洁提单，此外，一旦出现危险品的泄漏或者其他情况，一定要及时采取措施，如果因没有及时采取相应措施，致使损失扩大，则需要对该损失承担相应责任。

【案件信息】

1. 裁判文书字号

（1999）青海法烟海商初字第88号、（2000）鲁经终字第308号

2. 当事人

原告（反诉被告）：韩某海运有限公司

被告（反诉原告）：烟台土某产进出口集团有限公司、中某山东烟台进出口公司

3. 关键词

民事　海上货物运输合同　危险货物运输　托运人　清洁提单　合法单证　妥善包装义务

【裁判要旨】

托运人虽然取得并交付承运人包装等方面的合法单证，且已获得清洁提单，仍不能免除其进行妥善包装的义务，不能成为其履行了"妥善包装"义务的抗辩理由，关于"妥善包装"的判断，应以最终实际查明结果为准，不能仅凭单证作为认定依据。

【基本案情】

1998年1月1日，烟台土某产进出口集团有限公司（以下简称土某产公司）与中某山东烟台进出口公司（以下简称中某公司）签订代理出口业务协议书，约定出口业务中出现的损失土某产公司不承担责任。1998年8月4日和8月10日，中某公司将两集装箱化学危险品二氧化硫脲交付韩某海运有限公司（以下简称韩某公司）承运。8月12日，韩某公司承运该两票货物，并签发了托运人为土某产公司的两套已装船清洁运费预付提单。1998年8月19日，船舶航行途中其中一个集装箱的货物自燃，后被扑灭。1998年8月20日船舶抵达香港，韩某公司委托检验人检验两个集装箱，后确定起火的原因系其中的化学危险品二氧化硫脲包装未做到隔绝空气密封导致货物达到燃点后发生自燃，另一集装箱货物不符合危险化学品包装的相关规定，货物温度较高，且有结块发黄现象。韩某公司委托多方进行了检验鉴定并咨询专家，均认为另一集装箱货物包装不符合规定亦存在自燃危险，继续运输将对船货安全都造成威胁，建议就地处理。其间，韩某公司多次联系中某公司及土某产公司派人到香港接收货物，中某公司坚持要求续运另一箱未损货物到目的港，不同意就地处理货物。后经韩某公司请求，香港高等法院作出了在香港就地处理上述货物的命令，且香港特别行政区环境保护总署依香港环保规定

要求韩某公司将上述货物作为化学危险品处理掉。随后，韩某公司委托一家香港官方批准的机构将货物作为化学废品清除。由此韩某公司向青岛海事法院提起诉讼，要求两被告作为托运人赔偿其经济损失及利息。

1999年8月17日，青岛海事法院立案后，中某公司于1999年10月25日提出反诉。

原告韩某公司诉称，运输的货物出现问题后，经原告请求，香港高等法院作出了在香港就地处理上述货物的命令。香港特别行政区环境保护总署依香港环保规定要求原告将上述货物作为化学危险品处理掉，随后，原告委托一家香港官方批准的机构将货物作为化学废品清除。由此原告共遭受损失510 409.01港元。请求被告赔偿原告经济损失510 409.01港元及利息。

被告土某产公司辩称，该批二氧化硫脲的出口业务，我司仅是受托方，即履行代理出口业务的职责，不应将其列为被告。中某公司在托运时已声明货物为危险品，并向原告提供由当地商检部门出具的海运出口危险货物包装使用鉴定单，海运出口危险货物包装性能检验结果单。

被告中某公司提出答辩并反诉称，本案所涉两个货柜，在交付承运前，已对货物进行了妥善包装，且两柜货物在装运前均通过了商检部门对产品的包装质量、方法及重量的严格检验。两个货柜装运前，已向韩某公司提交了包括产品名称、性质以及预防危险措施等全套技术资料，委托韩某公司如实向海关及港监进行了危险品申报，及时准确地提交了危险品申报及正常报关所需的全套资料，交纳了相关费用，韩某公司签发两套清洁海运提单，自己已经履行了义务，有完全合理的理由怀疑事故的发生是由于运输不正常所引起的。韩某公司在事故原因未查明的情况下，擅自扣留原告另一柜无问题的货物达数月之久，后无视原告的意见和警告，擅自处理了该货物。韩某公司的行为严重违约，侵害了中某公司的合法权益，请求驳回韩某公司的诉讼请求，并请求韩某公司赔偿损失268 140.25元。

韩某公司对中某公司的反诉答辩称，中某公司无权反诉，时效已过，无证据证明。

【裁判说理】

争议焦点：托运人已交付包装方面的合法单证，且已获得承运人发出的清洁提单，是否可以必然排除危险货物运输时因包装发生货损时的赔偿责任。

青岛海事法院认为：海上危险品货物运输，承托双方应严格按照国际危规的规定进行运输和包装，否则应承担相应的责任。

1. 二氧化硫脲是4.2级危险品，本案所涉及的运输是海上危险品货物运输。二氧化硫脲在运输途中发生火灾，是由于货物包装未做到气密和货物本身的属性引起的，没有证据证明承运人在运输过程中对该批货物存有管货过失。

2. 韩某公司在一箱起火的情况下，决定将另一箱卸下进行检验，措施得当。检验人员发现未起火箱子内的货物温度过高，且已有结块发黄现象，说明实际危险已经产生。韩某公司依据专家和香港环境保护署的意见及香港高等法院的命令，将货物进行处置，并无不当。韩某公司所遭受的损失及支付的费用，均由处置危险品而引起的，属合理费用。土某产公司是提单上所列明的托运人，中某公司是实际货主，且将货物交给承运人，韩某公司对二被告的身份在承运期间均已了解，因此，土某产公司和中某公司均属我国《海商法》中所确定的托运人。虽然山东省人民政府对外经济工作协调小组《关于全面推行委托代理出口业务的试行办法》中规定，委托单位经营出口业务，要做到独立核算，自负盈亏，自主经营，自担风险，中华人民共和国对外经济贸易部《关于对外贸易代理制的暂行规定》也有类似规定，但上述文件均没有解除外贸代理人对相对方责任的规定，而且土某产公司和中某公司在本次运输所涉及的货物出口代理业务中并没有严格按照《关于对外贸易代理制的暂行规定》操作，所以土某产公司和中某公司应对韩某公司所遭受的损失承担共同的赔偿责任。

青岛海事法院以判决方式结案。山东省高级人民法院二审驳回上诉，维持原判。

【法官后语】

海上危险货物运输是一种特殊条件下的海上货运，它对于承托双方在包装和照顾货物等方面的义务要求更为严格。为了保证国际海上危险货物运输中的安全，国际海事组织（IMO）制定了《国际海上危险货物运输规则》（以下简称《运输规则》），我国从1982年10月1日起执行该规则，国际海上危险货物运输的各方当事人应严格遵守该规则。海上危险货物运输产生货损时责任承担，根据《运输规则》和《海商法》的有关规定，承运人所签发的清洁提单只能证明集装箱外表状况良好，承运人对箱内货物的质量、包装等不负责任。《海商法》中明确规定了托运人应承担妥善包装义务、告知义务等。托运人尽管取得包装等方面的合法单证，但不能免除其进行妥善包装的义务，不能成为其履行了"妥善包装"义务的抗辩理由，关于"妥善包装"的判断，应以最终实际查明结果为准，不能仅凭单证作为认定依据。

【相关法条】

《中华人民共和国海商法》（1993年7月1日施行）

第六十六条第一款　托运人托运货物，应当妥善包装，并向承运人保证，货物装船时所提供的货物的品名、标志、包数或者件数、重量或者体积的正确性；由于包装不良或者上述资料不正确，对承运人造成损失的，托运人应当负赔偿责任。

第六十八条　托运人托运危险货物，应当依照有关海上危险货物运输的规定，妥善包装，作出危险品标志和标签，并将其正式名称和性质以及应当采取的预防危害措施书面通知承运人；托运人未通知或者通知有误的，承运人可以在任何时间、任何地点根据情况需要将货物卸下、销毁或者使之不能为害，而不负赔偿责任。托运人对承运人因运输此类货物所受到的损害，应当负赔偿责任。

承运人知道危险货物的性质并已同意装运的，仍然可以在该项货物对于船舶、人员或者其他货物构成实际危险时，将货物卸下、销毁或者使之不能为害，而不负赔偿责任。但是，本款规定不影响共同海损的分摊。

承办人：李旭东
编写人：褚　茜　林　丹

45. 烟台土某进出口集团有限公司诉美国某轮船有限公司海上货物运输合同纠纷案
——不合理绕航法律责任的认定

【合规提示】

本案是一起海上货物运输合同纠纷，当事人就承运人是否构成不合理绕航存在争议。对于承运人而言，应当按照约定的或者习惯的或者地理上的航线行驶。绕航有合理与不合理之分，不合理绕航系一种故意的、明显的违约行为，违约方应赔偿对方因此遭受的各种经济损失，并不享有《海商法》第82条规定的抗辩权。

【案件信息】

1. 裁判文书字号

（1998）青海法海商初字第66号

2. 当事人

原告：烟台土某进出口集团有限公司

被告：美国某轮船有限公司

3. 关键词

民事　海上货物运输合同　不合理绕航

【裁判要旨】

本案审理的核心是判断是否存在不合理绕航。在双方没有约定航线的情况下，需要辨别从美国圣保罗港到中国烟台港的"习惯航线""地理航线"和"实际航线"，并判断是否存在《海商法》第49条第2款所规定的"合理绕航"情形。

【基本案情】

原告诉请：由于被告的不合理绕航，使货物比预计时间晚一个多月到达烟台，给其造成了严重的经济损失，故请求判令被告赔偿经济损失计人民币333 440元。

被告辩称：由于被告在承运本案项下货物时，没有直接到达烟台港的航线，货物要运至烟台港只能经由日本转船，因此被告选择了"圣保罗—青岛—日本—烟台"这一习惯航行路线。根据海商法的规定，承运人按照习惯航线将货物运往卸货港的，不能构成不合理绕航。原、被告之间未曾就货物的到港时间达成一致，本案不存在迟延交付问题。即使本案被告被认定为不合理绕航造成迟延交付，由于原告未能在货物交付的次日起60日内向被告提交书面通知，被告亦应根据《海商法》第82条的规定获得免责。

青岛海事法院经审理查明：1997年8月4日，原告与烟台化某公司就代理进口67.5吨美国产氰化钠的有关事项达成协议。8月22日，原告以自己的名义与美国杜某公司签订合同，约定：原告购买氰化钠67.5吨，价格条件为CIF烟台，总金额为933 420美元。合同签订后，杜某公司委托被告承运该批货物，1997年9月2日，被告就该批货物签发了提单，装港美国圣保罗，卸港中国烟台。9月12日，杜某公司发给原告的船运通知上称：货物已于9月10日装运，预计9月29日抵烟台。9月29日，原告却收到被告青岛代理的到货通知，通知其货物已于9月25日抵达青岛港，要求原告携带正本提单到青岛办理提货手续。因提单上的卸货港为烟台，而氰化钠属于剧毒危险品，青岛海关不允许办理转关手续，如要在青岛提货，只能办理清关手续。原告为此传真杜某公司：在杜某公司支付18 000美金作为清关等费用的前提下，原告同意在青岛提货。杜某公司将该传真转传给被告，但无论是被告还是杜某公司均未对原告的要求予以答复。10月8日，被告函告原告，在原告不能提出更好的解决办法的情况下，被告决定将货物退运至日本，再由日本转船至烟台。1997年11月3日，被告将上述货物从青岛经由日本运抵烟台，原告因此而遭受各种经济损失计人民币287 312.50元。

还查明：被告在承运本案项下的货物时，没有经营由圣保罗直接到达烟台港的航线的能力，货物要运至烟台，必须在日本转船。

【裁判说理】

争议焦点：（1）被告是否构成不合理绕航；（2）原告的经济损失金额。

青岛海事法院认为：被告接受杜某公司的委托承运原告购买的货物并签发提单后，即负有按照约定的或者习惯的或者地理上的航线将货物运抵卸货港并交付货物的义务。原告作为合法的提单持有人，享有在卸货港提取货物的权利，被告在承运本案项下的货物时，虽然没有直接到达烟台的航线，但是在双方对航线没有约定的情况下，则应按照习惯的或者地理上的航线将货物送至卸货港。而被告却只顾自己的便利和利益，先将货物运至青岛，在原告不同意在青岛提货的情况下，才将货物退运至日本，然后再转船运到烟台。被告该种行为显然构成不合理绕航，则其即应对原告因此而遭受的经济损失承担赔偿责任。因本案本质上系因不合理绕航而产生的损害赔偿纠纷，而非我国《海商法》规定的一般意义上的迟延交付纠纷，且被告在将原告的货物由青岛退运至日本（再由日本转船运至烟台）前，已对自己行为的性质及其所可能产生的后果（包括可能要面对的原告的索赔）有了清楚的了解、认识，故被告关于"由于原告未能在货物交付的次日起60日内向被告提交书面通知"，则其即应根据《海商法》的规定获得免责的抗辩不能成立。

【法官后语】

本案承运人与托运人之间没有就航行路线作出约定，而承运船舶则走的是"圣保罗—青岛—日本—烟台"的航线。显而易见，该航线明显脱离了由圣保罗到中国烟台的"习惯"或"地理上的"航线，故作为被告的承运人的行为构成"绕航"是无疑的。绕航又有合理与不合理之分。根据我国《海商法》第49条第2款的规定，合理绕航包括：（1）为救助或者企图救助人命或财产而发生的绕航；（2）其他合理绕航。实践中可认定为"其他合理绕航"的情况主要有：因运输合同中列明的具体事由的发生而导致的绕航；根据收货人的要求而发生的绕航；船舶遭遇不可抗力不得不发生的绕航等。而本案承运船舶的"绕航"显非上述这些情况而致，而主要是为了承运人的便利，故其显然为"不合理绕航"。

不合理绕航的行为，必然延长航行期，从而给货方的利益造成损害。有关国际公约和航运惯例对此都作了严格限制，我国《海商法》第49条第1款也明文规定"承运人应当按照约定的或者习惯的或者地理上的航线将货物运往卸货港"。不合理绕航是一种明显的、故意的违约行为，故违约方应赔偿对方因此而遭受的各种经济损失，并不得享有责任限制的权利。

因不合理绕航系一种故意的、明显的违约行为，而非海商法规定的一般意义上的迟延交付行为，故违约方并不享有我国《海商法》第82条规定的抗辩权。

【相关法条】

《中华人民共和国海商法》（1993年7月1日施行）

第四十九条　承运人应当按照约定的或者习惯的或者地理上的航线将货物运往卸货港。

船舶在海上为救助或者企图救助人命或者财产而发生的绕航或者其他合理绕航，不属于违反前款规定的行为。

第八十二条　承运人自向收货人交付货物的次日起连续六十日内，未收到收货人就货物因迟延交付造成经济损失而提交的书面通知的，不负赔偿责任。

承办人：李守芹
编写人：原浩洋　肖秀雯

46. 广州远某运输公司诉中某山东烟台进出口公司、天津远某运输公司、特某货运有限公司海上货物运输合同纠纷案

——分区段国际海上运输危险品发生货损的责任主体认定

【合规提示】

本案系一起因托运危险货物产生损害引发的海上货物运输合同纠纷案件。托运人托运危险货物，应当依照有关海上危险货物运输的规定，妥善包装，作出危险品标志和标签，并将其正式名称和性质以及应当采取的预防危害措施书面通知承运人；托运人未通知或者通知有误的，对于承运人因运输此类货物所受到的损害，托运人应当负赔偿责任。承运人将部分运输区段的任务委托给实际承运人的，承运人仍然应当对全部运输负责。因此，企业在海上货物运输中业务中，若作为托运人托运危险货物，应当依法妥善包装，于明显处张贴危险品标志和标签并详实通知承运人危险品名称及危害预防措施，避免因未尽到告知义务而承担赔偿责任；若作为承运人，应及时检查相关货物并询问托运人是否属于危险货物，避免海上危险货物毁损导致船只及其他货物的意外毁损。

【案件信息】

1. 裁判文书字号

（1997）青海法海商初字第 11 号

2. 当事人

原告：广州远某洋运输公司

被告：中某山东烟台进出口公司、天津远某运输公司、特某货运有限公司

3. 关键词

民事　海上货物运输合同　危险货物运输　托运人　承运人

【裁判要旨】

1. 托运人托运危险货物，应当依照有关海上危险货物运输的规定，妥善包装，作出危险品标志和标签，并将其正式名称和性质以及应当采取的预防危害措施书面通知承运人；托运人未通知或者通知有误的，承运人可以在任何时间、任何地点根据情况需要将货物卸下、销毁或者使之不能为害，而不负赔偿责任。托运人对承运人因运输此类货物所受到的损害，应当负赔偿责任。

2. 《海商法》第60条"承运人将货物运输或部分运输委托给实际承运人履行的，承运人仍然应当依照本章规定对全部运输负责。对实际承运人承担的运输，承运人应当对实际承运人的行为或实际承运人的受雇人、代理人在受雇人或受委托的范围内的行为负责"之规定，适用于承运人对托运人承担责任的情形。

【基本案情】

1995年8月，第一被告中某山东烟台进出口公司（以下简称烟台中某）通过第三被告特某货运有限公司（以下简称特某货运）委托第二被告天津某洋运输公司（以下简称天某公司），要求天某公司承运一个20尺集装箱的二氧化硫脲自烟台港到美国的查利斯顿港。烟台中某和特某货运将货物装箱、铅封后交给天某公司（箱号FBZU×××203），天某公司在货物装船后签发了COSOYT×××108号提单，由其所属的"汶某"轮承运。天某公司在将货物自烟台港运至新加坡后，将此后从新加坡到目的港查利斯顿的运输委托给原告所经营的"富某"轮完成。1995年10月11日，尚处于运输途中的该批货物突然起火冒烟，随后挥发大量的二氧化硫气体，烟火虽经船员奋力救助而扑灭，但已经给船舶以及船上其他货物造成了严重损害。

原告广州远某运输公司（以下简称广州公司）诉称：船到港后，原告为鉴定损害程度、消除污染、处理废物等支出了大量费用；还因集装箱受污染而发生严重滞期，遭受了额外滞期费、仓储费等损失。目前已经确认的损失总额已达709 613.69美元，且还面临同船其他受污染货物的收货人的货物索赔，索赔额达127万美元，此案正在美国审理，原告保留在案件审结后进一步向被告提出索赔的权利。原告认为，原告在运输过程中，已经妥善、谨慎地装载、搬移、积载、运输、保管所运货物，在货损发生后，已经为避免或者减少损失采取合理措施;货损的发生系因二氧化硫脲是具有危险性质的货物,烟台中某和特某货运在托运时未申报货物的危险特性以及将应当采取的预防危害措施书面通知承运人;此外,货物的质量问题、货物的包装不良、货物的自然特性或固有缺陷也是事故的原因。烟台中某和特某货运依《海商法》第66条、第68条规定应承担责任;天某公司系本案的承运人,其将部分运输区段的任务委托给原告完成,根据《海商法》第60条的规定,其应对全程运输负责。故诉至本院,请求判令上述被告赔偿损失709 613.69美元及利息;承担原告进一步可能遭受的损失,包括收货人在美国提出的货物损害索赔、美国海岸警卫队的罚款以及为减少或避免损失而支出的律师费及所有其他相关损失等。

被告烟台中某辩称:(1)原告将烟台中某列为被告显属法律关系不当。1995年8月,烟台中某通过特某货运委托天某公司承运一个集装箱的二氧化硫脲自烟台港到美国的查利斯顿港。烟台中某与原告之间并无委托运输关系。(2)二氧化硫脲不属危险货物。烟台中某自1989年起从事二氧化硫脲产品的出口业务,出口遍及美国、欧洲、日本等国家,年出口量达2000余吨,属全国第一,历年来的若干批二氧化硫脲出口,烟台中某均是按照普通货物的运输要求履行职责后交付承运人运输出口,承运人均是将其视为普通货物接收并予以承运,从未出现过任何问题。这次运输发生事故,原告诉称二氧化硫脲是危险货物,原告应负举证责任。(3)烟台中某作为托运人履行了其应尽的义务。烟台中某已将货物妥善包装并交付承运人,承运人业已接收并签发了提单,且及时地向港口、海关、检验和其他主管机关办理了运输所需要的各项手续,并将有关单证送交了承运人。(4)原告作为后程承运人的责任问题。根据二氧化硫脲的实验特性,只有当环境温度达到110℃左右时,二氧化硫脲才会发生分解。即通常情况下,其依自然特性不会发生任何问题。天某公司作为第一程承运人运输期间,该批货物安然无恙,原告应就其主张的已妥善、谨慎地装载、搬移、积载、运输、保管货物负举证责任。

被告天某公司辩称:(1)天某公司实际上不承担货损责任。1995年8月,烟台中某通过特某货运委托天某公司承运一个20尺集装箱的二氧化硫脲自烟台到美国的查利斯顿港。该集装箱(箱号为FBZU×××203)由烟台中某和特某货运装箱并铅封。天某公司签发了COSUYT×××108号提单并交由"汶某"轮从烟台港出运。该箱在天津新港转由中国某洋运输(集团)

总公司（以下简称中某总公司）所属"腾某"轮运抵新加坡港，又转由广州公司所属"富某"轮从新加坡运至查利斯顿港。该箱在新加坡交给"富某"轮时，表面状况完整良好。天某公司"汶某"轮运输该批货物过程中，已经尽到了妥善装载、搬移、运输、保管货物的义务。根据《海商法》关于多式联运的有关规定，应由原告实际承担该箱货物损坏的赔偿责任。（2）发货人烟台中某和特某货运未就货物性质向承运人提供说明。据原告诉称，二氧化硫脲为具有危险性质的货物，发货人在托运时应当申报货物的危险性及将应当采取的预防危害措施书面通知承运人。天某公司在接受该票货物时没有收到发货人有关该货物的任何说明和有关运输特别要求的书面通知，因此，天某公司按普通货箱接受、配载和保管。根据提单背面条款第 12 条的规定，托运人装箱的集装箱，承运人对箱内所载货物的灭失或损坏不予负责，由于该箱的货损导致其他集装箱的损坏及其有关责任和费用均由托运人承担。

被告特某货运未提交书面答辩状，只在致本院函中称，特某货运在 1995 年与中某总公司签有从中国出运至美国的 1751 号运价协议。因此，在 1995 年 8 月，特某货运受烟台中某委托承运 1×20 集装箱二氧化硫脲从烟台至美国查利斯顿港，安排中某总公司"汶某"轮运输。烟台海关及商检船东对该货物均未提出系危险品，至于在运输过程中突然起火冒烟无人能预测。特某货运认为原告起诉不合理。

【裁判说理】

争议焦点：（1）作为承运人及实际承运人的特某货运、天某公司是否要向原告承担赔偿责任；（2）作为托运人的烟台中某是否要向原告承担赔偿责任。

青岛海事法院认为：

一、作为承运人及实际承运人的特某货运、天某公司是否要向原告承担赔偿责任

特某货运接受烟台中某委托将货物装船出运并签发了提单，双方成立海上货物运输合同关系，特某货运系承运人，烟台中某为托运人。特某货运将货物运输全程委托给天某公司，天某公司又将自新加坡至目的港的部分运输委托给广州公司履行，天某公司及广州公司均系本次运输的实际承运人。原告广州公司不能证明特某货运及天某公司在委托运输过程中有过错，要求其承担因货物本身发生事故而造成损失的赔偿责任无事实和法律依据，本院不

予支持。《海商法》第60条"承运人将货物运输或部分运输委托给实际承运人履行的,承运人仍然应当依照本章规定对全部运输负责。对实际承运人承担的运输,承运人应当对实际承运人的行为或实际承运人的受雇人、代理人在受雇人或受委托的范围内的行为负责"的规定,适用于承运人对托运人承担责任的情形,原告依此主张同样系承运人或实际承运人的特某货运或天某公司应承担责任的观点不能成立,本院不予采纳。烟台中某与广州公司之间的权利义务关系应以双方存在的海上货物运输合同法律关系确定。

二、作为托运人的烟台中某是否要向原告承担赔偿责任

《海商法》第68条第1款规定:"托运人托运危险货物,应当依据有关海上货物运输的规定,妥善包装,作出危险品标志和标签,并将其正式名称和性质以及应当采取的预防措施书面通知承运人;托运人未通知或通知有误的,承运人可以在任何时间、任何地点根据情况需要将货物卸下、销毁或使之不能为害,而不负赔偿责任。"但是《海商法》没有对什么货物是危险货物作出具体规定。通常认为,危险货物是物理或化学上具有危险性质的货物,具有燃烧、爆炸、腐蚀、毒害、放射性辐射以及污染环境等特性,在积载、装卸、运输过程中容易造成人员伤亡和财产损害而需要采取特别防护措施的货物。交通部《危险货物运输规则》中规定:"具有燃烧、爆炸、腐蚀、毒害、放射射线等性质,在运输过程中能引起人身伤亡、人民财产受到毁损的物资,均属危险货物。"

所以,确定某种货物是否属于危险货物的标准是客观的,应依据货物自身的特性来判断。二氧化硫脲是一种化工产品,其本身具有在一定温度条件下强烈分解并释放大量的氧化硫、氨气、一氧化碳、二氧化碳、氧化氮和氢氧化硫的化学特性;在BURGOYNEINCORPORATED的检验报告中也认定本次事故是由于货物的内部自然分解造成的;虽然在货物托运时,《国际海运危险货物规则》未将二氧化硫脲列为危险货物,但《国际海运危险货物规则》不是判断某种货物是否危险货物的唯一的、绝对的标准;况且在后来的《国际海运危险货物规则》第29套修正案以及我国交通部文件中都将二氧化硫脲列为危险货物,这也恰恰证明了二氧化硫脲本具有危险特性;综上本院认为二氧化硫脲本身具有危险特性,是海商法意义上的危险货物。

根据《海商法》第68条的规定,烟台中某作为托运人,在托运危险货物时,应履行通知义务,本案中烟台中某未对其所托运的危险货物进行妥善包

装，作出危险品标志，亦未将其危险特性及应当采取的预防危害措施书面通知承运人，其已违反了托运人的法定义务，因此对承运人因运输此类货物所遭受到的损失，应当负赔偿责任。

2000年7月16日，青岛海事法院作出（1997）青海法海商初字第11号民事判决书，判决：一、被告烟台中某偿付原告广州公司经济损失709 613.69美元及该款项自原告起诉之日起至本判决生效之日止的银行同期贷款利息；二、驳回原告广州公司对被告天某公司、被告特某货运的诉讼请求。

青岛海事法院以判决结案。

【法官后语】

我国是海洋大国、航海大国、造船大国。作为全球最大货物贸易国和第二大经济体，我国约95%的进出口贸易货物量通过海运完成，海运航线和服务网络遍布世界主要国家和地区，港口规模、船员数量、造船产量、海运船队规模等位居世界前列。然而，在海运贸易蓬勃发展的今日，国际海上危险货物运输（以下简称危货海运）作为世界海运不可或缺的组成部分有着它极大的特殊性，这之中包括载运货物的危险性以及海洋环境的复杂性。本案作为一个典型的危货运输纠纷案件，为我们厘清危货运输纠纷的责任主体起到了示范作用。

危货海运法律关系主体为承运人与托运人。我国《海商法》第68条中，明确了托运人在危货海运过程中应承担的三项义务：应当依照有关海上危险货物运输的规定，妥善包装、作出危险品标志和标签并将其正式名称和性质以及应当采取的预防危害措施书面通知承运人；并规定"托运人未通知或者通知有误的，承运人可以在任何时间、任何地点根据情况需要将货物卸下、销毁或者使之不能为害，而不负赔偿责任。托运人对承运人因运输此类货物所受到的损害，应当负赔偿责任"。其中，托运人没有预先告知承运人所运输货物的危险特性以及应采取的必要防范措施，就不得托运任何危险货物，是普通法下托运人的一项默示义务，同时也是现代海上危险货物运输中得到广泛认同的一项基本原则。本案中，被告烟台中某作为托运人，其在托运涉案货物时并未履行《海商法》第68条规定通知的义务，因此其应当向原告承担损害赔偿责任是于法有据的。

至于承运人责任，《海商法》并未对承运人在危货海运中应当承担的义务与责任作出明确规定，但危货海运作为海上货物运输的一种，危货海运承运人的义务与一般货物承运人的义务并无二致。根据《海商法》第47、48条，承运人应当履行适航义务，即"承运人在船舶开航前和开航当时，应当谨慎处理，使船舶处于适航状态，妥善配备船员、装备船舶和配备供应品，并使货舱、冷藏舱、冷气舱和其他载货处所适于并能安全收受、载运和保管货物"，以及管货义务，即"承运人应当妥善地、谨慎地装载、搬移、积载、运输、保管、照料和卸载所运货物"。在其责任期间货物发生的灭失或者损坏的，应当承担赔偿责任。若承运人存在《海商法》第51条规定的免责事由时，其可以不承担赔偿责任。本案中，作为承运人或实际承运人的特某货运、天某公司及原告，因货运损失系"托运人、货物所有人或者他们的代理人的行为及货物的自然特性或者固有缺陷"所致，故法院判决其对货损损失的后果不承担责任，是正确运用了法律规定的承运人免责事由的结果。

危货海运危险系数高、影响范围广，为了保证危货运输过程中的平稳运行，确保船舶上的人身、财产安全，托运人与承运人应当严格落实相关法律的规定，自觉履行应当承担的义务，不要等事故发生后再追悔莫及。

【相关法条】

1.《中华人民共和国海商法》（1993年7月1日施行）

第六十八条　托运人托运危险货物，应当依照有关海上危险货物运输的规定，妥善包装，作出危险品标志和标签，并将其正式名称和性质以及应当采取的预防危害措施书面通知承运人；托运人未通知或者通知有误的，承运人可以在任何时间、任何地点根据情况需要将货物卸下、销毁或者使之不能为害，而不负赔偿责任。托运人对承运人因运输此类货物所受到的损害，应当负赔偿责任。

承运人知道危险货物的性质并已同意装运的，仍然可以在该项货物对于船舶、人员或者其他货物构成实际危险时，将货物卸下、销毁或者使之不能为害，而不负赔偿责任。但是，本款规定不影响共同海损的分摊。

2.《中华人民共和国民法通则》（2021年1月1日废止）

第一百零六条第一款　公民、法人违反合同或者不履行其他义务的，应当承担民事责任。

第一百一十一条　当事人一方不履行合同义务或者履行合同义务不符合

约定条件的,另一方有权要求履行或者采取补救措施,并有权要求赔偿损失。

对应新法:

《中华人民共和国民法典》(2021年1月1日施行)

第五百七十七条 当事人一方不履行合同义务或者履行合同义务不符合约定的,应当承担继续履行、采取补救措施或者赔偿损失等违约责任。

第五百八十三条 当事人一方不履行合同义务或者履行合同义务不符合约定的,在履行义务或者采取补救措施后,对方还有其他损失的,应当赔偿损失。

承办人:宋俊文
编写人:刘　昭

47. 中国对外某总公司诉中国石化国际事业公司齐鲁某分公司等海上货物运输合同纠纷案

——托运人取得清洁提单后不能当然免除对危险货物泄漏的责任

【合规提示】

该案系一起海上危险货物运输泄漏责任纠纷案件,双方就托运人取得清洁提单能否免除海上货物运输过程中危险货物发生泄漏的责任以及包装方面必备的合法单证能否对抗《国际海上危险货物运输规则》中包装的有关规定存在争议。对于托运人来说,取得包装方面的合法单证是一层保障,同时也可以获得承运人的清洁提单,但应该注意的是,这并不是规避责任的"护身符",托运人一定要做到恪尽职责,使包装符合《国际海上危险货物运输规则》的相关规定,才能取得双赢的结果。对于承运人来说,即使托运人取得了合法单证,也必须对货物进行实质性的检查核对再行出具清洁提单。此外,一旦出现危险品的泄漏或者其他情况,一定要及时采取措施,如果因没有及时采取相应措施，致使损失扩大，则需要对该损失承担相应责任。

【案件信息】

1. 裁判文书字号
（1990）青海法海商初字第 21 号

2. 当事人
原告：中国对外某总公司

被告：中国石化国际事业公司齐鲁某分公司、上海市某进出口公司

3. 关键词
民事　海上货物运输合同　危险货物运输　托运人　合法单证　清洁提单

【裁判要旨】

1. 托运人即使取得了清洁提单，根据我国现行法律和国际航运惯例以及所用提单有关条款的规定，也不能当然免除其在海上货物运输过程中危险货物发生泄漏应承担的责任。

2. 托运人在包装方面取得了必备的合法单证，不能绝对证明该包装符合《国际海上危险货物运输规则》要求，若事实证明危险品的泄漏并非承运人填装、装箱或积载导致，托运人要对承运人因此而受到的损失负赔偿责任。

【基本案情】

1989 年 12 月 30 日，一批由中国石化国际事业公司齐鲁某分公司（以下简称齐鲁某公司）托运的危险货物环氧氯丙烷 32 只集装箱计 2560 桶，在装货港青岛港装上中国对外某总公司（以下简称外某总公司）期租的全集装箱船"德×××"轮的第二舱内，目的港为荷兰鹿特丹港。外运总公司出具的提单号为 W01-××7。齐鲁某公司负责环氧氯丙烷的包装、集装箱装箱、铅封，并负责申请出口商品检验等事项。每只集装箱装有 80 桶环氧氯丙烷，铁桶分上下两层积载于集装箱内。"德×××"轮驶离青岛港后，在上海港加载了一批由上海市某进出口公司（以下简称上海某公司）托运的危险货物乐果，共三只集装箱计 720 桶。该三箱乐果也积载于"德×××"轮的第二舱，目的港是德国汉堡港。外某总公司出具的提单号为 CS203×××683 和 CS204×××682。上海某公司负责乐果的包装、集装箱装箱、铅封，并

负责申请出口商品检验、出口报关等事宜。每只集装箱装有240桶乐果，铁桶分上下两层积载于集装箱内。"德×××"轮离开上海港，在香港至新加坡的航行途中，船上值班人员发现第二舱有化学气体泄漏。该轮抵达新加坡时，该船的船东委托化学检验师登轮对第二舱进行了检验，检验结果为该舱泄漏的化学气体为环氧氯丙烷气体，同时发现有乐果气味。经测定，舱盖以下3米处环氧氯丙烷气体的浓度在80~150ppm。针对上述情况，考虑到鹿特丹港处理费用过高，外某总公司决定并指示"德×××"轮从新加坡港驶回青岛港，并在该轮驶离新加坡前，向第二舱内注入一定量的二氧化碳。该轮于1990年2月2日离开新加坡，于同月16日抵达青岛港锚地。次日，以青岛市口岸办公室为主，由山东省商品检验局、青岛市卫生检疫所、青岛港务监督等有关单位联合组成了关于"德×××"轮除毒、抢险、检验工作领导小组。检验人员在锚地登轮对第二舱进行了检测，测定舱下13米、8米、5米处环氧氯丙烷气体的浓度分别为167、71和70ppm；检验人员在甲板上还发觉有农药气味。经在锚地对第二舱进行机械通风，环氧氯丙烷气体的浓度得到了降低。"德×××"轮于1990年2月19日从锚地移至码头卸货。32箱环氧氯丙烷和3箱乐果均被卸下。检验人员在验舱时发现第二舱舱底约有100平方米的糊状残留物，经鉴定系渗漏的乐果，内含微量的环氧氯丙烷。对环氧氯丙烷集装箱进行拆箱检验，发现货桶的小孔盖普遍松动，大孔盖部分没拧紧；将货桶放倒滚动，发现桶内液体时有从大孔盖四周处外流，小孔盖也有这种现象。对乐果进行检验时发现：在乐果货箱卸至货物堆放处的过程中，仍有胶状物自货箱漏出，经开箱查验，乐果货桶在箱内均未加固，部分货桶歪斜、变形，桶盖开启，锈蚀严重。"德×××"轮第二因舱受环氧氯丙烷、乐果污染以及受污染的其他货物由抢险领导小组监督指示另行处理。外某总公司在青岛港处理环氧氯丙烷和乐果泄漏而产生的费用、船期损失以及在新加坡的处理费用和货物所有人的索赔，总计为635 139.98元人民币、47 300新加坡元和617 560美元。

原告外某总公司诉称，齐鲁某公司和上海某公司未按照《国际海上危险货物运输规则》中有关规定进行危险货物包装，同时违反了提单条款第5条"包装及标志，在装运前，托运人应妥善包装及准确清楚地标志货物……"和第23条"托运人装箱：（1）若集装箱并非承运人填装、装箱或积载，则承运人对集装箱内货物的灭失或损坏不负责任；对承运人造成的任何灭失或费用，托运人应予赔偿，只要这些灭失、损害或费用的产生由于（a）集装箱填装、装箱或积载的疏忽……"的规定，因此，请求法院判令由被告齐鲁某公司和上海某公司共同分担原告外某总公司因积载于"德×××"轮的危险货物环氧氯丙烷和乐果泄漏而产生的损失 635 139.98 元人民币、47 300 新加坡元和 617 560 美元及利息。

被告齐鲁某公司辩称，出口的环氧氯丙烷无论从货物的品质，还是从货物的包装上，均符合买卖合同的要求，并经商品检验局和有关主管机关检验符合有关规定，取得了全套出口合格证书。另外，环氧氯丙烷的渗漏发生在承运人的责任范围，因货物在装运前取得了整套必备的合法单证，装船后分别取得了外某总公司签发的清洁提单，齐鲁某公司作为托运人已经圆满地履行了自己的义务，从仓库交货开始，风险和责任已由托运人转移至承运人。外某总公司作为承运人，其主要责任为提供适航的船舶，并应谨慎地装载、搬运、积载、运送、保管、照料和卸下所承运的货物，承运人未能做到恪尽职责，此间发生的任何损失和费用，都应由承运人承担；除非承运人能够举出充分有效的证据证明是托运人的责任。

被告上海某公司辩称，上海某公司经营乐果多年，所使用的包装均按海运出口危险货物包装要求，装运前由上海进出口商品检验局出具海运出口危险货物包装容器使用鉴定证明——检验合格检定单，说明包装是完好的，符合危险货物运输要求。另外，外某总公司积载不当，将乐果与环氧氯丙烷、花生仁、粉丝等货物混装，在航行途中不进行良好通风，致使舱内气体浓度增大，违反了《国际海上危险货物运输规则》的有关规定，应由承运人承担过失责任。

【裁判说理】

争议焦点：（1）托运人取得清洁提单能否免除海上货物运输过程中危险货物发生泄漏的责任；（2）包装方面必备的合法单证能否对抗《国际海上危险货物运输规则》中包装的有关规定。

青岛海事法院认为：本案船舶所载环氧氯丙烷是带有类似氯仿气味的无色液体，闪点 32°C，极易挥发。乐果是带有强烈气味的粉状固体。该两种货物均属于第 6.1 类毒害品。对于该类货物的海上运输和包装，《国际海上危险货物运输规则》要求的初步证明并不是绝对证据。从"德×××"轮在青岛港的卸货检验来看，集装箱本身状况良好，排除了船舶在航行途中发生海事或其他事故的可能性，环氧氯丙烷的泄漏主要是包装桶盖没有做到气密所致，乐果泄漏亦是因为包装不善和加固不良所致。所以，齐鲁某公司和上海某公司均没能做到恪尽职责使包装符合《国际海上危险货物运输规则》的有关规定，对本次事故负有责任。在本案中，两被告即使取得了清洁提单，根据我国现行法律和国际航运惯例以及所用提单有关条款的规定，也不能免除其应承担的责任。

承运人在"德×××"轮发现化学气体泄漏以后，为了减少损失，决定由新加坡返航青岛进行处理，这一措施是合理的。另外，承运人应该知道船上所载货物的特性，以及如何保管、照料。环氧氯丙烷属于易燃体，应装于通风良好的处所，并应在运输中尽量合理可行地保持阴凉。但船方没能做到这一点，特别是在发现有化学气体泄漏之后，没采取强力通风或其他措施，从而使舱内化学气体浓度增高。这从"德×××"轮在青岛港锚地机械强力通风近一天，舱内化学气体浓度就达到了舱内安全作业的标准即可说明。因此，承运人在运输过程中没有做到谨慎、妥善地照料货物，有悖于《国际海上危险货物运输规则》及国际航运惯例对承运人的要求，致使损失扩大。对此，外某总公司应承担相应责任。

青岛海事法院以调解方式结案。

【法官后语】

确定运输过程中危险货物发生泄漏的责任归属是司法实践中常见的案件类型，一般来说，托运方为获得清洁提单都会取得包装方面的必备的合法单证，但是这只是包装符合《国际海上危险货物运输规则》要求的初步证明，而不是绝对证明，托运人即使取得了清洁提单，根据我国现行法律和国际航运惯例以及所用提单有关条款的规定，也不能当然免除其在海上货物运输过程中危险货物发生泄漏应承担的责任。若根据案件证据可以证实危险品的泄漏并非承运人填装、装箱或积载导致，托运人要对承运人因此而受到的损失负赔偿责任。

另外，虽然承运人对承运的货物发生泄漏没有责任，但在发现问题后，没有及时采取相应措施，致使损失扩大，也有悖于《国际海上危险货物运输规则》对承运人的要求，承运人对为处理危险货物所支付的处置费、船舶延误费等损失，也应承担一定的责任。

【相关法条】

《中华人民共和国海商法》（1993年7月1日施行）

第六十八条　托运人托运危险货物，应当依照有关海上危险货物运输的规定，妥善包装，作出危险品标志和标签，并将其正式名称和性质以及应当采取的预防危害措施书面通知承运人；托运人未通知或者通知有误的，承运人可以在任何时间、任何地点根据情况需要将货物卸下、销毁或者使之不能为害，而不负赔偿责任。托运人对承运人因运输此类货物所受到的损害，应当负赔偿责任。

承运人知道危险货物的性质并已同意装运的，仍然可以在该项货物对于船舶、人员或者其他货物构成实际危险时，将货物卸下、销毁或者使之不能为害，而不负赔偿责任。但是，本款规定不影响共同海损的分摊。

承办人：冯立奇

编写人：梁晓晓　褚　茜

后 记

从初秋到盛夏，300多个伏案的朝暮，近8万件案例的回顾，482个精品案例的研究审定，在敲下最后一个标点时，这项跨过40年光影的历程就画上了句号。时间仿佛从未走开，一次次置身于那紧张而严肃的法庭，法官们的思虑与见解犹在眼前。

透过书页，今天的我们见证了青岛海事法院40年的艰辛和坚守。1985年留置船载货物纠纷案发出"中国海事法院的首次判决"，1987年受理首例海事行政处罚强制执行案，1992年审理首例海事赔偿责任限制案，1994年判决首例海岸侵蚀损害赔偿案，2000年作出首个海事强制令；从我国自主研发的首座大型全潜式深远海智能养殖装备"深蓝一号"案，国内首艘无人驾驶自主航行系统实验船"智腾"轮案，到首起因船舶碰撞导致重大海洋污染刑事案；从"明昕"轮、"大安吉"轮成功解救被困船员，到"尼莉莎"轮带着新名字"尊重"驶向远方。一个个鲜活的案例，印刻了青岛海事法院走过的光辉历程，也见证了中国海事司法40年的发展脉络。

山东省高级人民法院和青岛市委、市政府高度重视涉外涉海企业营商环境建设。山东省高级人民法院党组书记、院长、二级大法官霍敏就文库编写工作提出明确要求并撰写序言。青岛市委常委、政法委书记程德智，青岛市委常委、副市长耿涛高度重视文库编撰及相关课题研究，给予了大力支持。山东大学政治学与公共管理学院充分发挥人才和技术资源优势，成功中标"海事审判典型案例应用导则建设项目"并积极开展研究。青岛海事法院深入挖掘典型案例资源，深度参与典型案例编写。青岛市商务局、财政局全力推动落实，项目成果得以问世。

　　本丛书的编辑出版是有关各方共同努力的结果。感谢山东省高级人民法院副院长吕涛，二级高级法官刘义生，研究室主任刘念虎、副主任冯艳楠，民事审判第四庭庭长张传毅、副庭长康靖、董兵法官、冯玉菡法官、刘福贵法官。感谢青岛市商务局党组书记、局长王志俊，党组成员、副局长于浩，对外贸易处处长吕坤、吕静博，山东大学政治学与公共管理学院程小花博士、边琦博士，青岛海事法院办公室副主任王建军、王洪飞，人民法院出版社副总编辑陈建德、教普编辑部副主任李安尼、责任编辑赵芳慧。感谢各位作者为撰写丛书付出的辛勤劳动和智慧！感谢山东法官培训学院对于本书给予的大力支持！感谢人民法院出版社教普编辑部对案例体例格式、目录编制、内容审校、版式设计等提出的宝贵意见！

　　浩渺行无极，扬帆但信风！诚望广大读者提出宝贵意见，使丛书得以不断完善。

海事司法文库"合规指引与风险防治"课题组

2024 年 6 月